应用文写作教程（第二版）

YINGYONGWEN XIEZUO JIAOCHENG

陈清华　　俞秀红　主编

 南京大学出版社

图书在版编目(CIP)数据

应用文写作教程 / 陈清华,俞秀红主编. —— 2 版
—— 南京 : 南京大学出版社,2020.6(2021.2 重印)
ISBN 978 - 7 - 305 - 23038 - 7

Ⅰ. ①应… Ⅱ. ①陈… ②俞… Ⅲ. ①汉语—应用文
—写作—高等学校—教材 Ⅳ. ①H152.3

中国版本图书馆 CIP 数据核字(2020)第 043226 号

扫一扫可见本书拓展资源

出版发行　南京大学出版社
社　　址　南京市汉口路 22 号　　　　　邮　编　210093
出 版 人　金鑫荣

书　　名　应用文写作教程(第二版)
主　　编　陈清华　俞秀红
责任编辑　刁晓静　　　　　　　　　编辑热线　025 - 83592123
照　　排　南京南琳图文制作有限公司
印　　刷　常州市武进第三印刷有限公司
开　　本　787×1092　1/16　印张 16.75　字数 450 千
版　　次　2020 年 6 月第 2 版　2021 年 2 月第 2 次印刷
ISBN 978 - 7 - 305 - 23038 - 7
定　　价　42.00 元

网址:http://www.njupco.com
官方微博:http://weibo.com/njupco
微信服务号:njuyuexue
销售咨询热线:(025) 83594756

前　　言

　　叶圣陶先生说过:"大学毕业生不一定能写小说诗歌,但是一定要能写工作和学习中实用的文章,而且非写得既通顺又扎实不可。"在知识经济迅猛发展的当今社会,写作能力尤其是应用文体的写作能力更应成为每一个社会成员立足于社会应具备的重要技能和基本素养。学好应用文写作,提高应用文写作能力,无论从生活还是工作的角度看,对每一个社会成员都有着极其重要的意义。

　　本书在编者多年深入教学研究的基础上,融入对应用文的理解,对应用文的基本内容进行了整合,目的在于根据当前经济社会发展对高素质技能型人才的需求,培养和提高学生的应用文写作水平。其最终目的是提高学生的职业能力和发展潜能。编写中,每章都包括写作基础理论阐述、写作方法指导、案例分析评点和写作训练,旨在实现理论知识与实践能力相结合的编写理念,有利于学生实际写作能力的提高。所选案例大都是近年来在经济活动和相关工作中使用的应用文,并且在选择时突出了案例的规范性、典型性和示范性。本书编写时更注重操作性,理论和例文都是为了学生掌握日常应用文的写作,所以写作指导与训练占据了每章的重点。希望学生在每一章学习后,都能当堂写出文从字顺且规范的应用文。

　　本书在编写过程中,参考了大量的文献资料,吸收了最新的研究成果,特别是援引、借鉴、改编了大量的已有例文和训练素材,在此对相关作者一并表示感谢与歉意。

　　感谢南京大学出版社编辑为本书的出版付出的艰辛的劳动。

　　书中疏漏、不当之处,恳请广大师生及其他读者指正。

编　者

2019. 6

目　录

第一章　概　述

一、应用文的性质

　　人类自从有了文字就开始了写作活动,最早的写作是为了解决各种实际需要而开始的。就写作目的而言分两大类:一类是文学写作,一类是应用写作。文学写作主要用于抒发作者主观情感、反映社会现实,是为人们欣赏而进行的艺术创作,如诗歌、小说、戏剧、散文等;应用写作是为了处理公务和个人私务而写的,用于解决实际问题。人们通常把实用型文章的写作称为应用写作,而实用型文章是同欣赏型文章相对而言的,是指为解决实际问题而撰写的各类文章,是在社会生活中有着特定用途的文章。

　　应用文的使用非常广泛,几乎涉及各个领域、各个部门、各个阶层、每个人。比如,科研单位的人员,需要用学术论文;政府机关指导工作,需要用公文;工商企业经营,需要用合同;打官司,需要用诉状;即使个人生病了、不能上课,也需要用到请假条……相对于其他文体来说,应用文的使用频率要高得多,许多人可以一辈子不写小说、剧本、诗歌、散文,但他在工作、生活、学习中却免不了要写应用文,小到请假条,大到计划、总结、论文等。正如叶圣陶先生所说:"大学毕业生不一定能写小说诗歌,但是一定要能写工作和学习中实用的文章,而且非写得既通顺又扎实不可。"可以说,应用文已经到了无所不在的程度,是任何企事业单位和个人日常工作、生活中不可缺少的一个重要工具。

　　综上所述,应用文是国家机关、企事业单位、社会团体或个人在处理各项公务和日常事务中为解决实际问题时所使用的具有惯用格式的实用性文章的总称。

　　我国应用文写作已有 3 500 余年的历史,可谓历史悠久,源远流长。殷墟出土的甲骨卜辞,商周时期的钟鼎铭文,《周易》中的卦辞、爻辞等,都可以看作应用文的原始形态。如果说神话是中国文学的"祖先",甲骨文则是应用文的"祖先"。

　　从殷墟甲骨文中可以发现,其多数是生活、生产中某些事项的记载,主要内容是占卜记录(占卜的时间、原因、应验之类),这可以算是我国最早的实用文。《尚书·序》中说:"古者伏栖氏之王天下也,即画八卦,造书契,以代结绳之政,由是文籍生焉。""书契"即文字,"文籍"就是指"实用文"。由此可见,实用文是随着文字产生而产生的,实用文的诞生结束了人类结绳记事的历史。《尚书》历来被认为是我国第一部散文总集,但同时也可以说是我国最早的应用文专集,书中记载了虞、夏、商、周时期属于应用文体例的祝辞、誓词、诰言、法令等文书,还有反映各诸侯国之间关系的盟约文书等。可以说,从有文字开始,就有了应用文写作。

　　秦汉时期,公文文体分类和公文格式已基本形成,皇帝制作的公文"命曰制,令曰诏",有了上行文和下行文的区别,臣下向皇上的文书有章、表、奏、议,其作用是"章以谢

 写作教程

恩，奏以按劾，表以陈情，议以执异"(刘勰《文心雕龙·章表》)，皇上向臣的"圣旨"有制、诏、策、戒。秦始皇时期对公文格式作了许多具体规定，例如上行文开头用"臣言"，结尾用"臣诚惶诚恐，顿首顿首，死罪死罪"；遇有"皇帝"字样时，另起一行，顶格书写，称之为"抬头"。这些有明显等级观念的公文格式，为历代王朝沿用。

汉以后的魏晋南北朝时期，公文无论从写作实践上还是从理论上看，都有明显的发展进步，主要代表人物首推曹操、曹丕父子。曹操亲自动手写过不少公文，代表作有《让县自明本志令》《求贤令》等。曹丕的《典论·论文》把文章分为4类8种："奏议宜雅，书论宜理，铭诔尚实，诗赋欲丽。"这4类8种，多属应用文体。南朝梁人刘勰的《文心雕龙》中，把文章分为33类，其中属于应用文的就有21类之多。萧统编的《昭明文选》，选文37类，其中属于应用文的有二十多类。这些都对应用文写作理论研究做出了突出贡献，成为后人研究文体的重要理论依据。唐宋以后，文学创作日趋发展，不少文人致力于诗、词、曲、小说的创作，但应用文写作仍处在"政事之先务"的主导地位上。唐宋八大散文家就有不少可称为"应用文"的闻名作品。明清时期，文体分类日趋详细、繁杂。清代学者刘熙载正式提出"应用文"这一名称。他在《艺概·文概》中说："辞命体，推知即可为一切应用文字。应用文有上行、有平行、有下行。重其辞乃所以重其实也。"纵观古代应用文写作，佳作如林。如西汉时期邹阳的《狱中上梁王书》，晁错的《论贵粟疏》，司马迁的《报任安书》；三国时期曹操的《让县自明本志令》，诸葛亮的前、后《出师表》，嵇康的《与山巨源绝交书》；西晋时期李密的《陈情表》，张载的《剑阁铭》；唐代韩愈的《祭十二郎文》，刘禹锡的《陋室铭》，魏征的《谏太宗十思疏》；宋代欧阳修的《答吴充秀才书》，王安石的《答司马谏议书》，李清照的《金石录后序》，文天祥《指南录后序》；明代宗臣的《报刘一丈书》；清代林觉民的《与妻书》等，都是古代应用文写作中的奇花异葩，至今仍熠熠生辉。

1911年爆发的辛亥革命，推翻了清王朝，结束了长达两千年的封建制度，中国进入了一个新的历史阶段。巨大的社会变革，必然也推动了应用文新的发展。1912年，南京临时政府正式宣布废止几千年的体制，并颁布了《新公文程式》，规定政府公文为令、谕、咨、呈、示、公布、状等；并取消了"老爷"、"大人"等称呼，代之以"先生"或以职务相称。1916年7月26日，北洋政府公布了《新公文程式》类增至13种，并明确规定："凡处理公事之文件为公文"，对公文概念作出了明确界定。

新中国成立后，我国的应用文更是有了长足的发展并逐步建立起现代应用文体制。从1951年到1981年的30年中，党和政府先后发布了十多个关于机关公文写作的文件，使我国公文写作逐步走上了规范化、科学化、系统化的道路。1987年，国务院办公厅公布了《国家行政机关公文处理办法》，1993年11月对此又作了修订，规定国家行政机关的公文为12类13种，这是对新中国成立后四十多年公文写作系统的全面的总结。1996年5月3日，中共中央办公厅颁布了《中国共产党机关公文处理条例》，规定了党的机关公文共14种；国务院于2000年8月24日发布《国家行政机关公文处理办法》，规定了行政机关公文13种；2012年4月16日，中共中央办公厅发布《党政机关公文处理工作条例》，规定了党政公文15种，并对其内容和形式做了进一步的规范和改进，标

志着我国应用文写作进入了一个崭新的阶段。

二、应用文的种类

应用文的范围很广,种类繁多,按照其内容、性质和使用范围,主要可作如图 1-1 所示的分类:

$$
应用文
\begin{cases}
公务应用文
\begin{cases}
通用文书(党政公文、事务文书、规章制度、礼仪文书等)\\
专用文书(经济文书、法律文书、科技文书等)
\end{cases}\\
私务应用文
\begin{cases}
记录性文书(日记、自传等)\\
交流性文书(书信等)
\end{cases}
\end{cases}
$$

图 1-1 应用文的分类

三、应用文的性质

应用文作者的主体构成与文学作者有区别,文学写作是创造性和个体性的活动,一般是个体式的写作。文学写作是作者将那些活生生的感官印象,通过艺术的想象加工,通过一个生动的形象表现出来的创造行为。每篇文学作品都是作者个人化情感、思想、经历的凝聚,鲜明地打上作者的个人印记。应用文作者构成极为复杂,一般有群体作者、个人作者、法定作者、代言作者等多种类型。

1. 群体作者

群体作者是两个以上的作者基于某一实际的需要,共同研究写作意图,进行调查研究,经过商讨共同完成某项写作任务的作者类型,如某一市场开发的可行性研究报告、某一投资计划等。

群体作者都是以合作的方式参与写作,每个参与者都明确写作任务的目的,并围绕这个目的定向收集材料,在分工的基础上综合时都能服从总体写作目的的需要,尽量保持文体风格的统一。

2. 个人作者

个人作者是指从写作意图的确定到写成文章都是代表个人,由个人独立完成的作者。如私人信函、日记、个人学习计划等,常常是个人作者独立完成的。

3. 法定作者

法定作者是指依法成立并具有法人资格的组织,必须是法定的、能以自己的名义发出公文并能行使相应的权利,承担相应的义务的机关和法人代表。

法定作者是指应用文的署名者,是形式上的作者,不一定是撰写文稿的文字工作者。

4. 代言作者

代言作者是以撰稿人的身份参与写作活动的人。如:秘书代领导拟写机关文稿,代领导写作讲话稿;某人代他人写作合同、起诉状、书信等。

代言人必须熟悉被代言人的意图,要站在被代言人的立场上,设身处地,替被代言人思考,语气也要体现出被代言人的语言风格,并且署名只能是被代言人。

四、应用文的特点

应用文与一般文章一样,作为一种语言的工具,它们都是对客观事物及主观认识的反映,具有中心突出、观点鲜明、结构严谨、语言精练等特征。然而,由于一般文章与应用文属于不同的文体,它们之间必然也有所差异。

1. 价值的实用性

文章的产生,本来就是为了实用,就是为了应付生活、用于实务。如果一篇应用文不能满足于实用的需要,不能直接作用于人的行为实践,即使写得条理清晰、富于文采,也算不得好应用文,有时甚至是废纸一张。

实用是应用文区别于其他文类的本质属性。我们知道,文学作品给人以审美快感,用来陶冶人们的性情;理论文章给人以知识,用来提高人们的认识,拓展知识领域;新闻作品给人以新的信息,使人不出门能知天下事……而应用文却不同,它是要处理公共事务的,其功效是要在人类各种活动中,通过取得直接的实用价值而体现出来。失去了实用性,也就失去了应用文自身存在的价值。应用文为办事而写,都有明确的目的性和针对性。如告诉对方要处理什么事情,说明处理事务的方针政策、办法和措施,或与对方磋商问题、提出请求,或双方协商、达成协议、签订合同……总之是要办事。因此,写应用文如忘了实用性,不务实、不办事,就是不懂得应用文写作的最起码的道理。

与实用性相联系的是内容的单一性和强烈的时效性。

为达到实用的目的,一篇应用文应着重解决一个问题,不要把不同的问题混杂在一篇应用文中,否则什么事都办不成。同样,为达到实用的目的,要特别讲究时效,这一方面是为了提高办事效率,以免耽误时间,给工作造成损失;另一方面是有些应用文在一定时间内有效,时过境迁,也就没有什么实用价值了。

2. 明确的阅读对象和写作目的

我们知道应用文与其他一般文章都属于语言作品,都讲究中心立意、逻辑结构和语言表达,然而它们在阅读对象和写作目的上是有差异的。

一般文章如文艺作品,其阅读对象是比较笼统的,几乎没有固定的阅读对象,并且其阅读对象的阅读需求也不可能一致,就是说随意性较大。如散文、诗歌、小说等,可以有一定的阅读对象,然而事实上它可以有许多其他类型的阅读对象,如琼瑶的言情小说、席慕容的散文、席娟的小文章。而应用文,作者在动笔之前,必须明确它的阅读对象,如:对某些重大事情作出决策,对亟待解决处理的问题作出决定,还有一些急需上传下达的文件,以及疏通渠道、交流信息的往来函件等,有的是写给下级看的,有的是写给上级主管部门的领导人看的,有的是写给同行和有关专家看的……这就是说,应用文有明确的阅读对象,除此之外,它还必须具有明确的写作目的。

应用文,作者从构思开始,就有明确而十分具体的写作目的,这与一般文艺创作不同。文艺作品主要通过艺术形象的塑造来反映生活,它源于生活,又高于生活,它不追求具体的功利,而是讲究激情迸发。而应用文是为处理各项活动中的事务和问题而写的,它必须有明确的写作目的和具体的内容,必须以解决具体实际问题为目标,既不能说大话、发空议论,也不能进行艺术虚构,更不能抒发闲情逸致、作无病呻吟。

在业务工作中,往往要根据应用文书来办事,一张条据就是一个凭证;一份函件往往传递了重要的经济信息;一份通知往往要人们遵照执行;一份合同则要签订者双方共同遵守;而一份简报常常成为决策部门制定方针政策的重要参考。因此,写作经济应用文必须有明确的写作目的,如果目的不明确、内容空洞,人们阅读或执行时就会抓不住中心。

3. 简明的篇章结构和大致固定的格式

应用文的篇幅短小,要求用最精练的文字准确地说明事由、解说事理、陈述办法,以达到处理好公私事务的目的。

当今,经济形势飞速发展,信息的传递也要及时迅捷,那么部门之间、单位之间、人与人之间关系密切,联系频繁,处理事务要求迅速。因此,简短的文章是最有力的、最合理的信息载体,而应用文作为业务活动中使用的最主要的工具,它必须简洁、精练,用最少的文字、最短的篇幅表达尽可能多的内容,包容尽可能多的信息。

应用文的结构方式与其他文章,尤其是文学创作迥然不同。文艺作品的结构是追求新奇,反对平铺与陈旧,通常说"文似看山不喜平,戏如观海欲浪生"就是这个意思。文学创作中常用"欲擒故纵"、"倒叙插叙"、"误会巧合"等表现手法来使整个作品的结构显得"跌宕起伏"、"一波未平,一波又起"。但应用文的结构要求平稳扎实,它不以新奇变幻为追求目标,而是以迅速明白、准确无误为传播要求,它特别强调开门见山,实话实说,在表达方式上,多用说明,少用甚至不用抒情和描写,杜绝使用虚构、夸张等主观性很强的创作手法。这样,文章的篇章结构简单、清楚、分明。

应用文还必须有大致固定的格式,即模式。

所谓模式,指有大致相同或相似的布局和写法,有大体统一的文面要求等。和其他文体比较,应用文具有相对固定的模式。例如,文学作品讲究独创性,力图摆脱模式的束缚,标新立异,以适应不同读者的审美需要,而应用文则为实现其处理公私事务的目的,要求按照一定的模式写作。这样,写作者觉得比较容易掌握,写起来简便、快捷,阅读者也一目了然,便于迅速作出判断和反应,既方便于快捷处理和传递,又容易达到效用务实的目的。因此,模式性是实用性在形式上的体现。

应用文的模式是应用文在长期使用的过程中形成的,有的文种是约定俗成,即在民间代代相传,互相仿效,习惯成自然,得到社会公认,如书信、条据、日记等日常应用文。尤其是专用书信,要有称谓、问候语、正文、祝语、尾签、日期等六个部分,要考虑收信人的身份、年龄、性别以及与自己的亲疏程度,还要掌握书信的惯用语,否则,就会显得不得体,甚至会闹出笑话。有的文种,则是法定的,如行政公文、司法文书中的文种,是由权力机关以法规形式对文种格式加以认定,并在其管辖范围内普遍遵照执行的。总之,这种模式个人无权任意更改。

4. 准确朴实、简明扼要的语言

应用文所反映的政策理论及其根据,必须准确无误,同时,它所反映的业务活动中的成绩、问题、情况事实,甚至每一个数据等都必须真实可靠,有一说一,不能推测、虚构,更不能弄虚作假。有时,为了内容的准确可靠,还必须运用大量的数据做定量分析,使人们通过具体、准确的数据来了解问题和解决问题。这就是说,应用文的内容一定要准确可靠,而准确可靠的内容,又是通过语言表达出来的,因此,应用文的语言是准确朴实、简明扼要的。

文学作品作为语言的艺术,十分强调语言的生动性及个性特色,它的语言讲究形象化,让读者借助想象去理解。而应用文的语言则必须直截了当,明明白白地把内容告诉读者,这就要求作者使用最恰当的质朴的语言把所要办的事情和所要传递的信息表达清楚,竭力避免含糊其辞,模棱两可,防止语句产生歧义。如果用语不当或词不达意,就容易引起歧义,产生差错。

在应用文中,一个字词,一句话,一个数据,甚至一个标点符号的不准确,都可能造成误解或纠纷,尤其是订合同,必须字斟句酌,连标点符号也要准确无误。

如:某公司向某县的氮肥厂订购化肥,合同中规定:"需方不按期到厂提货满一个月以上,需付堆积费、短途运输费等。"

五、应用文的写作要求

应用文是一种专业性的应用文体,它不仅有自身独有的特色,还有不同于其他文体的写作要求。

1. 必须符合党和国家的方针政策和法规

应用文在业务活动中,是对业务活动进行管理、监督、反映的不可缺少的工具,它的政策性和法规性都很强,所以写作时必须符合党和国家的方针政策和法规。

2. 必须掌握一定的专业知识

各类应用文是一种专业性应用文,它为特定的专业业务活动而服务,有特定的专业内容,也有特定的写作对象,因此,在各类应用文中经常大量使用专业性的特殊表达方法和专业术语,即所谓的"行话"来表达专业特定的事物和概念。因此,应用文的写作者必须懂得一些的基础理论知识,既要精通本行业、本部门的业务,熟悉过去和现在的情况,也要不断地掌握新情况、研究新问题、吸取新经验,这样,写作时才能做到理论联系实际。

3. 必须符合应用文不同文种的相应格式

应用文种类繁多,并且大多有自己大致固定的格式,其中有些文种,如行政公文,格式相当严格,是由国务院统一规定的格式,其他任何机关部门和个人都不得任意改变。应用文的格式是规范化和特定的格式,是应用文的写作者必须遵循的格式,它实际上是应用文的写作规律。并且,应用文各个文种之间,其格式也有差别,不能随便混用。如:调查报告不能用书信的格式来写,否则,显得不够严肃;工作计划不能用调查报告的格式来写,否则,显得不够权威。

4. 必须符合应用文自身特有的语言表达要求

不同体裁的文章具有不同的特性,如:文艺作品的创作是供欣赏的,它的特性就是欣赏性,在语言表达上要求形象性、生动性,描写要绘声绘色、具体细致,写人要如闻其声、如见其人,写景要使难写之景如在眼前,并且要符合人物当时的心境等。而应用文的写作在于实用,它的特性是实用性,在语言表达上与文艺作品是不同的,它有自己的特殊要求:

(1) 语言准确,表意精密

应用文的语言和一般文章的语言要求有所不同,如文学作品的语言,有时故意写得比较含蓄,话说得模棱两可,让读者费尽心思去理解。如唐代的李商隐,有许多《无题》诗,任凭读者如何理解、如何联想,它都有道理。而汉语中,有些词语本身在不同的情况下意思也是不尽相同的。

语言准确就是用词准确,要寻找最为恰当的词语,弄清它们准确的含义,这样才能准确地以辞达意,否则就会出现差之毫厘、谬以千里的现象。

如:请示:"……万望视本单位具体困难予以批准,切切!"

再如:某化工厂工会在工作报告中说:"为了移风易俗,勤俭办婚事,我们组织了五对青年男女于国庆节举行集体结婚。"

表意精密,就是语言所表达的意思要贴切、周到,不产生歧义。如:"上课不许说话。"

(2) 语言简洁,常用缩略语

应用文的语言,尤其是行政公文的语言必须简洁,毫不拖泥带水,这是由它们的实践性和目的性决定的。要使文章的语言简洁,就要敢于删繁就简,尽量把可有可无的字词句段删掉。

除此之外,还要常用缩略语。缩略语有两种:一种是简称,就是压缩语句,保持原语句表意的主要成分,使语句的构成方式、语序、语法色彩和语句功能都保持一致,如中国共产党中央委员会、扫除文盲;一种是统括,把原语句中共有的部分抽取出来,加上数字,如五讲(讲文明、讲礼貌、讲秩序、讲卫生、讲道德)四美(心灵美、行为美、语言美、环境美)三热爱(热爱祖国、热爱社会主义、热爱中国共产党)。

但缩略语不可滥用,如人名、地名一般都必须用全称,单位名称和事物名称也尽量要使用全称。

(3) 语言平实、规范

应用文的语言要求平实,要言之有物,语言句型要单纯,要使用规范的书面语言。

5. 必须符合应用文朴实的文风

应用文的文风要求朴实,不能流于形式主义,不能为文章而写文章。应用文的目的是为了解决问题,反映情况,指导工作,因此,除了要真实准确之外,还必须简明扼要,没有假、大、空话,也没有废话和套话。

六、学习应用文写作的意义

（1）提升素质。听、说、读、写能力是现代人才应该具备的四大基本素养,其中以写作能力最能检测出一个人的综合素质,因此越来越多的用人单位将应用写作作为接纳人才的重要素质之一。

（2）优化知识。学习应用文写作,可以开阔学生的视野、拓展学生的知识面,使大学生的知识能力结构更合理,对将来的发展更有裨益。

（3）增添优势。学习应用写作,可以提高学习者在言语交际、文字表达、遣词造句、思维训练方面的能力,因而,在就业形势日趋严峻的今天,同学们可以凭借其优势在求职、交际以及处理公私事务方面表现得更加出色。

七、学习应用文写作的方法

1. 大量阅读应用文范文,积累感性认识

阅读和借鉴范文是提高应用写作能力的一条重要途径。诗歌创作中有"熟读唐诗三百首,不会作诗也会吟"之说,其实从事应用写作学习,阅读和借鉴的价值似乎比诗歌创作更直接、更明显。比如,写一封求职信,多看几篇例文,就可能会受到启迪,增加对求职信写作的感性认识,并从中悟出一些写作方法和要求,甚至在应急时可以模仿与自身情况比较吻合的文本去写作。

当然,在阅读和借鉴范文的同时,还要善于总结,不能走马观光地看,而是要用"脑"去思考,范文为什么要这么写,这么写的优点是什么,等等。这样,读得多了,思得多了,相关文体的文本印象就会镌刻在脑海里,积累到一定阶段,就会从量变转入质变,真正掌握这种文体的写作方法。

2. 学习应用写作理论,掌握基本模式

应用写作包含的文种众多,个体仅通过阅读和借鉴范文来学习应用写作知识带有很大的局限性。因为一个人精力和时间毕竟是有限的,不可能把所有应用文的写作知识都通过对应用文范文的阅读和借鉴去掌握。学习已有的、千百年来无数人长期实践中总结出来的应用写作理论知识,对于初学者而言显得尤为必要和重要,因为这样可以帮助学习者少走一些弯路。同时,应用写作自身的特殊性,使得应用文逐渐形成了一种约定俗成的或法定的基本模式,这些模式经过人们的反复实践使用,也日趋规范和稳定,并被总结出来供人们写作时参考借鉴。因此,初学者在阅读范文、学习理论的同时,还要根据自己的实际情况,积极主动地去掌握相关文体的写作模式。

3. 坚持多写多练,在实践中提高

叶圣陶说:"要把写作的手腕训练到熟练,必须常常去写,规规矩矩去写。"提高写作能力,最根本的途径,就是要坚持多写多练。这正如学游泳,站在岸边看别人游一千次,看游泳指导书一千册,听游泳教练讲一千遍,自己就是不下水,肯定是学不会游泳的。应用写作也是如此,仅仅阅读应用写作的范文,学习应用写作的理论是远远不够的,关

键是要多写多练。因此,在做到前两点的基础上,必须刻苦训练,持之以恒,才会熟能生巧,得心应手,真正掌握和不断提高应用写作的实际能力。

思考与练习

1. 如何理解"应用文"这一概念?
2. 学好应用文的基本要求是什么?

第二章 党政机关公文概述

第一节 党政机关公文的概念、特点和种类

一、公文及其相关的概念

1. 公文和党政机关公文

公文是公务文书的简称。党政机关公文也称行政公文,是行政机关在行政管理过程中所形成的具有法定效力和规范体式的文书,是依法行政和进行公务活动的重要工具。因此,公文就是公务文书,办理的是公务,而公务所指的范围是较为广泛的,如传达贯彻党和国家的方针政策,发布行政法规和规章,施行行政措施,请示和答复问题,指导、布置和商洽工作,报告情况,交流经验等。总之,大到中央召开会议制定方针政策,小到某个村委会研究生产计划,凡是处理国家、集体等公共事务的,都属于公务活动,而公文只有在公务活动中才能产生并使用,离开公务活动就不能成其为公文。然而,也不是所有公务活动中产生的一切文字形式都是行政公文。如接待来访的谈话记录、单位之间来往的电话登记等,有许多是在公务活动中产生的,它们称为公务文书,但不能称为党政机关公文。党政机关公文必须具备两个条件:

第一,党政机关公文的制发者只能是法定的机关、团体、企事业单位以及党和国家的领导人,他们必须是代表国家或机关行使职权,如《中华人民共和国主席令》。

第二,党政机关公文必须有特定的格式,即规范的体式。行政公文从标题到签署,从正文到各种附加标记,从文面到用纸,都有特定的要求。如:同样是会议中所用的文字材料,会议纪要具有这种特定的格式,就属于行政公文;会议记录和会议简报不具备这种特定的格式,就不能看作行政公文。

2. 文书和文件

文书是一个集合性的名词,是概括各类文字材料的泛称。文书包括公务文书和私人文书(如自传、手稿、日记、家谱、契约等)。

文件一般是指单份或几份的文书材料,一般专指行政公文,但指称的范围比党政机关公文要窄。在党政机关公文中,上级机关下发的具备完整格式的,才可以称作文件,在上级机关内部使用的或下级机关向上级报送的不能称作文件。

3. 党政机关公文和机关文稿

这两者内容相似或相同,但概念上有差异。

机关文稿是指未投入使用的草稿和未定稿,包括需要会议通过的讨论稿、有待进一步完善的修改稿和征求意见稿等。当这些文稿定型之后,正式投入使用,产生法定效力,就被称为党政机关公文,而不能再称为机关文稿了。

因此,我们通常所说的党政机关公文的写作,实际上是指文稿的起草写作。

二、党政机关公文特点

1. 内容的公务性

党政机关公文是在阶级、国家出现后产生的,是国家行使行政管理和监督职能不可缺少的重要工具之一。

2. 法定的权威性

公文是法定作者在法定范围内行使职权制作和发布的,因而具有其法定的权威性和行政约束力。

3. 体式的规范性

公文有国家统一规定的种类、规范化的体式和处理程序,每种公文有特定的适用范围、对应的内容和规范的格式。

三、现行党政机关公文的种类

2012 年 4 月 16 日,中共中央办公厅、国务院办公厅联合发布《党政机关公文处理工作条例》,规定国家行政机关的公文种类主要有 15 种,即决议、决定、命令(令)、公报、公告、通告、通知、通报、议案、报告、请示、批复、意见、函、会议纪要等。

党政机关公文的种类繁多,为了掌握每一类公文的不同写作特点和写作要求,总结出整体的公文的性质、特点、作用及其写作规律,有必要给公文按不同的标准分类。

目前,人们从公文使用的实际需要出发,从不同的角度对公文作了不同的划分,主要有以下几种:

1. 按公文的作者性质分

(1) 党政机关公文

党政机关公文常用的种类有 15 种,即决议、决定、命令(令)、公报、公告、通告、通知、通报、议案、报告、请示、批复、意见、函、会议纪要等。

(2) 其他通用公文

通用公文指在党政机关、军队、人民团体、企事业单位普遍使用的文种。除通知、通报、决定、报告、请示等常用公文外,还包括计划、总结、规划、讲话稿、调查报告、会议记录、简报等。

2. 按行文方向分

行政公文按行文方向分,可分为上行文、下行文、平行文三种。

3. 按公文来源分

公文来源可分为收进公文、外发公文、内部公文三种。

4. 按秘密程度分

公文按其密级要求可划分为绝密公文、机密公文、一般公文三种。

5. 按紧急程度分

可分为特急公文、急办公文、常规公文。

第二节 党政机关公文的特点、作用和格式

一、党政机关公文的特点

党政机关公文的性质决定了它与国家的政治生活和经济建设有着十分直接的关系,它是一个工具,实用性很强,因此具有自己的特点。

1. 特定的内容和权威

党政机关公文既然是管理国家、处理公务的工具,它的内容必然是统治阶级意志和根本利益的集中体现,它不可能脱离现实政治生活和经济生活。在实际运用中,任何行政公文都是立足于现实,以解决工作中的实际问题为出发点,鲜明的政治性和强烈的现实性赋予行政公文以特定的内容,也就是说,行政公文不是超阶级的,其特定的内容就是,行政公文负有传达贯彻党和国家的方针政策的重要任务,对这些方针政策的贯彻执行有促进作用,并且还能反馈方针政策的执行情况。如:中央制定方针政策并向各省、自治区、直辖市发文,各省、自治区、直辖市为了保证这一方针政策的贯彻落实又要向下属的各市、县发文,各市、县为了同样的目的,也向各基层单位发文,而贯彻执行的情况就由各基层单位向上级单位逐级地报告,进行反馈。

党政机关公文除了有特定的内容之外,也有特定的权威,即法定效力。行政公文代表制发机关的意志,反映制发机关赋予它的具体使命。由于法律赋予制发机关一定的权威,这就使得机关制发的行政公文也带有相应的权威,它具有一定的强制性和约束力,收文单位和个人都必须遵守或执行。

上级机关下发的行政公文对下级机关具有行政约束力,这是不言而喻的,如:上级机关发出命令、下达指示、下发通知,有关下级机关必须严格执行或贯彻执行,因为这些党政机关公文代表了上级机关的法定权威。同样,下级机关上报的党政机关公文也具有某种行政约束力。因为上级机关要通过这些上报的党政机关公文,了解情况,作出正确的决策。

2. 特定的作者

党政机关公文必须有法定的作者,它不像其他应用文,如条据、启事、计划、总结等,机关团体可以写,个人也可以写;法人可以写,自然人也可以写。而党政机关公文的作者必须是依法成立并能以自己的名义行使权力、担负义务的单位或个人。它有时以机

关团体、各类组织的名义或机关中某个单位的名义出现;有时以领导人的名义发文。以领导人的名义发文,并非是以其私人身份出现,而是以其所在机关法定领导人的身份行使职权的一种表现。

在这里,我们所说的党政机关公文的作者不是指撰拟文稿的机关文字工作者,而是指党政机关公文的制发者,即最后的署名者。党政机关公文只能由依法成立并能以自己的名义行使权力和担负义务的组织、机关或其他领导人来制作并发布,其他人无权制发行政公文。

3. 特定的格式和时间

党政机关公文是机关工作的一种工具,各种党政机关公文在长期的使用过程中形成各自特定的格式,而这种格式被人们承认并共同遵循、固定下来。因此,写作党政机关公文必须符合其特定格式。

由于党政机关公文是为处理公务、解决问题而写的,有的甚至是为一个特定的目的而写的,因此除了特定的格式之外,党政机关公文还要受到时间的制约。在党政机关公文整个撰制和处理过程中,时间性要求特别强。

二、党政机关公文的作用

党政机关公文的作用很多,几乎每一份党政机关公文都有它自己的作用,概括地说,党政机关公文有以下作用:

1. 规范和制约作用

党政机关公文作为管理国家行政和经济事务的重要工具,其法定的权威性赋予它规范和制约作用,就是以此来规范和制约一定范围内人们的行为。尤其是具有法规性质的党政机关公文,如"命令"、"决定"等,一经发布,必须坚决执行,任何人不得违反或置之不理,否则便将会受到不同的处罚,甚至要受到法律制裁。

2. 依据和凭证作用

各种党政机关公文都反映了制发机关的意图,都具有法定的行政效力,收文机关依此作为进行工作、处理和解决问题的依据,因此党政机关公文具有依据作用。上级机关要用党政机关公文来行使职权,实现对所属单位的领导和指导,那么上级机关所发的党政机关公文,就是下级机关布置和开展工作、处理和解决问题的依据。如:决定、批复等下行文的内容就是下级机关开展工作、解决问题的依据;下级上报的行政公文,如请示或报告,对上级机关来说,也同样具有依据作用,它们是上级机关制定有关决策或指导工作时用作参考的依据之一,也是上级机关了解下情、有针对性地答复和处理问题的依据和凭证;而平行单位和不相隶属单位之间往来的行政公文,也可以作为商洽和联系工作、处理问题的依据。

实际上,所有的党政机关公文也都具有某种意义上的凭证作用。因为,党政机关公文发出之后,不仅仅传达了发文者本身的意图,同时也正是证实这一意图的最好凭证。如:上级机关的命令或决定,当时是处理工作的依据,事后就是证实领导当时意图的凭

证。许多党政机关公文在失去现实效用之后,就被归档成为历史文件,具有可供查考的重要保存价值,这实际上也就是历史的凭证,而人们常说的"有案可稽""有文可查",就是基于党政机关公文的凭证作用而言的。

3. 联系和知照作用

党政机关公文的使用离不开上下左右的联系,诸如传达方针政策、请示答复问题、指导商洽工作、报告情况、交流经验,其中都有相互联系的问题,因此党政机关公文都具有联系作用。如:用于联系工作和接洽有关事宜的各类函件,其联系作用非常明显。

与联系作用紧密相联的是知照作用,就是把有关事项通知、关照对方,使对方了解。如:我国向某公海海域发射运载火箭,授权新华社发布公告,公布发射的具体时间和范围。这样的公告就有知照作用,就是通知有关国家和地区,在公告的时间内,船只和飞机不要进入公告中所说的海域及海域领空。通告、通知、通报等有时主要具有知照作用。

党政机关公文的联系知照作用是非常重要的,机关之间的许多工作都是通过党政机关公文进行联系而取得协调的,并且许多具体的问题也都因此得到及时处理,同时还能获得许多有意义、有价值的信息资料。

4. 宣传和教育作用

党政机关公文不仅仅是处理和解决问题、联系和指导工作的实际工具,也是宣传和教育群众的手段。由领导机关制发的决定、通报、会议纪要等,在传达方针政策、布置工作的同时,往往要阐明指导思想,讲清这么做的道理,这实际上就是对广大干部和群众进行宣传教育,有一些揭露问题、处理问题的通报、决定也是通过反面事例进行宣传教育。

党政机关公文的宣传教育与报刊、电台广播相比,不够普遍、广泛、及时,但却具有后者无法比拟的权威性和宣传效力。

三、格式

党政机关公文有特定的格式,这是与其他文体的重要区别之一。

行政公文的格式,也叫党政机关公文的体式,是指党政机关公文的组成部分及其在党政机关公文中的位置,也是党政机关公文形体规范化、标准化的标志。

2012年4月16日,中共中央办公厅、国务院办公厅联合发布《党政机关公文处理工作条例》,对党政机关公文的格式作了具体的规定:"公文一般由份号、密级和保密期限、紧急程度、发文机关标志、发文字号、签发人、标题、主送机关、正文、附件说明、发文机关署名、成文日期、印章、附注、附件、抄送机关、印发机关和印发日期、页码等组成。"

(一) 文头部分(眉首)

在公文首页红色间隔横线以上,包括发文机关标识、秘密等级和保密期限、紧急程度、发文字号、签发人等。

1. 发文机关标识

发文机关标识由发文机关全称或规范化的简称后加上"文件"两字组成的。

发文机关就是文件的作者,在行政公文中,一般都以机关的名义出现在正文末尾的右下侧,通常也叫作署名或落款。有的行政公文中,发文机关也在标题中出现,如"太原市农业局文件"。

发文机关的名称,除了公认的简称之外,必须要写全称,以示庄重严肃,避免产生歧义而造成混乱。如:"中共中央"这是公认的简称,不会引起歧义。然而,有许多机关名称是不能随便使用简称的,如"南航",人们便分不清楚到底是哪一个单位了。

通常,行政公文的作者是某一个机关或单位,但有时因工作需要也可以有两个或两个以上的发文机关,这就是联合发文。联合发文时,主发机关应当排列在最前面,"文件"两字置于发文机关名称右侧,上下居中排布。如联合行文机关过多,必须保证公文首页显示正文。有时,行政公文是以机关负责人的名义发出的,这时一般应在负责人姓名前冠以职务。

2. 公文份数序号、秘密等级和保密期限

如需标注份号,一般用 6 位 3 号阿拉伯数字,顶格编排在版心左上角第一行。如:正本共印 500 份,份数序号是从 000001—000500,份数序号用阿拉伯数码标识在行政公文左上角的第一行。

如需标注密级和保密期限,一般用 3 号黑体字,顶格编排在版心左上角第二行;保密期限中的数字用阿拉伯数字标注。

秘密等级是标识公文保密程度的一种标志,是由发文单位根据行政公文内容所涉及的党和国家机密的程度而划定的等级。除了普通公文之外,行政公文的密级可分为"绝密"、"机密"、"秘密"三等。

保密期限是对公文秘密等级的时效加以规定的说明。

"绝密"和"机密"行政公文应当标明份数序号(份数序号,就是同一份行政公文正本份数的顺序号。分发时,逐分登记,清退时,逐份对号注销)。

紧急程度是对行政公文送达和办理时限的要求,除了常规行政公文之外,行政公文的紧急程度分为两级:特急和急。如需标注紧急程度,一般用 3 号黑体字,顶格编排在版心左上角。

行政公文标明紧急程度,其作用在于提示行政公文传递、处理的时限,以引起人们的注意。

如需同时标注份号、密级和保密期限、紧急程度,应按照份号、密级和保密期限、紧急程度的顺序自上而下分行排列。

3. 发文字号

行政公文都要由文书部门统一编列字号。发文字号一般包括机关代字、年号、顺序号,如"宁卫发〔2004〕2 号"。

发文字号顺序不可颠倒,机关代字反映发文机关或部门的性质,一般由两个层次组

成:第一个层次是发文机关代字,第二个层次是发文机关主办文件的部门的代字,如"苏政发"和"苏政办发"。

发文字号中间的年号,必须用全写,并且用阿拉伯数字,用六角括号括上;顺序号也用阿拉伯数码标识,不编虚位,序号前不得加"第"。

如果是几个机关联合发文,一般只注明主办机关的发文字号。

发文字号的位置:放在发文机关标识的正下方或标题的右下侧。

4. 签发人

发文单位最后核查并批准行政公文发出的领导人签名,一般用于对上行文中,如报告、请示。

签发人标注于发文字号的右侧,其作用在于表明机关发文的具体责任者,并为联系工作、查询有关问题提供方便。

行政公文的签发,一般说来,重要的、涉及面广的应当由单位一把手或授权主持日常工作的副职领导人签发。签发人写上自己的姓名,并注明签发的时间,以示负责,便于查考。

联合行文时,要由所有联合发文单位的领导人会签,每个人都要在自己的签字之下注明自己的签发日期。

在行政公文的样式中,一般说来,文头部分在行政公文首页的上部,占首页的三分之一或五分之二,与行文部分用红的横隔线隔开。其中,文件名称一般用醒目、整齐、庄重的字体套红印刷。

(二) 行文部分

一般由标题、主送机关、正文、附件、成文日期、印章、附注等要素组成。

1. 标题

标题是行政公文的"眉目",是对公文中心内容的高度概括。一个完整的行政公文的标题要标明发文机关名称、事由和公文的种类,俗称行政公文标题的三要素。

行政公文标题一般有以下四种形式:

(1) 发文机关＋事由＋文种

这是最常见的行政公文标题形式,一般说来,收文单位见到这样的标题就知道行政公文的制发机关、基本内容和要求,便于处理和日后整理立卷、归档。

(2) 发文机关＋文种

这种行政公文标题形式,省略事由部分,主要突出发文机关,大多数用于指挥性、知晓性的行政公文。

(3) 事由＋文种

这种行政公文标题形式,省略了发文机关名称,主要是突出事由部分。

(4) 文种

这种行政公文标题形式,既没有发文机关名称,也不标明事由,大多数用于内容比较单一、篇幅比较短小的知照性的行政公文。

标题是一份行政公文的具体名称,而且往往是行政公文主要内容简明的概括,是起画龙点睛作用的,因此,标题拟定一定要准确,防止发生题文不符的现象。

在标题中,首先是发文机关。发文机关一般应写全称或规范化的简称,如果文头部分已有发文机关,标题中可以省略。其次是事由部分。所谓事由,是指行政公文的主要内容。它不是事情的具体叙述,而是事情的扼要说明。制发一份行政公文,总是为了解决某个问题的,如用于下达的行政公文,或者是为了定出某种规范、指导某项工作,或者是为了告诉一些应该知道的事情;而用于平级单位的行政公文,不是商洽工作就是交流情况。总之,"事由"是撰制行政公文的依据和目的,不论做什么事情,内容都离不开"事由"二字,"决定"有决定的事项,"请示"有请示的问题,一份简单的公函也要有商洽或问答的具体事项。抽掉具体内容,行政公文也就成为一纸空文。因此,概括事由必须准确、简明,注意以下几点:

① 概括事由时,要突出行政公文的主旨,要让读者从标题的事由部分就能了解行政公文的主要精神或主要问题,如《国务院关于开展全国物价大检查的通知》。

② 事由部分对行政公文内容的概括要十分注意科学性、政策性、鲜明性。如《国务院关于坚决制止事业单位滥发奖金补贴和实物的通知》,其事由部分,"坚决"两个字鲜明地表达了国务院对这个问题的态度和决心;并且坚决"制止"的对象是"事业单位",而不是"企业单位",这样,政策范围十分明确。如果改成《国务院关于制止滥发奖金补贴和实物的通知》,既看不出国务院对这个问题的态度,又不知道它所针对的对象是谁。

③ 拟写标题,事由部分用词讲究精练,不能冗长,否则就不醒目。

在行政公文中,事由的表现形式,一般都是用介词"关于"+动宾词组组成介词结构,作为行政公文名称的定语。

第三是文种部分。文种是行政公文种类的简称。每一个文种都是在机关工作实践中逐渐形成的,都是为适应某种公务活动的需要而产生的,并且,文种一旦确定之后,都是按照统一的要求撰制和使用的。否则,文种不一,各行其是,不能有效地取得全面的联系。因此,对所有行政公文使用者来说,文种必须统一,在实际使用中,更不能错用文种。

每一篇行政公文都有它所属的文种,不管是重大事项的决定,还是一般情况的通知,或是简单的公函,一般都必须在标题上标明行政公文种类名称。因为明确文种是保证行政公文处理效率的前提条件,文种不明确,收文机关对来文的性质和意图就难以准确理解,迅速把握,也就难以及时作出妥善的处理了。

如:"请示"和"报告"是两个不同的文种。"请示"是用于下级机关向上级机关请求指示和批准的,而"报告"是向上级机关汇报工作、反映情况的。如果我们在工作中有问题不能解决而需要领导机关帮助解决,应用"请示";如果我们把它写成"报告",上级机关就会按照"报告"来处理而不作答复,这样,请示的问题就不能得到及时解决。同样,"决定"等下行文,如果以"通知"行文,"决定"的指挥性、领导性的行政效力就会大大削弱,而只能起到知照性的作用,发文意图也就难以实现了。

因此,写作行政公文,必须根据发文目的和内容准确地选好文种,并在标题中反映

出来,这样,才能保证及时而有效地发挥行政公文的作用。

《党政机关公文处理工作条例》规定:标题中除法规、规章名称加书名号以外,一般不用标点符号。标题位于行政公文正文的上端中央,语句较长、字数较多的要分为两行或三行排列,最多不能超过三行,排列时注意匀称、美感,注意词义完整,突出中心词。

2. 主送机关

主送机关是发文对象,也就是发文单位要求周知、贯彻执行或研究、答复这份行政公文的受文单位。主送机关位于行政公文标题的下一行左侧,顶格书写,后用冒号,如主送机关很多,也可回行顶格书写。

主送机关一定要选准,因为要依靠它解决和处理问题。如果把主送机关写错了,就会导致责任不明,问题无人解决,贻误工作。要做到选准主送机关,撰稿人和核稿人一定要熟悉各有关机关的职责范围、权限以及与本机关的行文关系。

主送给上级机关的行政公文,主送机关一般只有一个,不能多头主送。

主送给下级机关的行政公文,有以下两种情况:

(1) 普发性行政公文。就是上级机关对所属各个下级机关普遍发送的通知、通报之类,要求所有下属机关了解和执行,这样开列的主送机关较多。这种情况下,主送机关一般使用统称,如"各区、县人民政府,市府各委、办、局,市各直属单位"。

(2) 特指性行政公文。主送机关只能有一个,如:针对某一个下级机关请示的批复,就不能把所有的下属机关全作为主送机关。

3. 正文

正文是行政公文的主体部分,也是行政公文最主要的核心部分。人们常说的行政公文的撰写,主要是指行政公文正文部分的写作。由于行政公文的各个文种都有与其他文种不同的写作特点和要求,因此具体正文部分的写作也是各不相同的,但从结构上来看,行政公文正文内容都是由开头、主体、结语三部分组成的。

(1) 开头。写好行政公文的开头并不容易,主要有以下几个方面的原因:

第一,文种不一。根据《党政机关公文处理工作条例》规定,行政公文有 15 种,不同的文种有不同的开头方法,即使同一个文种,由于内容、要求不同,开头方法也不尽相同,有的写出发文的依据,有的写出发文的原因和目的,等等。

第二,作用不一。从总体上说,行政公文的作用是传达贯彻执行党和国家的各项方针政策,联系和处理机关工作。但具体到每一份行政公文,其作用则各不相同,有的具有法规作用,有的具有领导和指导作用,有的具有公务联系作用,有的具有宣传教育作用。由于目的和作用不同,行政公文的开头也往往各不相同。

第三,发文对象不一。行政公文的特点之一就是每一份行政公文都有特定的阅读对象。不同的文种有不同的阅读对象,即使同一个文种,其阅读对象也不尽相同。

第四,内容多寡不一。行政公文内容的多少也直接影响到行政公文的开头,有的行政公文内容单一,甚至只有一两句话,有的则很长,因而它们的开头方式也不会雷同。

行政公文的开头,由于这四个方面的原因显得比较难写,实际上行政公文开头的共

同要求是开门见山,不能弯弯绕。在写作中,常见的开头方式主要有以下两种:

一是简明地写出发文的根据。行政公文的撰写必须有理有据,法律、法令、上级文件精神、领导的指示以及实际情况和问题等,常常被当作撰写行政公文的根据。这类行政公文开头一般用"遵照"、"根据"、"按照"等词语开篇。把根据放在行政公文正文的开头,可以增强行政公文的说服力,达到"言之有据"。

二是说明发文的目的和原因。开宗明义,说明发文的目的,交待发文的原因,一般用"为了"、"为"来领头。

(2)主体。在行政公文正文部分的写作中,开头很重要,但关键的是主体部分。这里简略介绍行政公文主体部分写作的一般规律。

要写好行政公文的主体部分,一般说来须注意以下四个方面:

第一,主题的单一性。行政公文的主题就是它的中心思想。一篇行政公文必须有一个主题,也只能有一个主题,这就是行政公文主题的单一性。要达到主题单一,必须坚持"一文一主题"的原则。如果一篇行政公文有两个或更多的主题、中心,就会造成内容庞杂、文字冗长、问题说不清楚的状况。

第二,内容的准确性。内容的准确性是一篇行政公文的生命。所谓准确性,是指行政公文中所持的观点、所用的材料、所阐明的道理、所揭露的问题都必须符合党和国家的方针政策、符合客观事实。

要达到内容的准确性,既要对中央或上级的有关方针政策反复琢磨,深刻领会,不能断章取义,更不能张冠李戴,又要全面了解和掌握所属单位或部门的实际情况,包括历史情况、现实情况,也包括现象和本质、成绩和失误、主流和支流等。凡是行政公文所涉及的人和事,尤其是一些典型事例和数据,都要核实无误;还要善于把中央和上级的指示精神与本部门、本单位的具体情况结合起来,提出贯彻执行指示精神的具体意见和办法,充分发挥本部门、本单位的主动性和创造性。

第三,语言的通俗性。一份好的行政公文除了有鲜明的主题、准确的内容,还要讲究语言的通俗易懂。在内容的叙述上充分体现行政公文语言的特色。所谓通俗性,就是行政公文写作要做到文通字顺,雅俗共赏,既要注意对象,又要注意语言引人入胜。

不同的行文关系要有不同的叙述方法。如:上行文是写给领导机关看的,一般要多写事实,少讲道理;而下行文是写给下级机关看的,既要摆事实,又要讲道理,并且讲道理要深入浅出。行政公文的语言与文艺作品不同,文艺作品靠语言的形象生动引人入胜,行政公文则要求根据发文的目的要求,用最简练朴实的语言阐述主题,避免说空话、套话,进而来吸引读者。

第四,论证的逻辑性。一份行政公文,尤其是比较重要的具有指导性的行政公文,从结构的安排到对问题的论证,都非常讲究逻辑性。结构的安排是按逻辑顺序还是时间顺序,先说什么、后说什么,都要有周密的设计。

(3)结尾。行政公文正文的结尾与开头一样重要,并且有多种多样的形式。在行政公文中,正文的结尾方式根据行文的需要来确定,常用的就是惯用尾语。如:可否,请批复;特此报告;特此通知……文种不同,惯用尾语常常也不相同,写作时不能混用。

4. 附件说明

附件是相对于主件而言的,是附属于正文的文字材料,一般是随文颁发的规章制度,或随文发送的报表、文件或其他有关材料。

不是每份行政公文都带有附件,带有附件的行政公文,除在标题中已注明之外,都应在正文之后、落款之前空两格标明"附件"两个字,加冒号,再注明附件的件数和名称(切不可写成"附件如文"或"附件×件")。如果附件的名称在行政公文的标题和正文中都有说明,一般就不再设附件栏。

在行政公文中,附件不是可有可无的,只要行政公文带有附件,它就是行政公文的一个重要的组成部分。如批转、转发类的通知,其正文是因附件而专门撰写的,它本身起着批准、转发的作用,而附件却是行政公文的主要内容部分。

5. 成文时间

行政公文必须注明成文时间,以表明行政公文的生效日期。凡是行政公文都有日期,表明行政公文发出或生效时间。一份行政公文从起草到发出有很多日期:草拟、成文、签发、会议通过、印制完毕、实际发出等。一般说来,请示、批复、通知之类的一般性的行政公文,应以实际发出的日期作为成文日期;属于会议通过的行政公文,要说明行政公文经过什么会议于何年何月何日通过,这种说明一般加括号写在行政公文标题之下,且会议名称要用全称,落款处注明的成文日期,有时就是会议通过的日期。

成文日期必须在落款处,用阿拉伯数字完整地写出年月日,不能省略。成文日期与正文之间应预留几行,以便加盖印章。

6. 印章

除会议纪要之外,其他的行政公文都应当加盖印章。印章是由发文机关在行政公文上加盖的,这是行政公文生效的标志。印章上的发文机关名称必须用全称,不能用简称,甚至公认的简称。印章必须清晰端正地盖在年月日的中间。

联合行文,需要由所有发文机关都加盖印章时,主办机关的印章盖在前面,其他机关的印章则盖在后面,每排最多排3个印章。

行政公文的印章必须与正文在同一页纸上,否则,需加以调整。

7. 附注

主要用以标注秘密文件的阅读、传达范围,以适应工作和保密需要。如:"此件发至县团级单位",或"此件不登报"。

附注通常是在成文时间的下一行,开头空两格,标注阅读和传达范围时,通常要加圆括号。

(三)文尾部分

1. 抄送机关

抄送机关是指除了主送机关之外,行政公文所涉及的机关单位,或需要协助承办,或需要知晓、掌握行政公文内容的机关单位。

抄送机关在实际运用中,一般分为"抄报"、"抄送"两种。如果抄送的机关单位是上级机关,应写为"抄报";如果抄送的机关单位是平级机关或下级机关,则应写为"抄送"。

抄送机关位于行政公文最后一页的主题词的下一行,在两条平行横线之内,开头空一格,书写"抄报或抄送",再加冒号。

标列抄送机关名称都要按照一定的顺序排列,即:先抄报上级机关,再抄送平级机关、不相隶属机关,最后是抄送下级机关。抄送机关名称也要用全称。

确定抄送机关时,要根据行政公文内容、发文目的和隶属关系,严格掌握抄送范围,要防止对有关的机关单位漏抄漏送,造成工作脱节与被动,不利于协调一致;同时也要防止滥抄滥送,造成人力、财力、物力上的浪费,影响机关工作效率。

2. 印发机关和印发时间

此部分又称为印刷版记,是对行政公文印制发出情况的说明,在行政公文中位于抄送的下一行的"印发说明档"中。

印发机关一般是制发行政公文机关里的秘书机构,行政公文中标出印发机关,以示对印制行政公文负责。印发机关位于"印发说明档"的左侧,开头空一格书写。印发时间就是指送印行政公文的日期,位于"印发说明档"的右侧,靠右空一格书写。在"印发说明档"的下一行右侧,写印发份数。

中央、国务院的一些文件到省里需要翻印的,同样要注明翻印机关、翻印时间、翻印份数,但这已不属于行政公文的组成部分了。

写作行政公文要严格地按照格式来行文,除此之外,还应注意:公文标题用二号宋体;公文内容用三号仿宋体。

第三节　行政公文的行文规则

行政公文的撰写工作是行政公文处理的中心环节。写作行政公文,应遵循几个原则,如目的明确、内容符合政策、撰写要有科学性、注意时效等。写作行政公文要确立主题,选取材料,安排结构,这与一般文章写作要求也相同。

我们把行政公文按行文关系分为上行文、下行文和平行文三种,其要注意的行文规则简要介绍如下。

一、上行文

上行文是具有隶属关系的机关中,下级机关对上级机关(包括有业务指导关系的上级机关)的行文。写作上行文应注意以下几条行文规则:

(1) 选准上行文种(报告和请示)。向上级报送总结、计划之类的常用事务文,可另加"报告"作为文件头。如:

某区人民政府关于报送
《201×年环境卫生工作计划》的报告

市政府：

  现上报我区《201×年环境卫生工作计划》，请审阅。

××区人民政府（印）

201×年×月×日

  （2）不得越级请示。为维护正常的办事程序、发挥各级机关的作用、避免工作脱节，各级行政机关一般不得越级请示，否则就会贻误工作。如果遇到特殊情况（如：多次请示，直接上级机关都没有给予批复，或者直接上级机关内部对有关问题有争议，无法解决），需要越级请示时，必须抄报给所越过的直接上级机关，或者用"并转"、"并呈"的方式。

  （3）党政不能交叉上行文。即党的组织和政府的行政组织不能交叉上行文。如白下区委与南京市人民政府、白下区人民政府与南京市委。

  （4）不能多头请示。请示只能主送给一个上级机关，不能同时主送两个以上的上级机关。如需其他上级机关了解，可采用"抄报"的形式。因为多头请示，会出现多头审批，例如：重复劳动，造成不必要的浪费；出现批复意见可能不同，徒然生出矛盾，造成麻烦；还有可能各方领导都不给批复意见，耽误工作。

  因此，不按隶属关系行文，多头主送，就会造成责任不明、互相推诿、互相等待的现象，结果必然误事。

  （5）一文一事。请示必须一文一事，不要把两三件事情放在一起请示。

  （6）上报请示不得同时抄送给同级和下级机关。由于上报请示，上级没有批复，请示内容没有生效，如果向同级或下级机关同时抄送没有生效的行政公文，会造成工作上的混乱。如果上级机关不批准该请示的内容，那么工作就更为被动。

  （7）上行报告中，不能夹带请示事项。因为上级不给批复，夹带也没有用。

二、下行文

  即具有隶属关系的机关中，上级领导机关对所属下级机关的行文。

  （1）选准下行文文种（决定、批复等）。

  （2）上级机关向受双重领导的下级机关下行批复、专门性的决定和通知时，应根据需要，抄送给它的另一个上级机关（如领导成员的任免、机构的增减、业务上的重要事项等）。

  （3）上级机关不可与有隶属关系的下级机关联合行文，如江苏省人民政府与江苏省计经委，但江苏省人民计经委和南京市人民政府可以联合行文。

  同级政府、同级政府的各部门、上级政府各部门与下级政府、政府及其部门与其他同级机关或部门都可以联合行文。但联合行文应当确有必要，单位不宜过多。

  （4）党组之间不能直接下行文，本机关的党组不能向下属部门党组下行文，更不能向下级行政机关下行文。因为它们之间不存在隶属关系。只有同级党委和上级党委才能向各党组行文。

（5）部门之间对有关问题意见不一，不得各自向下级下行文。

三、平行文

平行文就是平级机关或不相隶属机关之间的行文。

（1）选准平行文种，主要是函。

（2）态度谦和，多用商量的语气，不能强加于人，更不能用指示、命令的口吻说话。

以上是行政公文的行文规则，了解了行文规则，写作行政公文就不会出现常识性的错误。

附1：

000001
机密★1年
特急

×××〔2012〕10 号

×××××关于××××××的通知

××××××××：

　　××××××××××××××××××××××××
××××××××××××××××××××××××××
××××××××××××××××××××××××××
××××。
　　××××××××××××××××××××××××
××××××××××。
　　××××××××××。
　　××××××。××××××××××××××××××
××××××××××××××××××××××××××
××××××××××××××××××××××××××

— 1 —

附2:

000001

机密★1年

特急

×××××
×　×　× 文件
×××××

×××〔2012〕10号

×××××关于×××××××的通知

×××××××:

　　××××××××××××××××××××××××.

　　××××××××××××××××××××××××

×××××××××××××××××××××××××××

×××××××××××××××××××××××××××

××××.

　　××××××××××××××××××××××××

— 1 —

附3：

✕✕✕✕✕✕✕✕✕✕✕✕✕。

✕✕✕✕✕✕✕✕✕✕✕✕✕✕✕✕✕✕✕✕

✕✕✕✕✕✕✕✕✕✕✕✕✕✕✕✕✕✕✕✕✕

✕✕✕✕✕✕✕✕✕✕。

2012 年 7 月 1 日

（✕✕✕✕✕）

抄送：✕✕✕✕✕✕✕，✕✕✕✕✕✕，✕✕✕✕✕，✕✕✕✕✕，
✕✕✕✕✕。

✕✕✕✕✕✕✕✕   2012 年 7 月 1 日印发

第三章 行政公文部分文种介绍

第一节 通 知

一、通知的性质、特点和作用

1. 通知的性质

通知是知照性公文,"适用于发布、传达要求下级机关执行和有关单位周知或者执行的事项,批转、转发公文"。

通知是最常见的一种行政公文,在日常工作中被广泛使用。

通知就是把需要告诉有关单位和人员的事项,用文字的形式表现出来的一种行政公文。因此,大至党和国家的若干重要决策,小到一个小小会议的安排,都可以使用通知。上级机关需要下级单位和人员知道照办的事宜可以用通知;同级之间有什么事情需要对方知道,有什么活动需要对方参加,也可以用通知。

2. 通知的特点

(1)知照性。通知的主要功能在于知照。

(2)广泛性。通知的广泛性表现在多方面。

(3)时效性。通知有一定的时效要求。

通知是下行,在日常工作中运用频率较高,具有简便、实用的特点。

3. 通知的作用

通知在实际工作中具有十分重要的作用,具体如下:

(1)传达作用。上级机关要求下级机关办理某一事项,或者上级机关对下级机关的某项工作有所指示,然而,按照内容,又不适合用"命令"或"决定"这样的文种,这时的通知就具有传达作用。

(2)"桥梁"和"纽带"作用。通知用于批转下级机关的行政公文,转发上级机关、同级机关和不相隶属机关的行政公文,供所属单位参考,或要求所属单位参照执行,这时的通知就具有"桥梁"和"纽带"作用。

(3)知照作用。如果是同级机关或不相隶属机关之间需要知道、了解的事项,所用的通知就具有知照作用。

二、通知的种类和写法

(一) 通知的种类和格式

在实际工作中,通知一般可分为三类,即会议通知、工作通知(一般性通知、指示性通知、任免通知)、颁发批转类通知(颁发通知、批转通知、转发通知)。

所有的通知都按照行政公文的格式来写作,具体包括以下几个方面。

1. 标题

通知的标题有四种组成形式:① 凡是有固定文头的通知,标题中一般不再写发文机关,只需要写上事由和文种;② 如果没有固定的文头,但又是作为正式的行政公文处理的通知,一般是完整的标题;③ 有时,也可以省略事由,凡是不作为正式行政公文处理的一般性的通知,④ 可直接用"通知"作标题。

两个以上的单位发出通知时,用"联合通知";特别重要或特别紧急的事情发出通知,用"重要通知"或"紧急通知";如果前面已经发了一份通知,后来又发出通知补充其内容,用"补充通知"。总之,一定要在文种词的前面加上"联合"、"重要"、"紧急"、"补充"等限定词语。

2. 主送机关

通知一般也要在标题之下,正文之前顶格书写被通知的对象,如果是在一定范围内公布的普发性通知,也可省略其主送机关。

3. 正文

通知的正文,结构比较灵活,可根据内容的多少合理安排。有时是一段文字,篇段合一;有时是分条列项。不管采用哪种结构形式,通知的正文一般包括以下三个部分:

(1) 发文缘由(包括发文根据、目的和原因)。这是通知的开头部分,文字一定要简明扼要。

发文根据一般来自两个方面:一是上级或本单位领导部门的指示或决定,如"根据……文件精神"、"经……会议研究决定"、"经……领导同志同意"、"经市人民政府批准"等;二是工作中出现的实际情况,如"目前许多地方普遍出现了……"、"近据反映……"、"根据工作需要"等。这两方面可以单独构成发文根据,也可以结合起来构成发文根据。

发文目的,一般只有一句话:"为了……"、"为……"、"……为此"。

发文原因,通常只用"鉴于……"。

大多数通知的发文缘由部分,都采用先写发文的根据或原因,再写发文的目的,然后用过渡句"现通知如下"、"特作如下通知"、"现将有关事项通知如下"等转到具体的内容部分。

(2) 具体事项。这是通知的主要部分,应根据内容需要合理地安排结构。如果内容简单,文字不多,可直接在发文缘由后面写,不用另外起段;如果事项较多,内容复杂,就必须分条分项,逐段来写。然而,不论怎么写,具体事项部分必须紧扣缘由,各项措施必须明确、具体，切实可行，不能模棱两可、含混不清。

（3）执行要求。这是通知的结尾。除了篇段合一结构的通知之外，一般的通知都必须另起一行来写，或者作为具体事项中的最后一项单独列项写出。有些通知，根据实际情况准确选用一些常用语，如请遵照执行、望切实贯彻执行、请参照执行等。

有的通知中还提出告诫，如：凡违反上述规定者，将作……处理。

还有些通知，具体事项写完就自然结尾，有的用惯用语结束，如：特此通知。这一惯用语必须另起一行，开头空两格。

以上所说的是通知常用的基本写法，然而，不同种类的通知有不同的写法，下面我们就具体介绍一下。

（二）会议通知

要召开某一会议，为使出席会议的代表有所准备，只要会议的时间、地点、内容一经决定，就要制发会议通知。一般说来，会议通知的标题，要写明"××单位关于召开……会议的通知"。大型的重要的会议，如各种代表大会的通知还要编发文字号；一般性的会议可以不编发文字号。

会议通知的正文内容有两种情况：

（1）小范围的、内容单一的会议，通知中只需要写清时间、地点、参会人员及会议内容。如：《××局关于召开财经纪律检查工作会议的通知》："现定于×月×日下午×时在我局二楼会议室召开布置深入开展财经纪律检查工作会议，请你单位分管财经工作的负责人和财务负责人准时出席。"

（2）内容复杂、涉及面广、时间较长的会议，通知中要写清会议名称、会议内容、会议起止时间和地点、会议报到时间和地点、参会人员和要求、参加会议的准备工作（如携带的发言材料、送交会议的资料或样品等）、其他有关事项（如会务费、食宿费、会外及会后的活动，有的甚至还写明联系办法和交通路线）。

如果是大中型的代表会议，通知中还应该交代一下代表分配的名额、各方面的比例、代表条件和代表产生的方法。如果是座谈会或汇报会议，通知中还需要写明座谈的问题或汇报提纲。

随通知附送的有关文件或参考资料，应注明附件名称，请被通知单位在会前做好准备工作。如还邀请有关单位，应在通知的文尾部分写明抄送单位名称。

【例文】　会议通知

电信业务改革会议通知

各电信运营企业，各相关单位：

为进一步提高通信行业管理工作的透明度和公开性，广泛宣传××年信息产业部在电信发展和监管方面的工作思路与措施，帮助业内外各单位全面准确地把握电信行业发展与政策信息，推动产业合作，促进我国电信业持续、稳步发展，我部决定召开"××年中国电信业发展与政策通报会"。现将有关事项通知如下：

1. 会议内容

全面总结××年我国电信业发展、改革的基本情况与经验,介绍××年电信发展、改革和监管工作的思路与措施。届时,信息产业部政策法规司、科技司、综合规划司、电信管理局、清算司、无线电管理局等司局的领导将分专题介绍各相关领域的工作情况;同时,各主要运营企业负责人将分别介绍本企业××年发展状况及××年发展思路。

2. 参会人员

邀请部内各有关司局代表、各有关部门代表、各省(自治区、直辖市)通信管理局代表(各局1人)、各运营企业代表(各企业总部5人,分公司不限)和业界专家参会,请各单位在3月14日前将与会人员名单传真给会务组。欢迎各设备制造商,咨询、投资机构及产业有关单位向会务组报名参会。

3. 会议时间与地点

会议定于3月21日在北京京都信苑饭店举行,会期一天。

为做好会议的宣传与组织工作,特请人民邮电报社承担此次会议的会务工作。

特此通知。

信息产业部综合规划司
2013年1月21日

(三) 工作通知

用来布置工作、安排活动、说明情况的这类通知都称为工作通知。一般说来可分为以下三种:

1. 一般性通知(告知性通知)

这样的通知主要起知照、告知作用,要求下级机关或人员知晓、了解某件事情,如节日放假的时间、庆祝活动的安排、机构或人员的调整、行政规章的修改、文件内容的修正或补充、印章的启用或更换等,这类通知在机关日常工作中经常会用到。

【例文】 告知性通知

北京市人民政府办公厅关于设立北京市医院管理局的通知

京政发〔2011〕××号

各区、县人民政府,市政府各委、办、局,各市属机构:

根据《中共中央国务院关于深化医药卫生体制改革的意见》(中发〔2009〕6号)和《中共北京市委北京市人民政府关于印发〈北京市2010—2011年深化医药卫生体制改革实施方案〉的通知》(京发〔2010〕8号)精神,为推进本市公立医院改革试点,积极探索政事分开、管办分开的有效形式,建立统一、高效、权责一致的政府办医体制,市政府决定,设立北京市医院管理局(简称市医院管理局),为北京市卫生局管理的行政机构,负责履行市属医院的举办职责。

市医院管理局主要职责、内设机构和人员编制规定由市编委另行印发。

北京市人民政府办公厅
2011年6月20日

写作一般性的通知,只需要将告知的内容交代清楚就可以了。

2. 指示性通知(规定性通知或布置性通知)

要求下级机关执行某种精神或办理某项工作,按照内容,或限于发文机关的权限,不适宜用正式命令的形式出现,这时可以用通知来代替,而这类通知就是指示性通知。写作指示性通知要讲清道理、明确任务,要有具体的措施办法。

【例文】 指示性通知

国务院关于加强国有土地资产管理的通知
国发〔2001〕15 号

各省、自治区、直辖市人民政府,国务院各部委、各直属机构:

改革开放以来,随着土地使用制度改革的深化,土地资源的资产价值得到体现,逐步适应城市建设、企业改革、经济结构调整的需要。但目前国有土地资产通过市场配置的比例不高,透明度低;划拨土地大量非法入市,隐形交易;随意减免地价,挤占国有土地收益的现象严重,使得大量应由国家取得的土地收益流失到少数单位和个人手中。这不仅严重影响了对土地的保护和合理开发、利用,而且滋生腐败现象。为加强国有土地资产管理,切实防止国有土地资产流失,现就有关问题通知如下:

一、严格控制建设用地供应总量

严格控制土地供应总量是规范土地市场的基本前提。只有在严格控制土地供应总量的前提下,才能有效发挥市场配置土地资源的基础性作用,充分实现土地资产价值,提高土地资源利用效率。各级政府必须严格执行土地利用总体规划、城市规划和土地利用年度计划,严格控制新增建设用地供应总量。要抓住经济结构调整的有利时机,把土地利用引导到对存量建设用地的调整和改造上来,优化土地利用结构。

各地要加大对闲置土地的处置力度,积极稳妥地解决历史遗留问题,最大限度地减少国有资产的损失。对依法应无偿收回的闲置土地,要坚决收回。坚持土地集中统一管理,确保城市政府对建设用地的集中统一供应。各地不得违反国家有关规定擅自设立工业园、科技园、开发区等各类园、区,经批准设立的市辖区工业园、科技园、开发区等各类园、区的土地必须纳入所在城市用地统一管理、统一供应。对已经列入城市建设用地范围的村镇建设和乡镇企业用地也要按城镇化要求,统一规划、开发。为增强政府对土地市场的调控能力,有条件的地方政府要对建设用地试行收购储备制度。市、县人民政府可划出部分土地收益用于收购土地,金融机构要依法提供信贷支持。

二、严格实行国有土地有偿使用制度

严格执行《中华人民共和国土地管理法》、《中华人民共和国城市房地产管理法》关于划拨用地范围的规定,任何单位和个人均不得突破。除法律规定可以采用划拨方式提供用地外,其他建设需要使用国有土地的,必须依法实行有偿使用。国土资源部要依据法律规定,抓紧制订具体的划拨用地目录。

土地使用者需要改变原批准的土地用途、容积率等,必须依法报经市、县人民政府批准。对原划拨用地,因发生土地转让、出租或改变用途后不再符合划拨用地范围的,

应依法实行出让等有偿使用方式;对出让土地,凡改变土地用途、容积率的,应按规定补交不同用途和容积率的土地差价。

各地要加强对经济适用住房建设用地的管理。经济适用住房建设用地必须符合土地利用总体规划、城市规划和土地利用年度计划,严格控制占用耕地,严禁开发商以开发经济适用住房名义牟取暴利。要对经济适用住房的建设标准和销售对象作出严格规定,具体办法由建设部制定。

要进一步加强国有土地收益的征收和管理,任何单位和个人均不得减免和挤占挪用土地出让金、租金等土地收益。对于低价出让、租赁土地,随意减免地价,挤占挪用土地收益,造成国有土地资产流失的,要依法追究责任。

三、大力推行国有土地使用权招标、拍卖

为体现市场经济原则,确保土地使用权交易的公开、公平和公正,各地要大力推行土地使用权招标、拍卖。国有建设用地供应,除涉及国家安全和保密要求外,都必须向社会公开。商业性房地产开发用地和其他土地供应计划公布后同一地块有两个以上意向用地者的,都必须由市、县人民政府土地行政主管部门依法以招标、拍卖方式提供,国有土地使用权招标、拍卖必须公开进行。要严格限制协议用地范围。确实不能采用招标、拍卖方式的,方可采用协议方式。采用协议方式供地的,必须做到在地价评估基础上,集体审核确定协议价格,协议结果向社会公开。

四、加强土地使用权转让管理

土地使用权要依法公开交易,不得搞隐形交易。划拨土地使用权未经批准不得自行转让。出让和承租国有土地使用权首次转让,必须符合法律规定和出让、租赁合同约定的条件。土地使用权交易要在有形土地市场公开进行,并依法办理土地登记。土地行政主管部门要加强对出让、租赁合同的管理,受让人和承租方未付清全部出让金、租金的,不得为其发放土地使用证,未达到法律规定和合同约定的投资开发条件的,土地使用权不得转让。

土地使用权抵押应当依法办理抵押登记。设定房地产抵押权的土地使用权是以划拨方式取得的,依法拍卖该房地产后,受让人应当依法与土地所在地的土地行政主管部门签订土地使用权出让合同,从拍卖价款中缴纳土地使用权出让金后,抵押权人方可优先受偿。

以营利为目的,房屋所有人将以划拨方式取得国有土地使用权后所建房屋出租的,应将租金中所含土地收益上缴国家。

国有土地使用权转让,转让双方必须如实申报成交价格。土地行政主管部门要根据基准地价、标定地价对申报价格进行审核和登记。申报土地转让价格比标定地价低20%以上的,市、县人民政府可行使优先购买权。

五、加强地价管理

市、县人民政府要依法定期确定、公布当地的基准地价和标定地价,切实加强地价管理。凡尚未确定基准地价的市、县,要按照法律法规规定和统一的标准,尽快评估确定;已经确定基准地价的市、县,要根据土地市场价格变化情况,及时更新。要根据基准地价和标定地价,制定协议出让最低价标准。基准地价、协议出让土地最低价标准一经确定,必须严格执行并向社会公开。各级人民政府均不得低于协议出让最低价出让土地。要抓紧建立全国地价动态监测信息系统,对全国重要城市地价水平动态变化情况进行监测。

六、规范土地审批的行政行为

各级人民政府和土地行政主管部门掌握着土地审批和资产处置权力,责任重大,必须切实加强制度建设,规范行政行为,从制度上杜绝土地资产流失和腐败行为的发生。

(一)坚持政企分开,政事分开。土地行政主管部门一律不得兴办房地产开发公司等企业。土地估价、土地交易代理等中介服务机构必须与行政机关及其所属事业单位脱钩。

(二)坚持规范管理,政务公开。土地行政主管部门建设用地审批管理、土地资产处置等要严格执行办文制度,所有报件和批文均按规定程序办理。要增强服务意识,将办事制度、标准、程序、期限和责任向社会公开。要抓紧建立建设用地信息发布、地价和土地登记资料可查询制度。

(三)坚持内部会审,集体决策。土地行政主管部门内部要尽快健全各类审批事项的内部会审制度。农用地转用、土地征用、用地审批、土地资产处置、供地价格确定等,一律要经过内部会审,集体决策。国务院各有关部门和各省、自治区、直辖市人民政府要认真贯彻落实本通知精神,制定具体的实施办法,逐步建立和完善各项土地资产管理制度,加强上级政府对下级政府及土地行政主管部门土地资产管理的监督。地方各级人民政府要组织力量,对行政区域内基准地价和土地资产管理规定执行情况进行检查,重点检查集体决策和结果公开的执行情况,发现问题,要依法及时处理。

国土资源部要会同有关部门负责本通知贯彻执行情况的监督检查和落实工作,重点检查落实各地土地资产管理制度的建立和执行情况,并定期向国务院报告。

国务院

2001 年 4 月 30 日

3. 任免通知

上级机关在任免下级机关领导人或上级机关关于人事任免事项需要下级机关知道时,要发出任免通知。

任免通知的写法很简单,一般只要写清任免根据和任免决定就可以了,不要写上其他一些同任免事项不相干的内容。

【例文】 任免通知

县人民政府关于胡××等同志职务任免的通知

各乡镇人民政府:

县政府各部门经研究,决定:

胡××任县物资局副局长;

游××任县物资局副局长;

张××任县人民政府民族宗教事务办公室主任（兼）；

张××任县多种经营办公室副主任。

免去：

　邱××的县广福初级中学校副校长职务；

　陈×的县桂兴初级中学校校长职务；

　李××的县白马乡初级中学校校长职务；

　王××的县花桥镇初级中学校校长职务。

特此通知！

县人民政府办公室
2013 年×月×日

（三）颁发、批转类通知

颁发通知又称发布通知或印发通知，是指用来颁发行政法规和规章或印发有关文件的通知。正文写明制定所发布的规章的目的、根据，发布事项，提出执行要求。

批转通知是指转发下级机关发来的公文的通知。也就是说，上级机关对下级机关的行政公文，如认为内容可取，需要有关单位执行或参照执行的，这时，不用批示，也不用批复，而是用通知的形式下达。正文一般写明所批转的行政公文、发文机关的态度，提出转发和执行要求。

在批转通知中，如果通知的内容是关系到全局性的重大决策，上级机关批转时，应对决策的意义作出论断，并且可以突出阐明对某些重大问题的态度，提出原则性的意见和要求。

转发通知是指用来转发上级机关、同级机关或不相隶属机关的行政公文的通知。也就是说，凡是认为上级机关、同级机关或不相隶属机关的行政公文，对本单位的工作有指示意义或借鉴作用，都可以用转发通知。它也要写明转发的文件的名称，表明态度，提出原则要求（或者是执行要求）。

有的转发通知要写明根据转发的行政公文和本单位的实际情况作出的有关决定的内容，所以在通知中就包含着决定事项。

写作颁发、批转和转发通知要注意它的标题。

层层转发的行政公文，写作标题时应注意直接转发原文。

【例文】 批转性通知

国务院批转发展改革委等部门关于深化收入分配制度改革若干意见的通知

国发〔2013〕6 号

各省、自治区、直辖市人民政府，国务院各部委、各直属机构：

国务院同意发展改革委、财政部、人力资源社会保障部《关于深化收入分配制度改革的若干意见》，现转发给你们，请认真贯彻执行。

收入分配制度是经济社会发展中一项带有根本性、基础性的制度安排，是社会主义市场经济体制的重要基石。改革开放以来，我国收入分配制度改革不断推进，与基本国情、发展阶段相适应的收入分配制度基本建立。同时,收入分配领域仍存在一些亟待解决的突出问题,城乡区域发展差距和居民收入分配差距依然较大,收入分配秩序不规范,隐性收入、非法收入问题比较突出,部分群众生活比较困难。当前,我国已经进入全面建成小康社会的决定性阶段,按照党的十八大提出的千方百计增加居民收入的战略部署,要继续深化收入分配制度改革,优化收入分配结构,调动各方面积极性,促进经济发展方式转变,维护社会公平正义与和谐稳定,实现发展成果由人民共享,为全面建成小康社会奠定扎实基础。

我国仍处于并将长期处于社会主义初级阶段,当前收入分配领域出现的问题是发展中的矛盾、前进中的问题,必须通过促进发展、深化改革来逐步加以解决。解决这些问题,也是城乡居民在收入普遍增加、生活不断改善过程中的新要求、新期待。同时也应该看到,深化收入分配制度改革,是一项十分艰巨复杂的系统工程,不可能一蹴而就,必须从我国基本国情和发展阶段出发,立足当前、着眼长远,克难攻坚、有序推进。

深化收入分配制度改革,要坚持共同发展、共享成果。倡导勤劳致富、支持创业创新、保护合法经营,在不断创造社会财富、增强综合国力的同时,普遍提高人民富裕程度。坚持注重效率、维护公平。初次分配和再分配都要兼顾效率和公平,初次分配要注重效率,创造机会公平的竞争环境,维护劳动收入的主体地位;再分配要更加注重公平,提高公共资源配置效率,缩小收入差距。坚持市场调节、政府调控。充分发挥市场机制在要素配置和价格形成中的基础性作用,更好地发挥政府对收入分配的调控作用,规范收入分配秩序,增加低收入者收入,调节过高收入。坚持积极而为、量力而行。妥善处理好改革发展稳定的关系,着力解决人民群众反映突出的矛盾和问题,突出增量改革,带动存量调整。

各地区、各部门要深入学习和全面贯彻落实党的十八大精神,充分认识深化收入分配制度改革的重大意义,将其列入重要议事日程,建立统筹协调机制,把落实收入分配政策、增加城乡居民收入、缩小收入分配差距、规范收入分配秩序作为重要任务。各有关部门要围绕重点任务,明确工作责任,抓紧研究出台配套方案和实施细则,及时跟踪评估政策实施效果。各地区要结合本地实际,制定具体措施,确保改革各项任务落到实处。要坚持正确的舆论导向,引导社会预期,回应群众关切,凝聚各方共识,形成改革合力,为深化收入分配制度改革营造良好的社会环境。

附件:《关于深化收入分配制度改革的若干意见》

国务院

（此件公开发布）　　　　　　　　　　　　2013 年 2 月 3 日

【例文】　转发性通知

关于转发中共中央组织部关于在纪念抗日战争胜利 50 周年
期间开展走访慰问老干部、老党员及有关活动的通知

主送:略

经省委领导同意,现将中共中央组织部《关于在纪念抗日战争胜利 50 周年期间开

展走访慰问老干部、老党员及有关活动的通知》转发给你们,并结合我省实际,作如下通知:

一、各地各部门要认真按照《通知》要求,组织好多形式的走访慰问活动。要结合贯彻全国、全省离退休干部工作会议精神,在走访慰问中认真听取老干部、老党员意见,重点解决好拖欠离休费、医药费问题和一些老干部、老党员的特殊困难。

二、对抗日战争时期及其以前参加革命工作的老干部发放慰问金标准是:1942年12月31日以前参加革命工作的老干部,一次性发给慰问金200元;1943年1月1日至1949年9月2日期间参加革命工作的老干部,一次性发给慰问金100元。所需经费由各单位解决。

三、从1995年8月1日起,对抗日战争时期及其以前参加革命工作,年龄不满70周龄的离休干部给予护理费补贴。标准是:地厅级离休干部(含享受待遇的)护理费补贴每人每月61元;其他离休干部每人每月50元。增加的护理费补按原经费渠道列支。

中共四川省委组织部

第二节 通 报

一、通报的性质、特点和作用

1. 通报的性质

通报就是上级机关用来表彰先进、批评错误或者向下级机关传达工作中的重要情况、传递信息的一种行政公文。通报不受上行、平行、下行的行文限制,但主要用作下行文。

2. 通报的特点

(1) 典型性。通报的事实,不论是表彰性的、批评性的还是通报情况的,都要求有典型意义。典型就是具有普遍性、代表性,事实越典型,其警示和借鉴意义越大,只有个性、没有普遍意义的题材,缺乏广泛的指导价值。

(2) 指导性。通报的内容,其价值往往并不单纯在于发布动态信息、宣布事件处理结果,而是要激励先进、督促后进,树立学习榜样,或者提供反面典型,使读者能够总结经验、吸取教训,得到有益的启示和警示。

(3) 时效性。上级机关应该适时发布通报,通报的事实较为具体,对发生的时间、地点等要素都要进行交代,这就要求通报及时发布。通报的内容总是跟特定时期背景有着紧密的联系,通报得过于迟缓,就失去其沟通情况、宣传教育的目的。因此,通报的制发应该迅速及时,以免事过境迁,失去其积极的作用。

3. 通报的作用

(1) 推动表彰作用。通报主要用来表彰先进经验,表扬好人好事,号召大家向他们学习,促使下属机关和人员虚心吸取别的单位或别人的先进经验,向他们看齐。

（2）惩戒禁止作用。通报也用来处理事故,批评错误,揭露坏人坏事,教育大家,促使下属机关记取其他单位或人员的失败教训,引以为戒,达到防微杜渐的目的。

（3）指导启发作用。通报要向下级机关传达工作中发生的新情况、新问题或上级机关的重要精神,这样,下属单位能够了解全局、掌握工作进程。

（4）知晓作用。通报也可用于传达一些需要各机关知道的事项,这样,可以沟通信息,互通情报。

二、通报的种类

（1）表彰通报。表彰通报是用来表彰先进人物或先进集体,介绍先进事迹、推广典型经验的,是从高层机关到基层单位都广泛采用的常用公文类型。

（2）批评通报。批评通报是对工作中发生、出现的重大事故、重大失误、错误倾向、不良风气提出批评使用的公文文种,重在以儆效尤,有针砭、警示、纠正的作用。批评通报可以针对个人所犯的错误制发,也可以针对某一部门、单位的不良现象制发,还可以针对普遍存在的某种问题制发。

（3）情况通报。用来传达重要精神、沟通重要情况的通报是情况通报。为了让下级单位对一些重要事件或全局状况有所了解,上级机关应该适时发布这样的通报。常见的工作情况通报内容主要有工作进展情况、落实情况、评比检查结果等。

三、通报的写法

通报按照性质和内容可划分为三种,即表彰通报、批评通报和情况通报。

表彰通报主要用于表彰。表彰比较突出的先进集体和个人,号召人们向他们学习;表彰先进的工作经验,选择一个或几个典型事例来进行推广,达到交流经验、推动工作的目的,如《关于表彰征兵工作先进单位的通报》、《关于表彰优秀团干部的通报》等。

而批评通报就是抓住一两个典型,通过对有严重问题或错误倾向的单位或个人进行揭露和批评,分析其犯错误的原因和教训,进而教育所属单位的所有人员,防止类似错误的发生,如《国务院办公厅关于对少数地方和单位违反国家规定集资问题的通报》、《关于××制鞋厂火灾事故的通报》。

情况通报就是把工作中的重要情况或者是工作的进展情况、工作完成后的总的情况,用通报的形式在一定范围内公布。这种情况通报的目的就是帮助下级机关或有关人员沟通信息,了解掌握有关全局工作或某方面工作中的重要情况,以引起下级各单位或有关人员的重视,以便于更好地开展工作,如《××地区灾情通报》。这种通报的内容和文字往往比较多,通常是将各种情况按类划分,每一类用数字或小标题标明,逐项地进行叙述、分析和评议。

不管是表彰通报、批评通报,还是情况通报,内容一般都不复杂,大致可分为三部分,即事件简介、分析评议、通报决定或要求。

1. 事件简介

通报,必须有事件情况的简介,就是讲清主要的事实,要把所通报的事件交代清楚,即事件发生的时间、地点、有关的单位或人员、事件的主要经过和情节、事件的最后结局或影响等。

写作这一部分一定要实事求是、真实典型,千万不能现象堆积、罗列。由于奖惩通报往往牵涉到对事件的定性和宣传教育问题,因此措辞一定要慎重,讲究分寸,涉及的事件、情节和数字要准确无误,否则会引起不良影响。

表彰通报和批评通报在写作时,有时还稍有不同。表彰通报的内容主要是从正面肯定成绩,因此,可以适当地多用些笔墨,把先进事迹中最有典型意义的部分写深写透,不能浮夸。而批评通报,包括处理事故和批评错误的通报,有许多内容不便于公诸于世,只能在一定范围内发文,通过内部通报来教育干部和群众。因此,批评通报在介绍事件时,要注意它的性质是否适宜过多交代。如:牵涉到失密事件时,应特别注意,通报时不可将机密在大范围内再次泄露。

有些奖惩通报在正文的事件简介之前,还有一段文字,简明地讲清发通报的意图、通报所要达到的目的,从而引起读者的重视,然后再交代事件。

2. 分析评议

奖惩通报,要对通报事件进行恰当的、简要的分析评议,而这一分析评议,既反映了作者的认识,又代表了发文单位的态度,体现出领导机关对事件的看法。因此,写作通报的这一部分,要掌握分寸,划清政策界限,注重提法的准确科学。

好的事例,要指出它的典型意义或概括出主要经验;坏的事例,要分析它产生的原因,带来的危害以及应吸取的教训。

由于在事件的简介中,许多情况都已经讲述清楚,因此,这一部分的文字一般较简要,它不能超过前面的介绍部分。

3. 决定或号召、要求

无论是表彰通报,还是批评通报,都要明确提出对被通报者的具体表彰或处理决定,并经常引申出对全体下属单位或人员的某些要求。这一决定或要求,无疑都代表了一级组织,一般都具有法律的效力,受文单位必须遵照执行。

从上可知,写作奖惩通报,要抓住有普遍意义和教育意义的典型;要围绕通报的问题,摆出事实;要说明问题的性质及其影响和后果;要表明发通报的目的,指出应该接受的经验教训。

【例文】 表彰性通报的写法

关于表彰"最美乡村教师"的通报

赣教字〔2013〕43 号

各设区市教育局:

为营造尊师重教氛围,今年教师节前夕,省教育厅联合江西日报等媒体在全省开展了"寻找'最美乡村教师'"推选活动。经层层推荐,省级评审、公示,评选出陈爱娇等10

名"最美乡村教师",现将名单(见附件1)予以公布,通报表彰。同时,胡庆利等20名教师获"最美乡村教师"提名奖(见附件2)。

希望受到表彰的同志珍惜荣誉,再接再厉,在今后教育教学工作中取得新的更大成绩。全省广大教师要以"最美乡村教师"为榜样,学习他们扎根基层、安贫乐教、甘为人梯、无私奉献的精神,自觉加强师德修养和业务学习,不断提高教育教学水平,努力成为学生爱戴、家长满意、社会尊重的人民教师。

附件:1. 江西省"最美乡村教师"获奖名单
　　　2. 江西省"最美乡村教师"提名奖名单

江西省教育厅

2013年9月3日

【例文】 批评性通报的写法

关于批评北京奇虎科技有限公司和深圳市腾讯计算机系统有限公司的通报

工信部电管函〔2010〕536号

北京奇虎科技有限公司、深圳市腾讯计算机系统有限公司,相关互联网信息服务提供者:

近日,北京奇虎科技有限公司和深圳市腾讯计算机系统有限公司(以下简称两公司)在互联网业务发展中产生纠纷,采取不正当竞争行为,甚至单方面中断对用户的服务,影响了用户的正常业务使用,引起用户不满,造成了恶劣的社会影响。事件发生后,工业和信息化部高度重视,会同相关部门及时了解情况,平息争议,坚决维护用户合法权益和市场秩序。经研究,现对两公司通报批评,并对两公司及相关互联网信息服务提供者提出如下要求:

一、责令两公司自本文件发布5个工作日内向社会公开道歉,妥善做好用户善后处理事宜。

二、责令两公司停止互相攻击,确保相关软件兼容和正常使用,加强沟通协商,严格按照法律的规定解决经营中遇到的问题。

三、我部将依据职权,会同相关部门对两公司涉嫌违反相关法律规定的行为进行进一步调查处理,责令两公司做好配合工作。

四、责令两公司从本次事件中吸取教训,认真学习国家相关法律规定,强化职业道德建设,严格规范自身行为,杜绝类似行为再次发生。

五、相关互联网信息服务提供者要引以为戒,遵守行业规范,维护市场秩序,尊重用户权益,共同促进互联网行业健康、稳定、持续发展。

工业和信息化部

第三节 报 告

报告和请示是实际工作中用得最为广泛的两个文种,有时容易错用或混淆使用。

一、报告的性质和种类

(一) 报告的性质

报告是下级机关向有隶属关系的上级机关汇报工作、反映情况、提出意见或建议、答复上级机关询问而使用的一种陈述性的上行公文。

如:正在进行或已经完成某项重要的工作,要把工作中所取得的成绩、总结的经验、存在的问题、应吸取的教训以及下一步工作的打算等向上级领导如实汇报,以便于上级及时了解全局情况,指导工作。

再如:工作中发生或发现重大的情况和问题要及时向上级领导汇报,说明目前的势态,指出存在的问题,提出解决问题的办法和措施;有时就工作中的某些重大问题,专门向上级机关提出建议,需要上级机关批转给其他同级机关或不相隶属机关共同执行;有时向上级机关报送行政公文物件也可以用报告,这样的报告极其简单,只要写清楚报送的行政公文或物件的名称、数量就可以了。

报告只向本机关的直接上级发出。"直接上级"既指直接隶属的领导机关,又指主管的职能指导机关。如:南京市质量技术监督局其直接上级是南京市人民政府和江苏省质量技术监督局。

报告是一种陈述性的行政公文,要以具体的事实、情况和确实的数据为汇报的主要内容,表达方式主要是叙述,要直陈其事。其中虽也有阐明观点、论述道理的地方,但不宜长篇大论,而只是在叙述事实时,摆明观点,讲清道理,点到为止。

(二) 报告的种类

我们通常所说的调查报告、会议报告、读书报告等都不属于行政公文的范畴,而行政公文中的报告分类方法很多。从内容上分,有综合报告和专题报告,它们都是就本机关工作职能范围内的事向上级所作的汇报。但综合报告就是反映本地区、本单位全面情况的报告,内容全面,篇幅较长,是本机关工作全面总结向上级呈现的一种形式,如季度报告、半年工作报告、年度工作报告等。专题报告是就某一方面情况、某项工作或某个活动向上级所作的报告。专题报告内容比较单一,主要是突出一个"专"字,是一事一报的专门性的报告。

从内容和作用的角度划分,报告可分为工作报告、情况报告和答复报告。

1. 工作报告

工作报告是指向上级机关汇报工作情况的报告,包括综合报告、专题报告和例行报告。综合报告反映的是工作的全面情况,如《××省卫生厅关于 2008 年工作总结的报告》；专题报告是专门就某项工作、某个问题或某方面的情况所写的报告，如《××市委市政府关于党政机关干部下基层的工作报告》；例行报告是指根据情况需要，定期向上级机关汇报工作的报告。

2. 情况报告

情况报告是对工作中出现的突发情况向上级进行汇报，便于上级机关及时了解情况、采取措施、控制事态发展，例如《铁道部关于 193 次旅客快车发生重大事故的报告》。

3. 答复报告

答复报告是用来回答上级的询问的。有问才答，说明行文的被动性；有问必答，表明行文的必要性。例如《××省人民政府办公厅关于国务院文件办理情况的报告》。

二、报告的写作及注意事项

报告的标题一般有两种情况：一是完整的标题，即"某单位关于……的报告"；二是省略发文机关的标题，即"关于……的报告"。总之，报告的标题不能省略事由和文种。

（一）报告的正文写作

报告的正文一般由报告的目的、报告的内容和结束语三部分构成。

1. 报告目的

每一份报告，其开头部分都要说明为什么写作这个报告。如果是上级布置工作时要求下级机关汇报处理情况的；或者是上级直接询问有关问题的，那么，开头部分就直截了当地写明根据上级哪一号文件的布置或根据领导人哪一天的电话通知、口头询问等，随后用过渡语句"现将有关情况报告如下"，从开头转入报告的内容部分。如：《××区商业局关于个体饮食店卫生情况的报告》开头就写明报告的目的："××市商委饮食服务处：最近，区卫生防疫站对我区个体熟食店的卫生情况进行了一次抽查，发现不讲究卫生的情况十分严重，现报告如下：……"

如果是常用的综合性的工作报告，那么报告的开头部分必须简明扼要地概述工作情况，即时间、背景和条件。如《关于军队开展扶贫济困工作情况的报告》，其开头就是概述工作情况的："根据党中央、国务院关于帮助贫困地区的人民尽快改变面貌的通知精神，近两年来，部队和各级人武部门积极帮助贫困地区发展生产，发动民兵带头脱贫致富，取得了初步的成绩。部队在太行山区、大别山区、沂蒙山区、湘西山区及甘肃的定西、宁夏的西海固等地区的贫困县，做了大量的扶贫济困工作，使许多贫困户摆脱了贫困。各级人武部门建立的扶贫点（村）达十一万多个，有相当一部分已初见成效。"

2. 报告内容

报告的内容一般要写清工作进行的情况、还存在的问题、得到的经验教训以及下一步的打算。工作进行的情况包括工作的过程、措施、结果或成效等。总之，这几个方面需要根据具体情况有侧重点。

如果是答复上级机关的询问，就要注意报告的范围要确定，只能限于上级所询问的

事项来回答,因为答复报告属于被动行文,上级有所询问,下级机关才有答复报告。一般询问,下级可以口头答复;比较重要的事项,上级为了更全面、更准确的了解,往往要求下级予以书面报告。写作答复报告,主要写清楚答复的缘由和答复的事项,要紧紧抓住"问"和"答"行文,要注意针对性,有问有答,不问不答,也不可答非所问,更不能节外生枝,东拉西扯。并且答复时必须清楚具体,不能似是而非,有所保留。

如果是建议报告,写作时重点不是报告工作情况和反映存在的问题,而应以主要篇幅提出意见和建议,如有必要,意见可以分条分款,以便充分表达。本单位在工作实践和解决问题的过程中形成的比较成熟的意见和建议,但又事关全局,本单位不便擅自处理,于是向上级机关行文,提出自己的意见和建议,采纳与否,决定权在上级机关。

如果是向上级机关汇报工作中发生或发现的重大情况和重要问题的报告,那么在报告内容中必须写清工作进行的情况、存在或发现的问题、对问题的基本看法、最后的处理意见等。

在工作中,往往有一些具有普遍性的问题,一个单位所做的事,可能会影响到其他单位,如果没有把握,应在汇报中提出来,请上级考虑。上级单位如果认为需要通盘研究解决,在接到汇报后,应将意见通知汇报单位。

3. 结束语

报告的结尾一般由简单的结束语构成。

一般报告常用的尾语有:特此报告;以上报告,如有不妥之处,请指示(正)。

如果是需要上级领导批转给其他平行级单位或不相隶属单位共同执行的报告,其尾语通常是:"以上报告,如无不妥,请批转有关部门执行。"这个尾语中含有"希望领导能够批准这份报告的内容,并加以负责"的意思。

有的报告,内容部分结束,报告也就随之结束,没有惯用的结束语。

(二)报告写作的注意事项

写作报告应注意以下几点:

1. 材料充分,情况真实,有针对性

写作报告,必须掌握大量的实际材料,用事实来说话。就是说,要实事求是,对工作中的成绩和问题都要如实反映,不夸大也不缩小,不能报喜不报忧。针对性是指报告中的工作意见和建议要有针对性,既要针对事实、情况提出问题,又要针对领导机关的决策提出有参考性的看法。这样,报告才有价值,才会受到上级机关的重视。另外,报告中的事实和情况都是为了让上级机关了解实情而写的,一般都采用概述的方法,不用细节描述,也不对具体事实进行描写,用语非常简练。然而,概述不等于笼统,事实要写清楚,情况要摆明确,要给上级机关留下清晰的印象。不要用模棱两可、含糊不清的语言。

2. 突出重点,点面结合

写作报告,最好也要一事一报,不要把许多事情纳入一篇报告中去。对于纷繁复杂的全面工作或几个方面的工作情况,写作时,一定要分清主次,突出重点,千万不可面面俱到,如影响全局的主要工作和中心工作、重要的经验教训等都可作为报告的重点来加以突出。这样,报告的眉目也就比较清楚了。如果事无巨细,都加以详细叙述,报告就显得琐碎,没有中心,没有重点;如果都加以概括叙述,报告又都显得太表面,不深入。

因此,写作报告必须突出重点。在突出重点的同时,也要顾及其他,就是把与重点内容有关的情况也带上来报告。这样具体写作时,既有典型事例,又综合全面工作情况,点面有机结合,增强报告的说服力。

"点"是较为典型的具体事实,"面"是概括性很强的事实。两种事实都需要,有"点"无"面",缺乏整体印象,有时会以偏代全;有"面"无"点",又会使人觉得不具体,没有说服力。

如:《关于重大火灾事故的报告》其主题不是宣扬火灾的可怕,而是在于寻找原因、吸取经验教训。所以,写作报告时,首先,要交代清楚火灾发生的时间、地点、扑救情况及造成的损失;其次,查明火灾的原因及处理情况,包括对有关责任人的处理;最后,吸取教训,做好以后的工作。

3. 报告和请示不可混用

报告和请示属于不同的文种,不能混用。报告中不能夹带请示事项,否则,不利于上级及时处理。

4. 根据需要确定结束语

不能将用于请示的请求语放入报告之中。

【例文】　工作报告

江苏南京江宁团区委有关工作报告

区域共建稳推进　同城联动创特色

江宁区是行政上隶属、地理上环绕南京主城的新城区,拥有国家级和省级经济技术开发园区,汇聚了近 60 个国家和地区的 2 400 个项目,集聚了 40 多家世界 500 强企业。区内有东南大学、南京航空航天大学、河海大学等 25 所高校,20 多万师生。2009 年,全区大学生就业人数达到 4 万余人。这样一个广阔空间既拥有建设青年就业创业见习基地的资源优势,又具有提高大学生就业率和就业层次的突出需求。针对这一特点,江宁团区委顺应形势发展、集中主要精力稳步推进青年就业创业见习基地建设,联合各驻区高校,积极探索大学生就业创业见习岗位对接实践活动,努力做到同建基地、同抓落实、同步管理、同享成果。目前已经建立起福特公司、南瑞集团、南京奥特电气有限公司、江宁区法院等 20 多个见习基地,每年提供了 500 多个见习岗位,从而使这项工作有了一个良好的开端。

一、在思想上切实把青年就业创业见习基地建设作为重中之重

区级团委人手少、接触范围广、工作任务重,既要完成区委赋予的年度目标任务,又要做好上级团委适时布置的重要工作;既要做好对所属团组织的领导和指导工作,又要积极参与全区的中心工作;在履行职能上既有传统性的内容,又有创新性的任务。在这种情况下,只有抓住了重中之重,才能实现完成重点任务有亮点、推进全面工作有突破。基于此,在工作任务面广量大的情况下,我们注重理清思路、突出重点,积极推进青年就

业创业见习基地建设。

（一）提高思想认识。工作实践告诉我们，建设青年就业创业见习基地，一举三得，不仅可以帮助青年积累工作经验、提高就业创业能力，也为企业搭建了一个选人用人的平台，帮助企业发现自己所需要的人才，同时也赋予了新时期共青团服务青年工作的新内容。无论是从党政关心、社会关注、青年关切的结合点去认识，还是从共青团所具备的社会化动员能力的角度去认识；无论是从共青团已经具有的工作探索和工作积累角度去认识，还是从共青团工作融入市场经济主战场的合理适度切入点的角度去认识，都使我们清楚地看到，促进青年就业创业是新时期共青团工作的内在要求，是共青团组织的职责所在。

（二）强化组织领导。团区委召开专题会议，成立了由团区委书记任组长，各街道、园区和其他有关直属团组织负责人为主要成员的江宁团区委青年就业创业见习基地工作领导小组，并要求各有关团组织指定专人负责此项工作，形成了强有力的组织网络。

（三）营造浓厚氛围。充分利用江宁共青团网站、《江宁新闻》、横幅、海报等形式，积极依托市级平面媒体和网络媒体，加强见习基地建设的宣传报道。大力宣传见习基地建设中突出的成功案例，努力营造企业欢迎、高校期待、地方支持、青年热情参与的浓烈氛围。

二、在工作上切实把青年就业创业见习基地建设作为务实之举

青年就业创业见习基地建设是一项具体实在的工作，来不得半点马虎和敷衍，必须有计划、有步骤地稳步推进。

（一）用心谋划，做足事前。经过前期调查，我们发现青年就业创业见习基地工作既涉及高校，又涉及政府很多部门和有关企业。畅通三者之间的沟通渠道，才能确保此项工作顺利推进。为此，我们一方面通过实施非公团建、建立青年商会等工作加强与区内企业的互动，落实见习岗位；另一方面，深入了解院校专业设置情况与毕业生的就业意向，通过驻区高校团干部联席会议事制度加强与驻区高校的信息沟通，动员大学生积极参与见习活动。

（二）明确职责，做细事中。在工作进程中，我们注重明确团区委、驻区高校、区内企业三方各自的工作责任，过细地展开工作。团区委主要负责募集见习基地、挖掘见习岗位，协助企业、高校进行人岗对接；驻区高校主要负责就业创业见习政策的宣传，组织动员大学生参加见习，并做好与有关企业的对接；区内企业主要负责提供见习岗位，并负责见习学生的指导和管理。在见习基地的选择上，我们充分调动街道、开发园区团工委的工作积极性，要求他们利用推进非公团建工作的契机，迅速对辖区内信誉较好、规模较大、适合学生见习的企业就人才和用工需求信息进行摸底，尽量为大学生提供技术含量较高、见习待遇较好的岗位。对已确定的见习基地，我们再具体了解各个见习基地的状况和所提供的岗位信息，并深入驻区高校，了解高校学生的见习意向，然后组织团区委、企业和高校团委负责人联席会，具体磋商见习对接工作。各高校团委重点做好宣传发动、岗位发布工作，通过建立网站、举办见习岗位大型推介活动等多种形式向大学生发布见习岗位信息。

（三）加强管理，做实事后。在完成见习大学生与企业的对接以后，我们还加强对见习大学生的管理，制订见习计划、建立规章制度、明确培训内容，注重维护见习大学生的切身利益。一方面，要求企业为见习学生统一办理人身意外伤害保险，授权属地街道、园区团工委监督检查见习环境、劳动强度、见习计划的执行进度、见习实训效果等；另一方面，对见习学生实施无缝管理，明确规定见习学生在岗工作时间的管理以所在企业为主，例如奥特电气有限公司实行"导师制"，聘请企业专业技术人员担任见习生的指导教师，使他们在专业实践能力能迅速得到提高；非在岗工作时间，学生的管理由学校负责，从而确保学生人身有安全、岗位有着落、专业有培养、生活有保障。

三、在措施上切实把青年就业创业见习基地建设作为系统工程

青年就业创业见习基地的建设，是一项崭新的工作，需要在推进工程中强化措施，不断完善。根据上级的要求和实际需要，我们下一步工作的重点主要是进一步深入探索"同城模式"在江宁地区的实践、创新思路、强化举措，本着"就近就便、区校联动、属地协调、同步管理"的原则，努力深化"见习基地"在促进青年就业创业工作中的积极作用，着重开展三个方面的工作：

（一）力促各级优惠政策尽快落地。为了促进青年就业创业工作，各级都将出台相关的扶持政策。作为区级团委，我们要做好上下衔接。一方面，我们将落实专人收集、梳理各级出台的扶持政策，并组织相关单位、人员学习贯彻；另一方面，我们还要进一步密切与高校、企业的沟通，了解他们各自的需求和意愿，积极争取上级有关部门的支持，积极帮助他们解决执行过程中所遇到的困难和问题，从而畅通见习基地建设的绿色通道。

（二）力促见习基地扩大规模、提高质量。在推进见习基地建设上，江宁有得天独厚的基础条件，三次产业都有各自的规模企业，开发园区和各个街道都有各自的特色。下一步，我们将努力促进见习基地建设，形成以市场需求为导向，由现在的以二产企业为主向现代农业和新兴服务业方向拓展；由劳动密集型企业向技术密集型企业拓展；由单一的技术岗位见习向管理岗位、科研岗位见习拓展，努力为见习学生提供用武之地。

（三）力促优势资源优化组合。在领导力量上，进一步形成区内人才管理、劳动就业、专业培训、舆论宣传等部门的工作合力，形成精干、高效的工作网络；在政策激励上，围绕调动企业和高校、街道园区各方面的积极性，进一步研究考核奖励办法；在规范发展上，加强主办单位与见习基地之间的协作，建立见习基地联络员和信息通报制度，建立督导检查制度，将见习基地跟踪摸底和走访调研的工作制度化、经常化，确保见习基地建设工作稳步推进。

共青团南京市江宁区委员会

2017 年 3 月 16 日

【例文】 情况报告

郑州市林业局政府信息公开情况汇报

郑州市政府：

2011 年，郑州市林业局按照《郑州市政府信息公开考核 8 制度》（郑政办〔2008〕

12)、《郑州市县(市)区和市直单位绩效考核暂行办法(2011年)》(郑文〔2011〕1号)要求,根据市政府信息公开工作的统一要求和部署,全面落实科学发展观,以规范行政行为、提高行政效能为基本要求,以制度创新为着力点,切实加强对信息公开工作的领导,推动行政管理体制改革,促进依法行政,优化政务环境,为推进全市林业又快又好发展提供了强有力的支持和服务。

一、工作基本情况

(一)领导重视,组织健全

2011年,在局党委的高度重视和正确领导下,我局继续将政府信息公开工作列入议事日程,及时研究和解决工作中的重要问题;按照建立"党委统一领导、纪检监察部门监督检查"的领导体制和工作机制,成立了由局长任组长,分管局长为副组长,各处室负责人为成员的郑州市林业局政府信息公开工作领导小组。领导小组下设办公室(以下简称局公开办),设在局办公室,公开办主任由局办公室主任兼任。按照市政府的要求,结合我局的工作实际,制定了切实可行的工作方案。年初,组织局机关各处室、各二级单位办公室举办了信息公开工作培训班,深入学习了《政府信息公开条例》,要求各处室、各单位高度重视信息公开工作,及时整理、清理公开信息,并上报办公室主动公开。有组织领导,有工作方案,有各处室参与,构建了信息上报网络,建立了信息公开机制,为我局政府信息公开工作推行奠定了扎实的基础。

(二)依法依规,主动公开

1. 编制指南,方便查阅。我局编制了《郑州市林业局政府信息公开指南》、《郑州市林业局政府信息公开目录》和《郑州市林业局政府信息依申请公开暂行办法》,制定了郑州市政府信息公开工作流程,印制了《郑州市林业局政府信息公开申请表》,将主动公开与依申请公开的有关事项一一说明,在郑州市林业信息网上公布,并接受市民来电、来访的查阅。

2. 上网公开,服务公众。按照市政府的要求和部署,我局已于2011年5月将本部门应当主动公开的政府信息公布于郑州林业信息网上,共十二项内容:市林业局信息公开指南;机构职能和领导信息;市林业局规范性文件;年度工作报告、计划规划;林业发展统计信息;行政事业性收费的项目、依据、标准;审批事项;重大建设项目的批准和实施情况;突发公共事件的应急预案;预警信息及应对情况;人事任免事项;重大、重要会议情况报道。

3. 上报信息,接受公开。2011年我局主动在郑州市人民政府门户网和郑州林业信息网公开政府信息321件。截至目前,我局林业信息网访问量达到了20万余次,受理局长信箱留言31条,并及时给予了回复。

(三)运用载体,完善形式

宣传报道作为宣传政策法规的一种形式,也是政府信息公开的一种方式。近年来,我局不断加大了宣传报道的力度,已连续5年召开全市林业宣传工作会议,并不定期召开林业宣传工作座谈会、培训会,邀请报社编辑、专家讲解信息的写作技巧,提高了通讯报道队伍的整体水平,积极更新门户网站内容。我们下发了《郑州市林业宣传工作表彰奖励办法》,有力地调动了全市林业系统加强林业宣传工作的积极性。2011年,我市林业信息在国家林业局网站上采用率进一步提高,全年信息被国家林业局采用79条。全年编辑印发林业动态12期。在绿色时报、河南日报、大河报、郑州日报、郑州晚报、河南电视台、郑州电视台、郑州有线台、郑州人民广播电台等国家、省、市新闻媒体先后播发林业新闻600余条(篇)。同时,我们还通过形式多样的义务植树活动、湿地日活动、爱鸟周活动、防沙治沙日活动等进行宣传,使广大市民真正地了解、关注和支持林业工作。

二、工作存在的主要问题

自《政府信息公开条例》实施以来,在市政府的领导下,在市政府办公厅业务部门的指导下,我局扎实开展了政府信息公开工作,取得了一定成绩。但也存在一些问题和不足:一是对《政府信息公开条例》学习不够深入,精神把握的不准;二是对政府信息公开工作的业务学习还不够经常,业务水平还有待提高;三是政府信息公开还不够规范,有待进一步加强和完善。

三、2012年工作打算

2012年,我局政府信息公开工作,将在市政府的正确领导下,在上级业务部门的具体指导下,加强业务学习,规范工作制度,落实工作责任,为全市林业生态建设创造一个良好的环境。一是加强政府信息公开的宣传和业务培训。通过举办政府信息公开培训班,提高工作人员信息公开的意识和水平,确保政府信息公开准确、及时、规范。二是进一步充实和完善政务公开内容。严格按照市政府对政府信息公开工作的要求,加快推进电子政务和信息化建设,凡是能公开的内容都要公开。三是进一步狠抓政府信息公开各项工作的落实。在抓好常规工作的基础上,继续突出抓好重点。将依托电子政务网络平台,加强政务服务网站建设,加大网上公开的力度,充分发挥网上监督功能,增强公开的实效性,确保政府信息公开质量。对2011年度政府信息公开责任目标考核标准,经自评信息公开考核得分93分。

郑州市林业局

2011年12月13日

【例文】 答复类报告

关于学生收费情况的答复报告

××市教育局:

前接××字〔2013〕25号文,询问我校对学生收费的情况,现报告如下:

我校对学生收费的标准是根据省人民政府〔2013〕3号文件精神,同时又针对我校所设专业的不同而制定,并报市物价局核准后执行的,不存在乱收费、多收费的情况。另一方面,我校对部分特困生实行减免部分学费和不定期补助的做法,使部分特困生得以顺利完成学业。

今后,我校在收费方面将继续严格按上级有关部门文件精神和当地物价部门核准的收费标准执行。

附:1. ××学校收费标准。

2. ××市物价局关于××学校收费标准的批复。

××学校（印）

××××年×月×日

第四节　请　示

一、请示的性质和特点

请示是下级机关向有隶属关系的上级机关请求指示和批准的上行文。

请示适用的范围极其广泛，一般来说，下列情况下，都可用请示：上级机关的明文规定必须请示获批准后才能办理的事项；对国家的法律法令、党和政府的方针政策以及上级的有关规定、指示和要求，了解不够，有待上级机关的明确答复才能办理的事项；工作中遇到问题需要解决，但超出本单位职权范围，需要有关上级机关批准后，才能解决的事项；工作中遇到无章可循、难以处理的重大问题；本单位有特殊情况，难以执行上级的统一规定，需要变通处理；针对工作中发生的新情况、新问题，提出新的处理办法，不知当否，需要领导作出答复，等等。

除了以上这些情况外，凡是上级早已有明文规定，在自己的职权范围内又可解决的事项，都不用请示，以免造成文件堆积，浪费财力、人力和时间。

总的来说，请示有以下特点：

（1）陈请性。请示是向上级机关请求指示和批准的公文，行文内容具有请求性。

（2）隶属性。请示的文件不能超越法定的隶属关系，而且一般是逐级行文。

（3）单一性。请示事项具有单一性，即一篇请示只能涉及一件请求事项或一个问题，亦即所谓的"一文一事"、"一事一请示"。

（4）期复性。请示的行文目的是请求上级批准，解决某个具体问题，要求做出明确答复。

（5）超前性。请示行文具有超前性，必须在事前行文，等上级机关做出答复之后才能付诸实施，不能"先斩后奏"。

二、请示的写作结构和注意事项

1. 标题

任何请示的标题，都不可省略事由和公文种类，只有发文机关可以省略。在请示的标题中，文种"请示"已经含有"请求批准"的意思，因此，在事由中使用的动词不能与文种词语"请示"的意思重复，如《关于购买冷冻机的请示》就不能写成《关于请求购买冷冻机的请示》。

2．主送机关

请示是主送给上级机关的行政公文，一般只能主送一个上级机关，并且不能越级。如果没有特殊情况，也不要主送给领导者个人。

3．正文

请示的正文一般有三个部分构成，即请示缘由、请示事项和请求语。

（1）请示缘由

这是请示的开头部分，应开门见山，直接写明请示的原因，包括上级的有关政策规定和本单位有关的历史现实情况。

叙述时不能空洞抽象，也不能堆砌材料，一定要依据事实。开头部分的理由一定要充足，因为它为下面的意见要求提供事实和理论政策方面的依据，也让上级更加清楚地掌握情况，引起重视，可以促使上级及时地给予批复，使问题早日得到解决。因此，写作之前，写作者必须对所请示的问题有全面的了解和深入的研究，明确问题的性质、起因和有关的政策、事实依据，否则，就会使后面的意见失去依据。

如：写一份修缮办公楼请求上级给予拨款的请示，如果只写"办公楼陈旧，设备老化"，显然理由不足，关键是办公楼怎么陈旧、哪些设备老化、老化到什么程度，如果不修，将对办公效率产生哪些不利影响……把这些关键地方写清楚，理由充分，上级才有可能拨款。

（2）请示事项

这是请示的主要部分，也就是请求上级机关给予指示、批准的具体事项。

这部分要把需要上级机关审批的问题写清楚，并作出具体细致地分析，然后提出自己的看法或处理意见。在这里，问题本身要说清楚，阐述事实要实事求是，引用数字要准确无误，不能夸大困难和矛盾；同时，提出的看法和处理意见要具体明确，切实可行。

如果看法和意见不顾实际可能，随意给领导出难题，或者只讲问题，不表明看法，不负责任地把问题推给上级，这样都不能达到请示的目的。

如果请求上级给予拨款，写明数额，并列出概算，让上级知道为什么要拨款。要求具体才便于上级批复。

比如：要成立管理干部学院向上级请示，那么请示中关于学制、入学条件、招生工作、办学经费、学员学习期间的工资待遇等种种问题必须讲清楚，要向上级提出自己的看法和意见，供上级批复进参考。如果请示中这些问题全都推给上级，上级就不会给批复，这样也就达不到请示的目的。

（3）请求语

这是请示的结语。要明确提出请示要求，并且要另起一行写，通常请示结语都用请求性的惯用尾语，如：可否，请批复；当否，请批复；妥否，请批复。

由于请示的结语是肯定性的要求，语气中肯，大多数都可以通过。

请示与报告相比，是要控制使用的，不能滥用。在本身的职责范围内确有请示的必要，非请示上级不能解决的问题，才可以请示行文。请示是上行文，语气要谦恭、肯定。

三、请示与报告的异同点

请示与报告都是现实中常用的行政公文,两者相当接近,但也有差异,具体如下:

1. 行文方向一致,行文目的不同

请示和报告都属于上行文,是行政公文中用得最为广泛的两个文种,但它们的行文目的不同。报告是为了让上级机关了解、掌握情况,沟通上下联系;请示是为了解决某一问题而请求上级机关给予指示或审核批准。

2. 标题构成相同,内容含量不同

请示和报告的标题中,都不可缺少事由和文种,但请示必须坚持一文一事、一事一请示的原则;而报告中可写一件事,也可写几件事。

3. 报送要求相同,性质要求不同

请示和报告一般只能主送一个上级机关,如果同时需要两个或几个上级机关了解、知晓,则用抄报的形式。然而报告属于陈述性公文,不需要上级给予回复;而请示属于请求性公文,不论上级是否同意,都必须给予批复回答。

4. 行文时限不同

请示必须在事前行文;而报告则无限制,可事前、事后,也可在事情进行中行文。

由于请示和报告有这几个方面的不同,它们必须严格地区分开来,请示不能写作"请示报告",否则容易使上级机关误解为是"报告"而不给予批复,不利于问题的及时解决;报告中也不要夹带请示事项,提了也得不到批复。

四、请示的注意事项

1. 一文一事

一份请示只能写一件事,一件请示只讲一个问题,切忌数事混杂。

2. 单头请示

请示必须严格按照隶属关系逐级行文,只能主送一个上级领导机关或者主管部门,不能多头主送,也不能主送领导者个人(领导人明确要求的除外)。

3. 不得越级请示

请示与其他行政公文一样,一般不越级上行。

4. 不抄送下级

请示是上行文,行文时不得同时抄送下级以免造成工作混乱。

5. 提前沟通

行文之前要主动与主管领导取得联系,做好沟通工作,请求领导的理解和支持。

【例文】　请示

无锡市人民政府办公室关于江苏无锡经济开发区
申报升级为国家级经济技术开发区的请示

江苏省人民政府：

　　为进一步提升我市开发区的科学发展水平，推动开发区成为无锡市"率先发展"的重要载体和创新型城市建设的强大引擎，我市拟以江苏无锡经济开发区为申报主体，整合滨湖区三家开发区，即江苏无锡经济开发区、江苏无锡蠡园高新技术产业园区、江苏省无锡太湖山水城旅游度假区的资源，整体申报升级为创新型国家级经济技术开发区。相关情况报告如下：

　　一、江苏无锡经济开发区等三家开发区基本情况

　　江苏无锡经济开发区、江苏无锡蠡园高新技术产业园区和无锡太湖山水城旅游度假区均位于无锡市滨湖区范围之内，三者地理位置接壤，空间距离很近、整体功能接近、产业类型相似，具备整合提升的基础。江苏无锡经济开发区成立于 2002 年 8 月，前身是滨湖重点开放园区，2002 年 1 月被无锡市人民政府批准为市重点开放园区，2006 年 5 月被江苏省人民政府批准为省级经济开发区。规划面积为 2.84 平方公里，户籍人口 5 万，四至范围为：东至华谊路、西至华清路、南至观山路、北至锡海河。

　　江苏无锡蠡园高新技术产业园区的前身是江苏省无锡蠡园经济开发区，1992 年 6 月启动建设，1993 年 12 月 14 日江苏省人民政府批准为省级开发区，2005 年 12 月被国家发改委明确为江苏无锡蠡园高新技术产业园区，2006 年 9 月被国家知识产权局认定为无锡（国家）工业设计知识产权园。规划面积为 2.5 平方公里，户籍人口 5.5 万，四至范围为：东至蠡溪路、北至梁溪河、南至太湖大道、西至梁溪路。

　　江苏省无锡太湖山水城旅游度假区 2003 年被江苏省人民政府批准为省级旅游度假区，批准面积 3.4 平方公里，户籍人口 5.5 万，是无锡建设创新型城市、打造设计名城的重要板块，2007 年 3 月成为江苏省首批现代服务业发展集聚区，四至范围：东起青祁路及长广溪，西到梅梁湖，北至笔架山、蠡湖，南到太湖。

　　二、组建国家级经济技术开发区的区域特点

　　江苏无锡经济开发区、江苏无锡蠡园高新技术产业园区和无锡太湖山水城旅游度假区均位于滨湖区核心区，科技企业和高层次创新创业人才大量集聚，是无锡市创新型经济发展最为活跃的区域。三家开发区各项发展指标合计居于全省开发区前列，在无锡经济社会发展和对外开放中发挥了重要作用。从发展优势、开放水平、生态文明、科技创新等方面来看，已基本具备整体上升为国家级经济技术开发区的条件，主要体现在以下几个方面：

　　（一）经济发展质量不断优化，二次创业步伐明显加快。三家开发区始终坚持把加快发展作为第一要务，不断激发发展活力，保持又好又快发展势头，主要经济指标增幅连续多年高于无锡全市平均发展水平。2010 年合计完成地区生产总值 260 亿元，业务总收入 819.2 亿元，财政总收入 47.36 亿元，一般预算收入 18.06 亿元。经济总量合计在全省名列前茅。作为无锡市实施"五个中心"、"五个名城"城市战略的核心区，三家开

发区始终坚持"四高联动"方针,把加快开发区转型升级作为提升城市现代化品质和城市综合竞争力的重要措施,加快经济发展方式转变,优化城市功能。目前三家开发区已经成为高新技术产业和高端服务业的集聚区,成为高层次人才会聚和高品质人居环境营造的典范。

(二)对外开放水平加速提升,示范带动效应发挥良好。近年来,三家开发区紧紧抓住跨国资本向长三角转移的契机,明确招商方向,强化招商措施,利用外资数量和质量得到有效提升,成为区域对外开放的主窗口。三家开发区外向型经济发展迅速,至2010年底三家开发区共引进欧美、日本、东南亚和港澳台30多个国家和地区200多个项目,累计到位外资7.3亿美元,外资工业企业实现产值360亿元,占三家开发区工业经济总量的60%以上。2010年合计外贸

进出口9.3亿美元,其中出口额6.1亿美元。三家开发区整合有利于优化全市开发区布局,整合之后的无锡经济开发区是滨湖区加快转型升级重要基地,也是无锡市"向西辐射"、"西部崛起"的重要支撑,对于无锡形成"东有无锡高新区,西有无锡经开区"的战略格局具有重要意义。

(三)科技创新成为动力之源,新兴产业加快集聚。三家开发区是无锡市科技创新能力最强、科研院所最密集的区域。三家开发区依靠创新驱动、设计创意和科技支撑,目前累计建成200万平方米各类三创载体,成为无锡"总部经济"的集聚区和服务外包、物联网等新兴产业的孵化区,服务外包产值目前占无锡市的60%,2011年底高新技术产业产值将达330亿元,高新技术产业增加值占规模以上工业达48%上,软件与服务外包、工业设计、物联网等新兴产业规模超百亿元大关。中国船舶重工集团第702研究所、总参第56研究所、中航614所、中航607所、总装第308研究所、中电科58所、公安部交通管理科学研究所等国家级部属科研院所发展势头良好,北京大学研究生院、复旦大学研究生院、武汉大学研究生院和中国电科集团、中科院软件和电子研究所等一大批国内名牌大学和央企相继进驻。蠡园开发区的无锡(国家)工业设计园重点发展工业设计和相关研发产业,充分利用"530大厦"和"超算中心"品牌优势吸引海外高端人才创新创业,已成为以科技研发为核心,以工业设计为特色,

以都市经济为形态,集绿色高附加值产业、商务办公、服务配套、优美人居为一体高端品牌园区。山水城旅游度假区围绕IBM云计算中心和SUN开源技术创新中心打造江苏省最大的综合性科技型企业孵化器,以科教产业园为核心载体,建设电影后期制作为重点的华莱坞数字电影产业园,将打造以服务外包、科技研发、软件动漫、影视文化、教育培训等为主的政产学研一体化示范区和全国一流的大学科技园。无锡经济开发区大力发展服务外包、装备制造、现代物流等高端产业,努力打造现代化高新技术产业园区、高精尖端科技成果转化园区和高素质创业人才的集聚园区,成为体现滨湖独特品牌的优势园区。

(四)生态文明协调发展,保护环境与经济发展同步。作为处于无锡太湖保护区范围内的开放园区,三家开发区始终把执行最严格的环境保护制度作为促进经济与环境、人与自然和谐发展的关键举措,不断建立完善保护生态环境的长效机制,不断提升生态

文明建设水平。三家省级开发区环抱太湖水域风景最优美的五蠡湖,区域环境宜居宜业。长广溪国家湿地公园、勃公岛生态休闲公园、雪浪山休闲公园、龙寺生态园、红沙湾生态休闲公园以及4A级景区鼋头渚公园、5A级景区三国城、水浒城都位于该区域,生态环境十分优美,是一流的高新技术企业和高层次人才创新创业的理想境地。近年来该区域围绕"低碳、零排放"目标,全面推进企业清洁化生产,关闭了所有"五小"、"三高两低"企业,建成了污水管网600多公里和两座大型污水处理厂,实现了污水管网全覆盖和接管全覆盖,环保工作全面到位。

三、申报国家级经济技术开发区的区域范围和发展定位

申报升级为国家级经济技术开发区的"江苏无锡经济技术开发区"由现在的无锡经济开发区、无锡蠡园高新技术产业园区、太湖山水旅游度假区三个省级开发区组成,下辖蠡园街道、雪浪街道、华庄街道。合并批准面积8.74平方公里,区域总面积78平方公里,户籍人口16万,常住人口30万人。

鉴于拥有一流的湖滨生态环境、发达的科技产业基础、较强的创新发展活力和优质的人居环境,亮出"无锡经济技术开发区"牌子,借"无锡"之名,扬"无锡"之名,对于促进无锡市滨湖区先进制造业和现代服务业发展具有强大助推作用。"江苏无锡经济技术开发区"将以服务外包、工业设计、物联网、软件动漫、影视文化和高端制造产业为发展重点,全力集聚世界500强企业和国内外领军型创新创业人才,推进经济国际化进程,建设国内一流、国际知名的环湖创新型经济产业带,打造全国转型发展和生态经济发展示范区。综上所述,以原江苏无锡经济开发区丨、江苏无锡蠡园高新技术产业园区、无锡太湖山水城旅游度假区为主体区域的"江苏无锡经济技术开发区"经过多年来的开发建设,其区域

生态环境优越,对外开放优势明显,新兴产业特色鲜明,科技创新水平较高,城市化建设加快推进,已成为具备明显优势的多功能创新型现代化产业园区。因此,恳请江苏省人民政府转报国务院,批准江苏无锡经济开发区升级为国家级经济技术开发区。

特此请示,请示复。

无锡市人民政府办公室

2011年12月21日

关于暂缓调高旅游专项资金在交通建设附加费中分配比例的请示

北京市人民政府:

今年4月7日,北京市委、市政府《关于加快发展旅游业的决定》(北政字〔2012〕8号),同意建立旅游建设发展专项金,其部分资金来源于交通建设附加费的分配,并将此分配比例从原来的5％调高到10％。对此,我委认为该措施无疑有利于筹集资金,促进旅游业发展。但当初决定征收旅业交通建设附加费的目的,主要是筹集地铁资金,现要提高旅游专项资金往交通建设附加费中的分配比例,必然减少地铁资金的来源。地铁工程建设年度投资高达30亿元,筹资任务十分艰巨,而今年地铁资金缺口更大,需开拓更多的资金来源。因此,任何减少筹集地铁资金的做法都会导致工期拖长和投资增大,

不利于工程建设。

鉴此,我委建议在地铁建设期内,暂缓调高旅游专项资金在交通建设附加费中的分配比例,仍执行旅游专项资金在交通建设附加费中占5%的分配比例不变。

特此请示,请批复。

北京市计委(盖章)

2012年3月20日

第五节 批 复

一、批复的性质和特点

批复是上级机关用来回复、处理下级机关请示事项的一种具有答复性和指示性的下行公文。如果是答复同级机关或不相隶属机关的询问或请批时,不能使用批复,只能使用函。

批复具有以下四个特点:

1. 针对性

批复只在答复下级机关请示事项时使用,只根据请示的问题表明态度和提出意见、办法,具有鲜明的针对性。也就是说,一般情况下是一请示一批复,不涉及请示以外的其他事项。

2. 权威性

批复发自上级机关,它代表着上级机关的权力和意志,它的内容是下级机关处理问题、进行工作的依据,带有指示、规定或批准的性质,即批复中提出的处理意见,实际就是对下级机关的指示,具有明显的约束力,下级机关必须认真贯彻执行。

3. 指示性

批复的目的是指导下级机关的工作,因此其内容应当概括说明方针政策以及执行中的注意事项。

4. 简要性

上级机关批复下级机关的请示时,文字一定要简明扼要。

二、批复的写作与注意事项

(一)批复的构成

常用的批复公文,一般包括以下几个组成部分:

1. 标题

批复的标题一般包括批复单位名称、请示的事项、请示单位名称、公文种类(批复),

如《国务院办公厅关于深圳特区私人建房问题给广东省人民政府办公厅并福建省人民政府办公厅的批复》、《国务院关于将辽宁蛇岛老铁山列为国家重点自然保护区给辽宁省人民政府的批复》。有的批复标题中省略请示单位名称，如《国务院关于安徽省宿县城关镇改设宿州市的批复》。还有的批复标题中写上发文单位的态度，如《国务院关于同意苏州市和徐州市为较大的市的批复》。

2. 主送机关

批复的主送机关就是原来的请示机关。

3. 正文

批复正文主要有批复根据和批复内容两个部分，有的带有批复要求。

（1）批复根据

一般是批复正文的开头用语，主要是引述下级请示机关来文的标题、发文字号、来文日期、来文的请示事项等作为批复的根据和缘由，用以说明这份批复是根据下级机关的哪一份请示而发的。写作时，通常只要说明下级的有关请示已经"收到"、"知悉"就够了，一般用一句话来概括，如：你县关于……的请示已知悉；你局××字〔2004〕2号文已收悉；你单位2004年2月5日的请示已收悉；你县《关于……的请示》已知悉。

开头这段文字一般都应单独为一行，其作用在于表示上级单位已经知道下级机关所请示的问题，从而引出应有的答复性的文字。

有的批复在批复根据和批复内容之间加过渡语，如："经研究，现批复如下"。

如：《南京市人民政府关于增设社会商业股问题的批复》："南京市商业局：你局宁商字〔2001〕15号请示已收悉，经研究，批复如下：……"

（2）批复内容

这是批复的最主要部分，要针对请示内容给予具体指示和明确答复。

这一部分内容如果文字极少，就和批复根据结合在一起，不用分行来写，如：

"同意你厂某字〔2001〕4号请示，将搁置不用的三轮拖车四辆、切菜机一台以及附单所列设备物资，按质论价，有偿调给××集体单位。"

如果文字较多，一般都应另起一行来写，比如有补充意见、执行要求或提出希望等，应分段写清，但如果文字不多，也可不分段。

批复的内容要写得具体、简要、明确，态度鲜明，以便于下级机关执行。如完全同意下级机关的请求或意见，则写上肯定意见；如不同意或不完全同意下级机关的意见或要求时，应说明政策依据或其他具体理由，不能简单地予以否定，以便下级机关作出相应的安排。如有必要，上级机关还得给予具体指示。如："市人民政府同意你局制定的《南京市公有房屋租赁管理办法（试行）》，试行后可即发布实行，你局应抓紧制定实施细则，报市人民政府审核备案。在实行中，要注意及时总结经验，研究问题，以便进一步修订，使公有房屋租赁管理制度不断改进和完善。"

（3）批复要求

就是批复的嘱咐和希望。有的批复没有这一部分，有的批复最后有期望用语，如：

"希注意总结经验"、"务必把某某工作做好"、"切实做好某某工作"。

4. 批复结语

一般批复,具体事项答复完毕,便自然结尾,也有的批复结尾使用惯用尾语,如"此复"、"特此批复"。有批复结语的,应另起一行,开头空两格书写,最后是批复的署名和日期。如:《某某县二轻局关于某某轮胎厂购买空压机的批复》:"某某轮胎厂:你厂关于购买空压机的请示收悉。经研究,同意在三千元内动支。资金来源,由你厂应交折旧基金中拨款。"

这份批复的正文文字非常少,总共只有三句话,第一句是批复根据;第二句和第三句是批复内容,其中第二句是表态,第三句是强调说明资金的来源。

(二) 批复写作的注意事项

写作批复应注意以下几点:

(1) 必须根据政策、法令、规章制度,针对下级请示的问题,作出具体、明确的答复,必要时写明引文出处,以示慎重,以备查考。

(2) 对下级请示应及时作出答复,以免贻误工作。如果需要在一定的时间内研究,也应及早说明原因。

(3) 语义清晰,态度诚恳,千万不可互相推诿,造成公文旅行。

(4) 紧扣请示,明确答复。如果涉及其他部门,批复前应同有关部门协调一致。

【例文】

国务院关于同意重庆市万州区人民政府驻地迁移的批复
国发〔2005〕55 号

重庆市人民政府:

你市《关于万州区人民政府驻地迁移的请示》(渝府文〔2004〕23 号)收悉。现批复如下:

同意重庆市万州区人民政府驻地由太白岩街道迁至陈家坝街道。搬迁经费由你市自行解决。

国务院

2005 年 3 月 24 日

【例文】

最高人民法院关于公安机关不履行法定行政
职责是否承担行政赔偿责任问题的批复

四川省高级人民法院:

你院川高法〔2000〕198 号《关于公安机关不履行法定行政职责是否承担行政赔偿责任问题的请示》收悉。经研究,答复如下:

由于公安机关不履行法定行政职责,致使公民、法人和其他组织的合法权益遭受损害的,应当承担行政赔偿责任。在确定赔偿的数额时,应当考虑该不履行法定职责的行为在损害发生过程和结果中所起的作用等因素。

此复。

最高人民法院

2012 年 12 月 20 日

第六节　函

一、函的性质、作用、特点和分类

1. 函的性质

函是同级机关之间、不相隶属机关之间，相互商洽工作、询问和答复问题的平行公文。它也用于向有关主管部门请求批准。

函是行政公文中唯一的平行文，"不相隶属机关之间"，不论级别高低，都不存在职权上的指挥与服从关系，都是平等的，它们之间的行文只能用"函"。"有关主管部门"是指职能部门，即它是此项工作的执法管理部门，不管其级别如何，只要这项工作归它管，要开展此项工作就必须得到它的批准，它的批准具有法律效力，要请求得到它的批准，就必须用"函"来行文。

在行文实践中，有人以为要请求批准，就应该用"请示"，这是一种误解。根据《党政机关公文处理工作条例》规定，"请示"是向"上级机关"请求指示、批准；"函"是向"有关主管部门"请求批准。"上级机关"与"有关主管部门"不是同一个概念，只有行政上隶属的领导机关和业务上归口的指导机关，才能称为本机关的"上级机关"。

如：南京市质量技术监督局玄武分局行政上隶属于玄武区人民政府，业务上归口于南京市质量技术监督局，其请示只能一一向它们呈送。如向区人事局要人，向区财政局要钱，只能用函。

行政公文的文种本身并不显示对行文对象的尊重与否，关键是要符合国家规定，选择恰当的文种。

2. 函的作用

在行政公务活动中，函并不具备指挥、领导和传达作用，但它可以用来陈述情况、告晓事项，因而，它具有桥梁和纽带作用，同时也具有记载和凭证作用。

3. 函的特点

（1）灵活便捷。下级机关在工作中遇到需要弄明白的问题，需上级机关解释或答复，因为问题小，又不宜使用请示，就可以灵活使用函来行文。

（2）方便实用。用函来商洽工作、探讨问题，方便实用、平等互利。

（3）具体简要。函作为公文，简明扼要，一函一事，主题突出。

4. 函的分类

(1) 根据函的格式,函可分为公函和便函。

① 公函:用于比较重要的具体事项,属于正式的行政公文。公函的格式要求完整,使用行政公文稿纸,有函件名称、发文字号、印章,还要立卷、归档。

② 便函:用于一般性事务工作,格式不严整,只有上款和下款,可用机关信笺,无函件名称,无发文字号,可盖公章,也可个人署名,不登记、不立卷、不归档,使用起来较方便、灵活,但它又不是私人信函。

(2) 根据函的内容,可分为以下三类:

① 商洽函:不相隶属机关之间商洽工作的函。

② 询问函:向有关机关询问情况的函。

③ 答复函:针对询问函而制发的函。

(3) 根据行文方向,函可分为去函和复函。

① 去函:也称问函,是主动性函。为了商洽工作、询问事项、提出要求等主动给其他单位发函。如:商调干部、联系参观、邀请讲学等属于联系公务、商洽工作的商洽性函;询问问题、征询意见要求对方给予答复的属于询问性函。

② 复函:又称答复性函。就是针对来函询问、商请的有关问题,给予明确答复的函。

写作去函时,必须把商榷事项的原委、询问的问题、请求的事项写得清清楚楚、明明白白,以便于对方能够了解意图,及时给予回复。而答复一定要依据本机关的职责范围、本机关的客观条件和能力去解答。复函不能越职越权去处理或解答问题。

一些政府主管职能部门对有关单位发来的请求批准的函的答复,也用复函。这时要注意的是,这里不能用"批复",因为批复只"适用于答复下级机关请示事项"。非下级机关的有关单位用"函"向政府主管职能部门请求批准,政府主管职能部门只能用"复函"去回答有关单位的请求。这类复函对有关单位有指示和约束作用,其效力相当于批复。

二、函的写法

1. 标题

公函属于正式的行政公文,它具备一切法定公文的规范格式,其标题与其他行政公文的标题写法相同,而复函标题的写法与批复的标题写法相同,如《国务院办公厅关于公开发布天气预报有关问题的复函》。便函标题可有可无,比较自由。

2. 正文

函的正文强调就事论事,应直陈其事,少讲空洞的大道理和客套话,不能像私人信函那样,开头说"您好"、"久未通信"等套话。

写作去函时,如果是和对方第一次联系,商洽工作,写作时先简单地介绍一下本单位,然后讲清楚需要商洽的具体事项,希望对方如何协助、办理。

这部分要观点明确、意见具体,便于对方理解和答复。在去函中,如果是询问函,所问的问题是本机关职责范围内应当予以解决但又无据可查或难以解决的问题。被询问的机关可以是与此问题有关的平级机关或不相隶属机关。写作时首先应将问题产生的情况、原因或起因、过程讲清楚，以使对方了解问题产生的原因或背景，便于回答；然后写清楚需要对方解答或解决的问题。

写作复函时，首先要说明回复的根据，如："你（贵）单位某年某月某日来函已收悉"；然后用过渡句"经研究，答复如下"过渡到主体部分。

主体部分针对来函所商洽或询问的事项进行答复。写作复函要认真明确，有问有答，不能答非所问、复非所求，要据实据理据情予以中肯的回答，如果要给解决办法，办法一定要切实可行。

3. 结尾

一般用礼貌性语言向对方提出希望，或请对方协助解决某一问题，或请对方及时复函，或请对方提出意见或请主管部门批准等。

4. 结语

通常应根据函询、函告、函商或函复的事项，选择运用不同的结束语，如"特此函询（商）"、"请即复函"、"特此函告"、"特此函复"等。有的函也可以不用结束语，如属便函，可以像普通信件一样，使用"此致"、"敬礼"。

如果是以便函的格式来写作，不论是去函、复函，其正文写作与公函基本相同，只是结束语稍有差异。便函常用"此致敬礼"的惯用语，分两行写，第一行开头空两格，第二行顶格，而公函一般不用这个尾语。

写作函，要注意以下两点：

（1）不要把函当成一般的公务书信。公务书信如邀请信、感谢信等都不属于行政公文文种。

（2）注意措辞。如果是商洽问题，有求于对方时，理由要充分、恰当，语气要谦和、委婉、恳切，提出的要求或建议要注意给对方留有余地，不可强人所难，更不能用指令性的语言。因为函的双方都处在一种平等、协商、互助的情况下，相互的地位和行文目的决定了函的用语必须谦和，态度必须诚恳，否则，对方将不予理睬。

【例文】 商洽函

泉州市卫生局关于向泉州经贸学院商借教室的函
泉卫局〔2008〕12号

泉州经贸学院：

我市为传达贯彻党的十七大精神，拟对本系统在职干部进行不脱产培训。因场地不够，拟向贵校借用教室。时间是今年11月、12月的所有双休日，每天上午8时至下午5时，数目5间，有关经费及细节，我局将派人前来商定。望能得到贵校支持。

妥否，请函复。

泉州市卫生局（盖章）
2008年10月20日

应用文 写作教程

【例文】 答复函

泉州经贸学院关于同意借用教室的复函

泉经院〔2008〕45 号

泉州市卫生局：

　　贵局来函《泉州市卫生局关于向泉州经贸学院商借教室的函》（泉卫〔2008〕12 号）已收悉。借用教室之事与传达贯彻党的十七大精神有关，作为本市的一所高等院校，理应全力支持。经研究同意贵局的要求，具体事宜请派工作人员来我院商洽。

　　特此函复。

泉州经贸学院（盖章）

2008 年 10 月 22 日

【例文】 答复函

国务院办公厅关于上海航海博物馆冠名问题的复函

国办发〔2006〕××号

上海市人民政府：

　　你市《关于使用"中国航海博物馆"的馆名的请示》（沪府〔2006〕46 号）收悉。经商有关部门并报国务院领导同志同意，现函复如下：

　　你市在建的航海博物馆名称可定为"上海中国航海博物馆"。

国务院办公厅

2006 年 7 月 9 日

第七节　公　告

一、公告的概念、特点及种类

1. 公告的概念

公告是"适用于向国内外宣布重要事项或法定事项"的公文。

2. 公告的特点

属于公开宣布的告晓性公文，它与其他告晓一般事件的"通知"和用于表扬、批评和传达重要情况的"通报"不同，具有高度的庄严性和权威性。

3. 公告种类

发布性公告、告知性公告、关涉国内外有关方面事项的公告。

二、公告的格式与写法

公告的内容包括标题、正文、落款和成文日期等。

1. 标题

① 发文机关加事由加文种，如"中共中央、全国人大常委会、国务院关于宋庆龄副委员长病情的公告"；② 发文机关名称加文种，如"中华人民共和国国务院公告"；③ 事由加文种，前加"关于"；④ 只写"公告"。

2. 正文

直述公告缘由，宣布事项。内容必须是真正的要事，要高度概括；大多是消息性，一般不提出执行要求。

3. 落款

写明公告发布机关全称和发文日期。公告标题系发文机关名称加文种的，也可不写公告发布机关名称。

三、公告的写作要求

（1）公告的作者是国家领导机关，地方机关、基层单位、群众团体不制发公告。

（2）公告是向国内外"宣布"事项，有的公告事项要求公众执行，有的仅为使大众周知，所以公告重在事项写作，要求明确而具体，事由可简明或不写。

（3）一件公告只公布一项专门事件或事项。

（4）语言要准确、通俗和简明。

【例文】　公告

中华人民共和国最高人民法院公告

《最高人民法院关于如何处理农村五保对象遗产问题的批复》已于 2006 年 6 月 30 日由最高人民法院审判委员会第 1121 次会议通过。现予公布，自 2006 年 8 月 3 日起施行。

中华人民共和国最高人民法院（盖章）
2006 年 7 月 25 日

【例文】　公告

国家税务总局公告
国税〔2009〕1 号
国家税务总局关于纳税人权利与义务的公告

为便于您全面了解纳税过程中所享有的权利和应尽的义务，帮助您及时、准确地完成纳税事宜，促进您与我们在税收征纳过程中的合作（"您"指纳税人或扣缴义务人，"我们"指税务机关或税务人员。下同），根据《中华人民共和国税收征收管理法》及其实施细则和相关税收法律、行政法规的规定，现就您的权利和义务告知如下：

（略）

特此公告。

税务总局
2009 年 11 月 6 日

第八节 通 告

一、通告的概念和种类及特点

1. 通告的概念

通告是"适用于在一定范围内公布应当遵守或者周知的事项"的公文。

2. 通告的种类

（1）周知类通告。主要是使受文者了解重要情况、重要消息,因此文中不提直接的执行要求。

（2）执行类通告。主要向受文者交待需要遵守、执行的政策、措施以及其他行为规范,具有一定的强制力。

3. 通告的特点

（1）用于宣布一般性事项,有别于公告宣布重大事项。

（2）通告只在国内一定范围内公布,有别于公告向国内也向国外公布。

（3）通告可以由各级机关、人民团体、企业或事业单位发布,有别于公告只能由地位较高机关发布。

（4）通告无主送单位。

二、通告的格式和写法

通告由标题、发文字号、正文、落款三部分组成。

1. 标题

由发文机关、事由、文种构成。根据具体情况,也可使用发文机关加文种、事由加文种或只写"通告"二字。

2. 正文

由缘由和通告事项两部分组成。缘由为发布通告的原因和根据,事项为须知和遵守的内容。正文用"特通告如下"转承连接。通告事项是面对大众的,应简洁明了,叙述清楚,通俗易懂,便于掌握。结尾部分可提出要求、希望,并用"特此通告"作结。有时也可不写,形式比较灵活。

3. 落款

正文后签署发布通告的机关名称和日期。

三、通告的写作要求

（1）通告的撰稿者,要有政策观念,以政策衡量通告的事项,确保其不与现行政策抵牾,不搞不符合法律程序的"土政策"。

(2)因为通告可以用来处理带有一定专业性的公务,所以写有关专业性的内容时,难免会使用一些术语,但要注意尽量选择大多数人熟悉的行业用语。同时,也要求撰稿者有一定的专业知识。

(3)通告的内容一定要突出,才能给人以深刻的印象。

(4)通告一般可以张贴、见报,也可以文件形式下达。

【例文】 通告

关于对伯先路实行临时交通管制的通告

经市政府批准,车站路、伯先路、迎江路施工改造即将进行,为确保道路安全畅通和施工顺利进行,根据《中华人民共和国道路交通安全法》第五条和第三十九条规定,决定对该路段实行临时交通管制,现将有关事项通告如下:

一、管制时间、区域

2014年7月18日零时至2014年9月30日二十四时,伯先路(迎江路口至京畿路口)。

二、管制措施

(一)管制期间,禁止所有车辆通行。

(二)公交路线及站点调整由公交公司另行发布公告。

(三)行人可沿人行道进出,行经上述路段,应自觉服从交巡警和交通管理人员的管理,减速慢行,注意安全。违者将按照《中华人民共和国道路交通安全法》有关规定予以处罚。

特此通告。

镇江市公安局交通巡逻警察支队

2014年7月9日

第九节　会议纪要

一、会议纪要的含义和特点

1. 会议纪要的含义

会议纪要主要用于记载、传达会议情况和议定的事项。会议纪要是传达会议精神、指导工作、交流信息的重要文种。

2. 会议纪要的特点

(1)纪实性

会议纪要是会议成果的真实反映,比较客观。

写作教程

（2）纪要性

即不能照搬照录，应对会议内容进行综合、整理和概括，突出会议精神。

（3）约束性

会议纪要是法定公文，具有统一思想、明确任务方向、指导工作的重要作用。

3. 会议纪要的主要类型

根据会议性质的不同，会议纪要可分为两类，即办公会议纪要和专题会议纪要。

（1）办公会议纪要

是指机关、企事业单位召开的定期或不定期的工作会议形成的纪要，主要用于总结工作、沟通情况、交流经验、传达贯彻上级精神、研究决定重要事项、指导布置任务。

（2）专题会议纪要

是指为研究专项问题而召开的会议所形成的纪要，如研讨会纪要、各项类型的座谈会纪要等。

二、会议纪要的写作格式

1. 标题

标题有两种写法：一是会议名称＋文种，会议纪要要写会议全称或规范化简称；二是由双标题组成，如《探讨新时期文学的发展——中国当代文学研究会第一次学术讨论会纪要》。

2. 成文日期

即会议纪要的时间或领导人签发的时间。要写年、月、日全称，外加圆括号，置于标题之下，居中。

3. 正文

（1）前言

前言是对有关部门会议情况的概述，一般应交代会议名称、时间、地点、与会人员、会议的组织者或承办单位，召开会议的依据，会议的议题等。

（2）主体

主体是会议纪要的核心部分，以说明性文字概括叙述会议研究的问题，讨论的意见，做出的决定，对今后工作的部署、安排等。主体部分的写作可采取两种写法：一是条项式写法；二是综合式写法。

4. 结语

结语可用具有鼓动性和号召力的语言收束，也可用与会人员表示的决心、提出的方向作结，还可以向有关单位提出贯彻执行会议精神的要求。

三、注意事项

1. 纪实、简明

拟写会议纪要，要忠实地记录会议的实况，遵守会议的基本精神，用语要庄重严肃、

语言规范、逻辑严密。

2. 要素齐全

会议纪要必须在前言部分写明会议召开的时间、地点、主持人、参加者、议题等。

3. 注意会议纪要专用语的使用

会议纪要有特定的专用语，要酌情使用。

4. 领导签发盖章

会议纪要完稿后，要经过主管负责同志的认可，或者经过会议通过，领导同意签发并加盖公章后才能成为正式公文。

【例文】

市政府第 1 次常务会议纪要

扬州市人民政府办公室　2012 年 7 月 10 日

议题：

1. 关于市长、副市长工作分工

2. 关于加快发展地区总部经济的实施意见、加快发展会展业的实施意见和加快发展酒店业的实施意见

3. 关于促进和扶持建筑业发展的意见

4. 关于进一步精简会议文件规范信息简报的意见

5. 关于审核公布帽儿墩汉墓等文物点为扬州市第五批文物保护单位的情况汇报

6. 关于全面调查建设用地、促进节约集约利用的意见

7. 关于扬州市市级旅游度假区管理暂行办法

8. 关于扬州市风景旅游区水域交通安全管理办法

2012 年 7 月 3 日上午，在市委、市政府主楼五楼会议室，市长朱民阳主持召开市政府第 1 次常务会议，就进一步加强新一届政府自身建设、加快发展地区总部经济、会展业和酒店业等议题进行了研究，现纪要如下：

一、关于市长、副市长工作分工

（略）

二、关于加快发展地区总部经济的实施意见、加快发展会展业的实施意见和加快发展酒店业的实施意见

（略）

三、关于促进和扶持建筑业发展的意见

（略）

四、关于进一步精简会议文件规范信息简报的意见

（略）

五、关于审核公布帽儿墩汉墓等文物点为扬州市第五批文物保护单位的情况汇报

（略）

六、关于全面开展城镇建设用地调查、促进土地节约集约利用的意见

（略）

七、关于扬州市市级旅游度假区管理暂行办法

（略）

八、关于扬州市风景旅游区水域交通安全管理办法

（略）

出席人员：×××　×××

列席人员：（略）

记录整理：×××

思考与练习

一、填空题

1. 行政机关的公文，是行政机关在行政管理过程中形成的具有_____和_____的文书，是依法行政和进行公务活动的重要工具。

2. 公文的法定作者指_____成立并能以自己的名义行使_____和担负_____的机关或组织。

3. 下行文指具有隶属关系的_____机关发给_____机关的公文。

4. 请示适用于向上级机关请求_____、_____。

5. 请示应当_____；一般只写一个_____，需要同时送其他机关的，应当用_____形式，但不得抄送其_____机关。

6. 报告不得夹带_____。

7. 一般不得越级_____和_____。

8. 通报适用于_____，_____，传达重要精神或者情况。

9. 通知适用于_____的公文，转发上级机关和_____的公文，传达要求下级机关办理和需要有关单位_____或_____的事项，_____人员。

10. 函适用于_____机关之间_____工作，询问和_____问题；_____和答复审批事项。

11. 批复适用于_____下级机关的_____事项。

12. 议案是_____或_____提出的议事公文，适用于各级_____按照_____向同级人民代表大会或人民代表大会常务委员会提请审议事项。

13. 会议纪要适用于_____和_____会议情况和议定事项的公文。

14. 通告是适用于_____社会有关方面应当或者的事项。

15. 公告是适用于向_____宣布_____或者法定事项的公文。

二、选择题（至少有一个答案）

1. 指令性的公文是指_____。

　　A. 命令和决定　　B. 函　　　　　C. 公告　　　　　D. 通告

2. 向国内外宣布重要事项或者法定事项时使用_____。

　　A. 公告　　　　　B. 通告　　　　C. 通报　　　　　D. 决定

3. 向上级机关汇报工作,反映情况,答复上级机关询问时用_____。

    A. 报告　　　　　　B. 决定　　　　　　C. 总结　　　　　　D. 请示

4. 不相隶属机关之间请求批准,用_____。

    A. 请示　　　　　　B. 报告　　　　　　C. 函　　　　　　　D. 批复

5. 受双重领导的机关向上级机关行文,应当这样处理_____。

    A. 写明主送机关和抄送机关　　　　B. 主送一个上级机关

    C. 报送两个上级机关　　　　　　　D. 主送并抄送两个上级机关

6. 联合行文的机关应该是_____。

    A. 两个以上的机关　　　　　　　　B. 两个以上的同级机关

    C. 上下级机关　　　　　　　　　　D. 不相隶属的两个机关

7. 公文标题一般由_____名称(作者)、文件的主题(事由)、文种(文件名称)组成,加书名号外,一般不用标点符号。

    A. 发文机关　　　B. 单位　　　　　C. 机构　　　　　　D. 民间团体

8. 公文的紧急程度分为_____。

    A. 特急　　　　　　B. 急件　　　　　C. 火急　　　　　　D. 加急

9. 发文字号应当包括机关代字和_____。

    A. 年份　　　　　　B. 序号　　　　　C. 简称　　　　　　D. 全称

10. 公文在_____可以联合行文。

    A. 同级政府　　　　　　　　　　　B. 同级政府各部门

    C. 各级政府　　　　　　　　　　　D. 政府与同级党委

三、辨别正误,简述理由

1. 级别相同的机关之间的行文是平行文。

2. 发文机关就是行政公文的起草撰写部门。

3. 所有的收文机关都是主送机关。

4. 为了减少行文,可以把几个不同的请示事项放在一起行文。

5. 行政公文如带有附件,只要将附件的内容直接附印在公文后即可。

6. 行政公文标题中三要素缺一不可。

7. 几个机关联合行文,应编排联合的发文字号。

8. ××市防疫站 2004 年所发的第 3 号文,其发文字号为:"(04)××市防疫站字第 03 号"。

9. ×食品加工厂对产品检验工作作了几条规定,发出通知,其标题为《×食品加工厂关于提高产品质量、造福人类,加强产品检验工作的通知》。

10. ×化工厂为本厂机构调整问题向上级请示,其标题为《关于×化工厂机构调整问题的请示报告》。

11. 中共南京市委对全市被评为优秀党组织发文进行了表彰,其标题为《南京市委关于表彰优秀党组织的通报》。

12. ××市商业局发出通知,其标题为《××市商业局关于搞不正之风的通知》。

 写作教程

13. ×市市政公用局向下属单位发出通知,向×××同志学习,标题为:《××市市政公用局关于开展向×××同志学习,争当×××式模范人物的活动的通知》。

14. ×单位就医药储备管理工作的有关问题,发出通知,标题为《×单位关于提高医药储备管理工作的通知》。

15. ×单位发出通知,标题为《×单位关于认真做好二○○四年表彰优秀教师和教育工作者的通知》。

16. 江苏省人民政府发出通知:《江苏省人民政府关于领导干部在重要场合使用手机以防泄密的通知》。

四、下列公文语句均存在用语不当或不符合公文语体的毛病,请予以修改

1. 事故发生之前,房门没锁。

2. 经研究,县政府同意 A 乡政府报告。

3. 简报的词语一定要简洁明了,切忌不要冗长啰嗦。

4. 我省的土地资源是全国最丰富的地区之一。

5. 该厂库存生铁逐年减少,两年内减少了一倍。

6. 经厂务会批准,厂内一律禁止养鸡鸭,如有违者,本月底捉送食堂杀……

7. 此事发生在国务院文件下达以后,这是违背有令不行、有禁不止的错误行为。

五、修改下列标题

1. 某县卫生局做好夏季除害防病工作的通知

2. 某县教委批转某市教委关于加强教育改革步伐的通知

3. 中共南京市委转发市委组织部关于加强农村基层党组织建设的报告

4. 关于请求追认杨某某同志为革命烈士的报告

5. 关于对因受错划右派和原国民党起义投诚人员历史问题株连被遣送农村的原城镇户口的家属子女迁回城镇问题的请示

六、改错题

1. 阅读下文,具体指出文中内容、格式和语言上的毛病:

××县民政局

××(13)30 号

请求拨款修复老年活动中心的报告

在这次特大洪灾中,我县老年活动中心被洪水和泥石流冲毁。……为此,我们决定修复我县老年活动中心并扩大原有规模。修建三楼一底的活动室 2 000 m²,运动场 1 000 m²。共需基建费 200 万元,扩征土地两亩。

可否,请批准。

××县民政局

二○一三年九月十二日

附件:《修复老年活动中心基建费一览表》

抄报:××县人民政府

抄送:××县土管局、××县财政局、××县城建局

2. 修改下文：

海城继续教育学院关于解决王新同学学费报销问题的函
×函(2004)3号

玉宁县城关乡人民政府：

据我院许多同学反映，他们在入学期间的学费均由原工作单位报销，请你们按成人教育有关规定，迅速给予你乡在我院学习的王新同学报销全部的学费。

海城继续教育学院(印)
二〇〇四年二月二十五日

七、分析题

1. 京华市公交总公司下属的一、二、三分公司经过选举，分别选出了自己的工会组成人员，三个分公司工会分别向总公司工会行文，请求批准各自工会人员组成的选举结果，总公司工会经过研究，同意一、二分公司工会的组成，对三分公司工会人员的组成提出异议。请问，总公司工会如何办理该公文？

2. 市某单位要修建职工澡堂，同时还要扩建职工食堂，职工俱乐部又需增添新的器材，为此向上级单位——市二轻局和市人民政府报告，要求上级给予拨款支持，并将该文同时抄送给下属各部门。该单位领导把任务交给办公室秘书小李，请问小李该如何办理？

3. 南江市某厂需进口一批仪器设备，向该厂所属的南江市工业局写了一份请示。南江市工业局经过讨论，认为该厂确实需要这一批仪器设备，拟同意该厂的请求，但进口这批仪器设备所需的资金的批准权限超越了南江市工业局的职权范围。请问，工业局如何办理此份公文？

4. 江苏省人事厅给各大中专院校所发公文《江苏省人事厅关于举办毕业生就业双向选择活动的通知》的文种使用是否正确？为什么？假如不正确，应该使用什么文种？

5. 小王是新华中学新来的教学秘书，该中学隶属江西省某市教育局。上任伊始，新华中学校长就要小王向江西省教育厅打一个报告，希望省教育厅下拨一笔经费给该校建实验室，并将此文抄送给其他中学周知。小王接到任务后不知所措，请你帮他分析该如何办理此文？

八、思考题

1. "凡是反映公务内容的文字材料就是行政公文"，这个说法对不对？请说明理由。

2. 某工业公司要在2004年下半年建立实验室，需购买部分仪器设备，准备在行政费用中开支，向上级请示。请拟写标题。

九、写作题

1. 根据材料拟标题。

国家财政部发文：

《关于适当提高离退休人员工资待遇的通知》

应用文 写作教程

江苏省财政厅转发此文；

南京市财政局又转发此文。

请为南京市财政局写作这份转文的标题。

2. 写作一则会议通知：

会议时间：×年×月×日下午两时；会期：半天；会议地点：×工业局三楼会议室；会议名称：×工业局下半年工业生产安排会议；会议召集单位：×工业局；会议出席对象：各厂、矿、公司负责生产的领导及生产科长。

3. 请为国务院写出这份文（标题、发文号、主送机关、正文、附件、落款）。

1993 年 2 月 8 日民政部给国务院上报了《关于调整设市标准的报告》，国务院同意民政部的报告，并于 1993 年 5 月 12 日发出第 38 号文，将民政部的报告转发给各省、自治区、直辖市人民政府，国务院各部委、各直属机构，要求他们试行。

4. 根据材料写一则通知。

2012 年 8 月 23 日，浙江省商业厅给各地商业局发出通知。通知中说，自从 7 月份以来，浙江省一部分地区受到旱涝的影响，特别是内涝这个灾害，给农业生产带来了严重的威胁。现根据各个地区前期和当前的实际情况，将排涝抗旱用的汽油和柴油分配给各地区，请各地区会同有关部门，按照实情和实际需要，抓紧分配到县。将分配到县的数字抄报到省燃料公司，以便安排。（附件为《抗灾用汽油、柴油分配一览表》；该通知抄报、抄送给浙江省人民政府；浙江省财政厅；浙江省抗旱防汛指挥部；各县商业局；各市、县燃料公司；省燃料公司。）

5. 育才中学的张月红同学在×年×月×日下午路过天坛南里建设银行门前时，捡到一个包，里面是钱，左等右等不见人来认领，她就把包和钱都交给银行，经银行工作人员查验，为人民币 1 万元整。后来，一个叫裴福顺的老人跌跌撞撞地走来，沿途一直询问人们是否捡到了他装钱的包。当他找到了银行，拿着失而复得的 1 万元钱时，激动得泪流满面。老人抽出几张百元的票子，硬要塞给张月红同学，被拒绝。老人问她叫什么名字，她说："我是育才中学的学生。"

代北京市××区教育局（育才中学是其所属中学）向下属学校发一份通报，表彰张月红同学，并号召全区学生向她学习。此通报抄送给北京市教委、北京市各区教育局。

6. 某大学会计系 2014 级学生张扬，入学以来不认真学习，经常旷课，多次打架斗殴。今年 4 月 6 日张扬喝醉后回宿舍开门时，被同宿舍丁逸同学不小心撞了一下，张扬即大出打手，将丁逸同学打成重伤。学校决定给予张扬勒令退学处分。请你代拟一份通报批评向全校师生发文抄报市教育局。

7. 根据下列材料，从××县食品公司与××市食品公司的角度，分别撰写公文：

（1）随着生猪、家畜饲养生产的发展，县食品公司原有的 5 辆 2 吨载重货车已满足不了运输工作的需要。

（2）购买 3 辆跃进牌汽车需资金 20 万元。

（3）近年来，该单位生猪、饲料、鲜肉等的运输都请其他单位代运，每年用费 10 多万元。

（4）该公司有 2 辆 2 吨载重货车因使用时间长，经常出毛病，维修费用高。

（5）该公司现有固定资产折旧资金 10 万元可用于购车。

（6）市食品公司同意给予补贴。

8. 根据材料写文：

南海大学教师王娟常年与丈夫分居两地。王娟工作繁忙，还得照顾年老多病的婆婆和年幼的孩子，工作、家务不堪重负。经王娟恳求并经学校讨论，同意将王娟的丈夫、在北海工程学院工作的梁实调入。并给北海工程学院发文，希望提供梁实同志的档案、干部调动审批表、现实表现、最近体检表以及学位证书、资格证书、荣誉证书的复印件。北海工程学院回文，表示同意梁实同志工作调动，并附上所需的资料。

请代南海大学、北海工程学院各拟一份文。

第四章　事务文书

第一节　事务文书概述

一、事务文书的概念

事务文书是机关、团体、企事业单位在处理日常事务时用来沟通信息、安排工作、总结得失、研究问题的实用文体,是应用写作的重要组成部分。国家行政机关及企事业单位,除了使用国家行政公文之外,还要经常使用机关事务文书,这些文书不属于正式的行政公文,但在实际工作中已被广泛应用于各行各业,如计划、总结、调查报告、规章制度、会议记录和简报等几种实用文体。

二、事务文书的特点

事务文书是为了传递信息、交流情况与经验、处理公务、解决实际问题而写作的,一般有特定的发送对象和明确的发文目的,讲求实用。事务文书主要有以下特点:

1. 针对性

事务文书要有明确的针对性。无论是计划、总结、调查报告,还是各种简报,都要根据党和国家的有关方针政策以及当前的形势和全局情况,联系实际,实事求是,有的放矢。针对性越强,事务文书的实用性和指导性也越强,这样的事务文书才会有更大的现实效应。

2. 具体性

事务文书的应用性、指导性必须建立在内容具体充实、观点明确的基础上。事务文书的内容具体明确,是指陈述的情况确切实在,反映的问题要明确有分寸,总结的经验要切合实际。

3. 指导性

事务文书是用来处理事务的,其内容是针对现实情况和工作中的问题进行调查、分析、总结或研究,目的是解决实际问题、推动实际工作的开展,因此事务文书对实际工作具有现实的指导意义。

4. 真实性

事务文书的指导性以真实性为前提。真实性是指信息准确、情况真实、材料无误,典型经验合乎规律,观点体现普遍原则,表达实事求是。

5. 灵活性

事务文书的体式比公文更加自由灵活。在结构形式上,一般没有严格的限定;在表达方式上,它也更加多样化,常常结合使用叙述、说明、议论;在语言运用上,它也更富于生动性,可以在真实反映情况的前提下,讲求语言表达的艺术效果。

三、事务文书的作用

常用事务文书的主要任务是部署工作、交流情况、联系工作、总结经验、规范行为、礼仪应酬等,应用十分广泛。具体说来,事务文书有以下几个方面的作用:

1. 咨议性作用

事务文书对决策者和上级有关部门具有咨询、建议的作用。通过总结经验教训,掌握现代管理所需信息,对工作中的焦点、难点问题进行调查研究,调整工作思路,改进工作方法,及时地修改工作计划,取得更高的工作效率。

2. 规范约束作用

为了使全体社会成员或组织内的人员共同遵守一定的行为准则,就需要制定各种规章制度,如章程、条例、准则等,它起着约束、监督的作用。计划类的文书是单位、部门要求其成员在特定的时期内,为了完成或达到一个共同的目标,采取统一行动的依据,对计划范围的每一个成员都有规范和约束作用,同时又是监督和检查工作完成情况的依据。

3. 喻事明理的作用

为了推动各方面工作的开展,各行业、各部门都要依据上级精神,及时向下级各部门讲解政策、布置任务,通常情况下,上级部门会以会议的形式来达到这个目的,而领导人在会议上使用的讲话稿、演讲稿等承担了这一任务。如调查报告、简报等文种也可起到宣传教育作用,它们或直接或间接地用工作实践中的经验、做法来分析形势、讲解政策、明确任务、传达信息、统一行动。

4. 留存备查、沟通情况的作用

由于语言交流受到时空限制,许多工作不可能面对面地交流,需要借助文字材料来处理公务、交流情况,其中的一部分成为机关活动的原始记录,这些文字材料都是珍贵的历史资料,具有极其重要的保存价值。同时,它们又是留存备查的依据和凭证,如会议记录、大事记等。有的在机关或行业的活动中,又起着交流情况的作用,便于上下左右的沟通联系,如简报、调查报告等。

四、事务文书的写作要求

1. 要写好事务文书,需大量地、详尽地掌握材料

如调查报告,具有纪实性特点,需要深入进行调查,充分掌握材料。因此,在动笔

前,要认真回顾工作全过程,广泛仔细搜集工作、生活中的第一手材料。归纳起来,事务文书的写作一般应掌握以下材料:背景材料、现实的典型材料、过程性材料、主观性材料。

2. 要有超前意识

撰写事务文书,需要具备超前意识,站在时代和未来的高度,审视、分析问题,科学合理地揭示和把握事物未来的发展趋势。

3. 坚持实事求是的写作态度

从材料的搜集、整理、分类、分析直至形成完整的文章,所有的环节都应坚持实事求是的写作态度。撰写事务文书所用的材料要保证真实、准确,对事实的评价也须尽量客观、公正,既不能夸大也不能缩小。

第二节 计 划

一、计划的性质、特点和作用

不论生产、工作、科研,还是学习,都应该有个计划。计划是为了实现某一管理目标,完成特定的任务,开展某项工作而预先做好安排和设计,是经过调查研究,根据客观需要和可能而预先制定的一定时期的任务以及实现的措施。

古人说:"凡事预则立,不预则废。"有了计划,工作就有了明确的指导思想,行动就有了统一的步骤,工作就能有节奏地开展,因此,写好计划是做好工作的前提。

计划是组织、控制、检查、总结工作学习等情况的基本依据,也是充分挖掘潜力,以最少的劳动消耗获得最大效益的保证。

计划不是国家正式的行政公文,但在制订计划的单位管辖范围内,具有一定的权威性,它要求单位的所有人都必须切实执行和完成。如果这个计划经过上级主管部门的审批或法定会议的批准、通过,就具有正式文件的效力。

1. 计划的特点

计划有以下三个很明显的特点:

(1)指导性

计划是为完成某一项任务、开展某一阶段的工作而制订的,一旦成文,就要遵照执行。以后的有关工作要在它的指导下开展,检查总结工作也要以计划为依据。

(2)预想性

计划是工作的先导,是为完成预定目标或工作任务所做的预想性部署和安排意见。也就是说,计划都是在预测的基础上,对未来的工作任务所作的构想,计划里提出的工作任务、奋斗目标、步骤、措施等内容,虽然有现实根据,但都属于未来,其着眼点是对本单位或本人下一阶段的工作步骤进行规划和安排,预想性的成分较多。可以说,没有预见就没有计划。只有对各种情况作出正确的估计、分析,才能使计划切实可行,顺利实施。

（3）可行性

计划作为执行性文件,必须十分重视预想的现实可行性,就是说,它所制定的各项措施、办法必须切实可行,它所预定的指标必须是经过努力后可以实现的。如果在实践中发现计划有不符合实际的地方,就要及时修改。计划不能够建立在假设的前提下。如邓拓的《燕山夜话》中的《一个鸡蛋的家当》,在这个故事中,行动的步骤很清楚,但计划的每一个步骤都是建立在假想的基础上,没有可靠的依据,难以实现。

2. 计划的作用

现代管理科学认为,管理活动的内容大致包括四个方面,即决策、计划、组织、控制。一项具体的管理活动,一般是先作出决策,再制订计划,然后组织实施,并协调控制整个过程。因此,计划介于决策与组织实施之间,具有以下两方面的作用:

（1）指导和推动作用

计划通常是根据某种需要,结合本单位、本部门或本人的实际情况而制订的,它是工作的方向、行动的指南。有了计划,我们的工作、生产和学习就有了奋斗目标,我们的积极性也就能调动起来。这样,为实现目标,大家团结协作、步调一致,从而保证计划的各项指标顺利完成。

（2）保证和监督作用

有了计划,可以随时掌握工作、生产、学习的进度,便于检查任务完成的情况,从而保证工作、生产、学习一个阶段一个阶段地稳步发展。如果某一个环节出现特殊情况,未能达到预定的指标,就可以根据这一特殊情况,及时采取有力的应急措施,尽可能在后面的环节中加以弥补,从而避免损失,使整个计划顺利完成。

二、计划的分类

计划可以从不同角度分类:

（1）按内容分:生产计划、工作计划、学习计划、科研计划等各种专项计划。

（2）按性质分:综合计划、专项计划。

（3）按写作方式分:条文式计划、表格式计划。

（4）按时间跨度分:年度计划、季度计划、月计划、周计划等。

（5）按制订计划的机构分:国家计划、省（市）计划、单位计划、个人计划。

计划是个统称,如规划、纲要、设想、打算、要点、方案、意见、安排等都是根据计划目标远近、时间长短、内容详略等差异而确定的名称。

规划是一种时间跨度长（三年以上）、范围广、内容较为概括的计划。例:《市城市建设总体规划》。

纲要和规划相同,它们都是各级领导机关根据战略方针,为实现总体目标对某个地区或某一事项作出长远部署。不同的是纲要比规划更为原则和概括,一般只对工作方

向、目标提出纲领式要求和指导性措施。例:《市 2009 年经济发展纲要》。

设想是一种粗线条的、初步的、预备性的非正式计划。相对来讲,其适用时限较长。例:《市拓展就业安置门路的设想》。

打算也是一种粗线条的、想法不太成熟的非正式计划。相对设想,它的内容范围不大且考虑近期要做的。例:《学校争创文明校园的打算》。

要点是将计划的主要内容择要摘编,使之简明突出,它适用于时间相对较短的计划。例:《局 2009 年工作要点》。

方案是从目的、要求、方式、方法、进度等方面部署具体、周密,有很强可操作性的计划。方案一般适合专项性工作,其实施往往须经上级批准。例:《市住房分配制度改革实施方案》。

意见属粗线条计划,它适用于上级向下级布置工作任务并提供基本的思路、方法,交待政策,提出要求等。例:《公司关于下属企业 2009 年扭亏增盈全面提高经济效益的意见》。

安排是短期内要做的,且范围不大、内容单一、布置具体的一类计划。例:《系第×周工作安排》。

三、计划的写作

计划的内容要素有目的、任务、措施、步骤、时限,即在未来的一定时期中,主要任务是什么,有什么具体要求,采取什么措施、方法,分几个阶段去落实既定的目标。因而,计划的内容虽然不同,但写法基本一致。计划的写法没有固定的格式,在行文上,它可以采用文字叙述的方式,就是把计划的具体内容用文字贯穿起来,陈述清楚。

一般说来,原则要求多、时间跨度大、任务单一、具体指标不是很明确而具体措施变化又比较小的计划,常用文字叙述。

计划还可以采用分条列项或表格的形式。

分条列项,就是把计划的各项内容条款用序号标明,写清楚。一般任务较多、要求较细、步骤措施多而具体的计划,常用分条列项的方式行文。而表格式就是把计划的主要内容、执行部门、完成时间、工作要求等项目,分成几个栏目,画成表格,填写清楚。一些内容简单、项目醒目、内容和方法变化都不大的计划,常用表格的形式,如教学计划。

然而,无论行文上采用什么方式,计划的写作通常包括以下几个方面,也就是计划必须写清楚的几个内容。

1. 标题

标题也就是计划的名称,它包括制订计划的单位名称、计划的应用时限、计划的内容和文种,如《南京航空航天大学金城学院二〇一四年教学计划》;有的计划标题可以省略制订计划的单位名称,如《二〇〇×信贷计划》;有的计划使用行政公文的标题形式,如《江苏省贸易促进会关于对外贸易联络工作计划》。

如果属于为指导下级相应部门的工作而下达的工作计划,或上报的文件计划,必须加一个文件头,即通知或报告,这时,计划的标题中可以不写制订计划的单位名称,但落款处应写清楚。

如果计划不成熟或尚未正式讨论通过,可在标题后面或标题下方用括号注明"初稿"、"讨论稿"、"草案"、"征求意见稿"等,如"《江苏省教育厅二〇〇×年工作计划》(征求意见稿)"。

总之,计划的标题写作要规范,计划单位名称要用规范的称呼,计划时限要具体写明,计划内容摘要要写明计划所针对的问题,计划的文种名称可以根据不同的内容和时间的长短等选用,如《南京市 2014—2018 年经济发展规划》。

2. 正文

写作计划,其正文要回答四个问题,即为什么做、做什么、怎么做、什么时间完成等,因此写作时要有根据、有目的、有内容、有步骤、有措施、有时间。具体地说,计划正文部分要有以下三个内容:

(1)简短的前言(为什么做)

计划的正文开头是前言部分,用两三行字,简要说明为什么制订这份计划、依据什么制订这份计划、能不能制订这份计划等,包括上级单位总的要求、本单位的基本情况以及制订计划的依据等。有的计划还要说明制订计划的背景情况,概述前一阶段工作的经验和教训。前言是计划的总纲,文字力求简短,不可过细过长,不能过多地论述制订计划的意义,应点到为止。

(2)目标和任务(做什么)

写明计划达到的目标、指标和要求,包括做哪些工作、对工作各方面的要求等。目标和任务是计划的灵魂,所以,这些内容要写得明确具体,要有主次之分,可以分条叙述,也可以列成表格,或将部分内容列成表格。如果工作任务较多,由若干个子目标组成的,要把子目标内容的质的规定和量的要求都写清楚,尤其是经济计划,无论是总指标还是分指标,都要作定量定性的表述。

(3)措施、办法及完成时间(怎么做和什么时间完成)

措施和办法是完成任务的具体保证,是实施计划的力量部署和具体办法。再好的计划,如果没有切实可行的措施和办法作保证,也会落空,因此,为了使计划便于执行,制订计划就应包括制定措施,把具体的实施措施和完成任务的手段和方法构想出来。

措施要讲科学,要具体化,可操作,如怎么做、要达到既定的目标、需要什么手段、动员哪些力量、创造什么条件、排除哪些困难等;要确定工作步骤,先做什么,后做什么;要明确分工职责,由谁主管负责,等等。计划的这些措施要具体有力,办法要切实可行,步骤要有条不紊,否则在实践过程中可能产生互相推诿的现象,影响计划的完成。

在这里,完成时间的确定也是很重要的,因为这是工作计划的进程和时序。在机关里,每项重要任务的完成,都有它的阶段性,而每一阶段又有许多环节,它们之间常常是互相交错的。因此,拟写计划时,在时间的安排上要有总的时限,还要有每一阶段的时间要求以及人力、物力的相应安排。这样,可以将具体任务分解,使各有关方面知道在一定时间内、一定条件下工作应做到哪种程度,以便争取主动,有条不紊地协调进行,避免互抢时间,造成混乱局面。计划中,规定完成时间,也便于今后对照检查。

3. 结尾

结尾的内容一般包括在执行计划时应该注意的事项,需要说明的问题,或者提出要求、希望和号召等,以作全文的结束。有时这部分可以省去。

4. 落款

注明制订计划的单位或个人的名称和日期。如果在计划标题上已标明了单位名称,结尾处就不必再重复了。上报或下达的计划,要在落款处加盖公章。

此外,与计划有关的一些材料,如在正文里不宜表达,可以在正文后面附表或附图说明。如果需要抄报、抄送某些单位,在正文之后应分别写明。

四、写作计划的注意事项

1. 熟悉各方面的情况,吃透两端

写作计划,一定要熟悉各方面的情况,既要吃透上面的精神,切实掌握有关的方针政策精神,把上面的有关方针政策用足、用活,了解上级组织的工作部署情况,避免所定的计划与上级的工作部署脱离,又要吃透下面的情况,切实掌握本单位、本部门的实际情况,这样,把上级主管部门的要求和本单位的实际情况很好地加以结合,避免单纯地按上级主管部门的计划去套,简单地照抄照搬,没有自己的特色。

2. 要有严格的科学态度

制订计划要有严格的科学态度。一般说来,要把未来的事搞得很准,百分之百地兑现,是很困难的,因为在计划执行的过程中有许多未知数,所以,我们制订计划时,要实事求是,切实可行地提出任务和指标,又要注意留有余地,经过努力可以完成,以便充分地挖掘潜力,调动人们的积极性。

一个计划只能有一个中心,并且这个中心工作一定要放在显著的位置上。计划写作时要完整、全面、明确,如果是全面工作计划,就必须把这个单位的所有工作都包括在内,不能丢掉任何一项,并且计划中的任务、指标、时限、承办单位、所给条件、拟采取的措施等,要指向清楚,内涵固定,不能含糊不清。然而,全面又绝非四平八稳、面面俱到、无重点。这就要所订的计划既照顾方方面面,又重点突出、条理清晰,特别要注意计划的各个项目之间千万不能自相矛盾。

3. 要有预见性和灵活性

由于目前的计划是以前计划的必然延续,同时又是未来计划的前提,因此写作计划时不能凭经验、老想法去写,要反映出计划期内工作的新进展和创造性。对可能发生的问题要有充分的估计,向最坏处着想,往最好处努力,并根据客观实际情况随时对计划做必要的、局部的修订和调整,有时还要加以补充。

【例文】

玉林市地震局 2014 年度工作计划

我局将紧紧围绕党的十八大会议精神,认真学习贯彻党的十八大各项目标要求,积

极将中央、自治区、市委市政府相关措施落到实处,进一步强化与提高服务保障的举措和能力,精心组织,突出重点,服务大局,全面落实完成年度工作目标。

一、积极开展政治理论学习,不断提高干部职工思想觉悟和素养,推动各项工作的开展

十八大三中全会精神及习近平总书记的一系列重要讲话精神是我们做好工作的思想武器,2014 年我局将继续组织全体干部认真学习相关文件及讲话精神,认真贯彻落实党中央、自治区党委政府、市委、市政府的决策部署,扎实工作,不断提高工作水平,进一步提高工作效率,为全面完成各项工作目标打下坚实的基础。

二、深入开展党的群众路线教育实践活动

党的群众路线是我们党的根本路线,为全面贯彻落实党的十八大精神,我局认真谋划、精心组织,引导党员干部牢固树立为人民服务和立党为公、执政为民的观点,虚心向人民学习,坚持群众利益无小事,始终站稳群众立场,坚持人民的利益高于一切,把群众满意作为检验工作的第一标准,切实增强贯彻党的群众路线的自觉性和坚定性,为扎实开展党的群众路线教育实践活动打好基础。此外,认真对照检查形式主义、官僚主义、享乐主义和奢靡之风方面存在的突出问题,加强勤奋务实的作风建设,形成清正廉洁的良好氛围。

三、牢固树立"震情第一"观念,做好地震观测预报工作

"预防为主,防御与救助相结合"是防震减灾工作坚持的方针。我局继续组织做好全市震情跟踪工作,进一步完善全市群测群防灾情速报工作机制,不断加强地震趋势分析工作,及时处置可能出现的地震观测异常,密切关注地震活动,继续做好地震监测预报工作。

四、规范管理,全面提升震害综合防御能力

开展全市地震系统的抗震设防行政许可检查活动,通过检查活动进一步规范全市地震行政许可工作;继续推进将建设工程抗震设防要求和地震安全性评价工作纳入基本建设管理程序建设工程,通过加强部门协作,确保全市所有建设工程依法达到全市的抗震设防标准,从而逐步提高全市建筑物抵御地震灾害的能力。

五、持续开展宣传教育活动,进一步提高社会公众防震减灾意识

继续利用防震减灾宣传的各个特殊时段,积极采取多种形式开展各种宣传活动,通过上街下乡,利用广播、电视、电台、手机短信、报纸、横标、印发资料等多种形式,扩大防震减灾知识宣传面;进一步强化防震减灾知识"进校园、进社区、进乡村、进企业"工作;以北流防震减灾科普教育基地为示范,继续跟进和完善市、县的防震减灾科普教育基地建设。

六、不断健全地震应急机制,切实提高地震应急处置能力

进一步完善全市地震应急预案体系建设;完善玉林市地震紧急救援队和志愿者队伍的建设;继续开展地震应急检查工作,切实做好思想准备、机制准备、队伍准备和技术准备,做好特殊时段、关键场所的地震安全保障工作。

七、加强干部队伍建设,全面提升整体素质

以认真贯彻落实党的十八大会议精神为主线,进一步解放思想,加强思想、作风和

组织建设；加强制度建设，增强民主议事、科学决策的能力；加大干部培训力度，进一步强化业务工作，努力提高队伍综合素质；加强信息工作，树立良好的机关形象。

八、重教育严防范，加强党风廉政建设

认真组织全体干部职工学习中央、自治区和市委关于党风廉政建设的重要精神，组织党员干部学习优秀共产党员、先进人物的先进事迹，做好党风廉政建设和反腐败斗争形势报告会传达学习工作，组织好反腐倡廉教育，在全局形成"以廉为荣、以贪为耻"的良好风尚，为促进防震减灾事业全面协调可持续发展提供精神动力和思想保证。加大政务公开力度，完善监督制度。积极推进党内民主制度建设，坚持和完善重大决策集体研究决定制度。

九、统筹做好各项中心工作

积极响应市委市政府号召，按要求做好"美丽玉林、清洁乡村"城乡环境综合整治工程活动；按照市直机关工委部署，做好党务信息化工作；加强综合治理，推进节约型机关建设，强化安全管理，消除各种不稳定因素，杜绝安全事故发生，全面做好维护稳定工作。营造和谐氛围，促进事业的健康发展。

玉林市地震局

201×年×月×日

第三节　总　结

一、总结的性质和作用

总结是党政机关、企事业单位、社会团体及个人对前一阶段的工作进行回顾、反思和分析研究，找出成绩与问题、经验与教训，用来指导今后工作的一种应用文体。

总结是对自身实践活动的回顾，又是人们的思想认识从感性阶段向理性层次不断提高的过程。人们可以通过总结更深刻、更全面地认识过去，以便顺利地开展以后的工作。常用的小结、体会等也是总结。

总结的作用有以下几点：

1. 积累经验，深化认识

人们在总结中以辩证思维方法为指导，全面系统地分析、研究，将那些零星的经验上升到理论的认识，对失误、弯路进行反思，这样就能从中发现规律、提高认识，从而增强工作的预见性、主动性。

2. 鼓舞群众，调动积极性

总结能从全局上让群众了解自己所从事工作的情况及意义，增强其主人翁的责任感、使命感，并从中受到教育和鼓舞。总结可以表彰先进、带动后进、发扬正气、打击邪气,从而调动人的积极性。

3. 交流信息,改进工作

通过总结,可以相互交流经验和信息,既可以将"点"上的经验推广到"面"上开花结果,又可以互通信息,借鉴他人的正反经验,取人之长、补己之短,从而达到改进工作、开创工作新局面的目的。

4. 语言要准确、朴实、简明、生动

首先,行文中要注意事实准,不走样;数字准,不笼统;论断准,没漏洞;文风正,不浮夸。其次,也要注意语言形象生动、简明扼要。

二、总结的分类和特点

1. 分类

由于目的和要求不同,总结有不同的分法:

按内容分:工作、生产、科研、学习、思想等;

按时间分:年度、季度、月份、阶段性总结等;

按范围分:系统、单位、部门、个人总结等。

然而,不论哪种分法,综合起来主要可分为两大类,即:

(1)综合总结

这是一个较全面的总结,是一个单位、一个部门或一个地区对某一时期的全面工作所作的总结。这类总结内容全面广泛,它要把被总结单位各方面的工作成绩问题都写进去,反映整个工作的全貌。综合总结侧重于"全",能展现客观事物的全貌,从总的方面总结工作实践中的经验教训,但也要注意重点突出,防止面面俱到。

(2)专题总结

这是对某一项工作或某一方面的问题进行专门的总结,而对其他方面的情况则尽量略而不提。这类总结侧重于"专",内容集中,针对性强,它的写作中心大多是突出的成绩、典型的经验或倾向性的问题、不同常规的做法,或者是新体会、新认识等。多数专题性总结着重于经验和成绩的总结,因此对缺点和问题可以略带或省略不提,以免泛泛而谈,中心不突出。

综合总结和专题总结是行政机关中常用的总结类型。

2. 特点

总结的特点可归纳为以下三点:

(1)内容的客观性

总结是对于客观事实的总结,它要回顾已经进行了的工作过程,要把实践中经历过的、感觉到的片断和零碎的材料集中起来。离开工作实践就不可能有工作总结。这也就是说,写在总结中的内容必须是客观存在的事实,是实践中经历过的、感觉到的事情,而总结的经验教训也应该是客观事实过程的本质,这样,总结才有认识和指导意义。

(2) 主旨的经验性

总结的作用,不仅仅是摆出事实,告诉人们这段时间做了哪些工作、做得怎么样,还要揭示出"为什么这样做"、"这样做的普遍意义是什么"等,这就必须在事实的基础上进行理论的概括,归纳出经验性的东西。如果没有经验性的东西,那么,总结只是事实材料的堆砌,没有任何的参考和借鉴价值。

(3) 表述的条理性

总结应该把自己所做过的工作,使用第一人称有层次、有条理地反映出来,不能只是把工作中零星、芜杂的、支离破碎的材料罗列出来,或者把经验教训、问题情况简单地排列起来。总结应该找出观点与观点之间、材料与材料之间的内在逻辑关系,把它们合情合理地、有条不紊地组织起来,用材料去说明观点,让观点去统率材料,使观点和材料能够有机统一起来。这样,便于人们领会、借鉴、交流。

三、总结与计划的联系、区别

总结和计划之间有联系,也有区别。

总结和计划是某一阶段工作、生产、科研或学习过程的两端;计划是总结的前提和依据,总结是计划的检验和结果;同时,前一阶段计划之后的总结,又是拟制下一阶段计划的重要依据;总结和计划两者相辅相成,互相制约,互相依存,又互相促进;计划—实践—总结,再计划—再实践—再总结,周而复始,循环往复。这个过程实际上就是不断前进提高的过程,总结就是转化,就是提高。

总结和计划在时间、形式和内容上也有区别:

(1) 计划是在工作之前制订的,它是事前的筹划安排;总结则是工作到一定阶段或计划完成以后才进行的,它是事后的清理鉴定。

(2) 计划的内容是为完成一定任务所作的步骤、方法、措施,重在叙述说明;总结则是对一定阶段的工作或计划执行情况进行分析、评价,重在抽出有规律性的东西,作出理论概括,因而总结中的叙事是为了评论分析,或是作为议论的依据。

(3) 计划所要回答的问题是做什么、怎么做,应该做到什么程度,什么时间完成等;而总结回答的问题是已经做了什么、做得怎样。

四、基本写作结构

总结的内容比较明确,结构也较简单,一段是由标题、正文、落款三部分组成的。

1. 标题

标题是总结的名称,它要求能够准确、简明地表达总结的内容和观点。常见的拟制标题的方式有三种:

(1) 陈述式标题。就是由单位名称、时限、内容和文种构成的。如《南京航空航天大学 200×年下半年学生政治思想工作总结》,这种标题形式简括、醒目。

(2) 概括式标题。概括总结的主要内容或主要观点,不标明"总结"这个文种名称。这样的标题大多数用于经验总结,是经验总结的最集中概括,如《抵押承包 初见成效》。这种标题形式简明扼要,重点突出。

（3）论断式标题。就是正副标题,先拟制正标题,用结论性的语言概括内容;再拟制副标题,标明单位、时限、范围等,如《加速提高学生的读写能力——福建师大附中语文教改小结》。这种标题形式严密周全,给人以深刻的印象。

2. 正文

这是总结的内容部分,各个单位的实际工作情况不同,总结的具体内容与写法也不尽相同;总结类别不同,总结的侧重点也不会都相同。如专题性总结,先要简明扼要地写出工作背景和成效,然后侧重于工作措施和经验进行分条分点来写。

如:共青团湖北省武昌实验中学《我们是怎样开展社会主义好的教育活动的》,这是一篇专题性经验总结,它侧重于工作措施和经验,按照工作措施的不同方面,具体总结了怎样开展社会主义好教育活动的经验:办讲座,教育学生热爱社会主义祖国;做调查,帮助学生提高认识;搞影评,引导学生明辨是非;讲传统,激励学生发扬革命精神。

在这个总结中,既有典型事例,又有工作经验,工作措施有典型事例来充实,经验建立在工作措施的基础上。在这个总结中,如果没有典型事例,工作措施就会流于空洞;如果没有工作措施,工作经验也就无从谈起。

然而,不论哪种总结,正文都应该写出以下四个方面:

（1）基本情况

就是要简要地交代清楚工作所进行的时间、地点、背景、环境和基础条件,担负的任务和工作要求,完成任务或工作进行的总体情况。有的基本情况部分主要是概述整个工作情况与主要体会,对总结的主要精神与中心内容作必要的提示,或者说明总结的动因及其必要性。

扼要说明基本情况,目的是使人们对整个工作情况先产生一个概括的印象,有一个基本了解,或对总结的主要精神先有个大致的把握与必要的注意。

基本情况部分一般写在总结正文的开头,是为下文的具体阐述打基础的,因此,一定要简洁、概括,要善于综合全面工作情况,适当用一些能说明问题的统计数字,有助于把整体情况简明扼要地反映出来。

（2）做法、成绩与经验

这部分是总结的主要内容。做了哪些工作,采取了哪些步骤、方法与措施,取得了哪些成绩,取得成绩的主客观原因又是什么,并且有什么经验体会等都要加以说明。在这里,做法与成绩的说明是基础,而经验的总结是重心。一方面,经验的总结占主导地位,做法与成绩的说明要为它服务,其取舍与详略的处理也为它所左右;另一方面,经验赖以产生的起决定作用的做法与富有说服力的成绩必须讲深讲透,具体写清楚。

这部分内容较多时,要特别注意处理好主次详略的问题。表达的详略决定于材料的主次,而材料的主次则决定于这则材料是总结经验的重点还是非重点。经验本身也是有主次之分的,有的经验具有典型的、普遍的指导意义或新的启示,有的则只有一般性的指导意义或局部的借鉴价值。属于重点的、主要的东西,不仅要把那些具有决定意义又富有独创性的做法具体叙述清楚,而且要有典型事例与突出经验的重点解剖;属于

非重点的、次要的东西,则要善于用简短的篇幅与简略的语言概述清楚。总之,要注意点面结合,详略结合,叙议结合。

（3）缺点、失误和教训

总结中除了说明做法、成绩与经验,还要总结教训、认识工作中的缺点和失误,这样,在以后工作中可以减少失误,少走弯路。如:工作中有过的曲折与反复,缺点和不足之处;工作中有哪些做法并未起到促进作用,反而带来消极影响;有哪些做法属于失误而直接给工作造成损失的;缺点或失误产生的原因是什么,是主观原因,还是客观原因,如指导思想不对、方法措施不当、具体条件不具备或有意外的困难等,从以上分析中,引出可供借鉴的教训。从某种意义上说,归纳教训与总结经验对进一步做好今后的工作具有同等的价值。

总结归纳教训,指出的缺点不是指那些鸡毛蒜皮的枝节部分,而是指给工作带来一定影响的东西。如果任务完成得不好,工作过程中曲折或反复很大,这部分内容就作为重点来写,要详加分析,具体论证。如果是专题总结,内容较简单,工作中没有明显的失误,可以把缺点和教训放在成绩经验之后附带几笔即可,或者把它和存在问题与今后设想合在一起写。

（4）存在问题与今后设想

这部分主要是说明工作中还存在哪些尚未解决或尚未完全解决的问题,是暂时没有条件解决、没有办法解决,还是工作过程中刚发现的应当解决的新问题。针对这些问题,结合前面所总结的经验教训及有关规律性的认识,提出对今后工作的新的估计、设想以及改进意见。如:发扬什么,克服什么,采取哪些新的措施和方法,最后向什么方向努力,达到什么目标,等等。

由于总结是为了进一步搞好今后的工作,因此这方面内容是非有不可的,写作这一部分,要避免空洞和一般化。

总结的正文部分在写法上没有固定的格式,以上四个方面的基本内容所占比重与着墨的多少,应根据实际工作情况和总结的侧重点来考虑。

从结构上看,总结正文的表述也应根据具体内容来灵活安排。常见的结构有以下几种形式:

（1）两段式

整个总结内容大体上分为两个部分,即情况部分和经验体会。先集中摆情况,包括基本情况、主要做法、成绩与缺点等;然后集中谈体会,包括经验的总结、教训的归纳、对存在问题的认识、下一步的打算等。

一般来说,问题比较集中的专题总结大多采用这种写法,有的把基本情况用序言形式单独写在开头,有的把问题与设想单独作为一个部分放在结尾,但整个结构的主体还是不变的,就是情况和体会这两大部分。

（2）阶段式

根据工作发展过程的几个阶段,按时间先后分成几个部分来写作。它与两段式结构的不同点就是要把工作情况与经验教训结合在一起行文。在每一部分中,对每个阶段的工作,都要既讲情况、做法,又讲经验教训及存在的问题,这样便于看出整个工作的发展进程和特点、经验。对周期较长而有明显阶段性的工作,不论是专题总结还是综合总结,都适宜采用这种结构。

但使用这种写法特别要注意两点:首先,要注意抓特点,抓住各个阶段的不同点,不要一律把工作过程铺开来写。在各部分中,也不要拘泥于时间的先后,也就是说在各部分中,可以侧重于某个方面来写。其次,注意连贯。也就是说,在着力写出各自特点的同时,要保证各部分之间的连贯性,使整个总结成为一个有机的整体,而不能给人以支离破碎的感觉(如大学三年或四年的学习总结,分阶段来写)。

(3) 总分式

先概括总的情况,然后再分若干项主要工作一一进行总结。在每一部分对每一项工作进行总结时,同样要求把做法、成绩、经验、教训等有机结合。用这种写法要注意抓重点,不属于主要工作的就不必要专门列一个部分进行总结;只要在总述工作情况时一笔带过就可以了。即使是专门进行总结的主要工作,也不能面面俱到,以免篇幅拉得过长。

(4) 体会式

不以工作本身为中心,而是以体会为中心安排结构,根据几点体会,把有关工作情况综合成几个具体问题,从几个不同的角度进行总结。如:"一年来,我们坚持勤俭建国、勤俭办企业的方针,坚持为生产服务,为群众服务,严格执行国家的规章制度,实行经济核算,加强财务管理,促进了生产的发展,发挥了财务工作的作用。我们在工作中的体会,主要有以下几个方面……"

把基本情况融汇到体会之中,夹叙夹议,讲清问题。在这种结构中,各部分之间要体现出一定的逻辑关系,如主次、轻重、因果等。

总结最后也要有个落款,即总结的署名和日期。如果总结是以单位名义撰写的,署名可在标题之下,也可在落款处;如果标题中已经出现单位名称,落款处可不必署名。如果总结是以个人名义写的,标题下可署个人姓名;如果总结是向上级呈报的,署名和日期一般都放在落款处。总结必须写明日期,因为总结是具有时间性的,不写日期,就难以判断是什么阶段的总结了。

五、写作总结的注意事项

1. 一分为二,坚持实事求是

写作总结,应该从实际出发,实事求是。总结工作的目的是检查本单位或自己工作任务的完成情况,从成功与失误中及时吸取经验教训,探讨其规律,以指导和促进今后的工作。写作总结,其立足点只能是工作实际,而不是我们个人的主观想法或领导者的意图。如果是从个人的主观想法出发,势必要带着框框去套客观事实,这样就不能忠实地反映工作情况了;如果是从领导者的意图出发,结果往往是应付差事,背离工作实际去迎合领导,用以印证领导的意图。因而,写作总结要由自己采用第一人称的叙述方法,特别注意写出本单位或个人的个性特点、独具特色的新鲜经验教训,以及与别人、别

单位不同的地方、今年和去年不同的特点,使总结符合客观实际,富有鲜明的个性特色。

从工作实际出发就是要真正按照工作的本来面目,如实地把它反映出来。首先,做了哪些工作,取得多大成绩,有过什么失误,还存在哪些问题,都要依据事实一一说明,不夸大、不缩小、不回避、不掩饰,不要总是用"九个指头与一个指头"的固定程式去套优缺点。其次,成绩是怎么取得的,失误是怎样造成的,问题为什么一时不能解决,这些也必须从实际工作的客观分析中去总结、归纳,引出规律性的认识,得出切合实际的结论,不能用一些现成的结论去套。

写作总结应该注意"一分为二",要看到成绩,也要看到缺点,并分清成绩和缺点,哪个是主要的,对取得成绩和存在的问题要实事求是地加以总结,这样才能更好地推动下一阶段的工作。

我们写作总结时要防止这种倾向:喜欢找自己工作中的成绩,对成绩的估价喜欢听溢美之词、褒扬之词;而不喜欢找工作中的缺点和问题,并且对缺点和问题的估价总是想方设法推敲字句,想着怎样轻描淡写或化实为虚,一笔轻轻带过。

还要防止这样的现象:总结某些与自己不同意见的观点时,否定一切,罗列一大堆的缺点,带有浓厚的主观色彩,这样会以偏概全,也缺乏"一分为二"的实事求是的态度。因此,不论是总结经验,还是归纳教训都不能夸张、空谈,应该从实际出发,实事求是,一分为二,防止主观片面性。

2. 充分占有材料,把握本质与主流

这是写好总结的前提条件。如果占有的材料不充足,就不可能真正了解全部工作实际,就不可能真正明白经验教训的由来,也就不可能作出实事求是的总结,不能如实地反映工作的本来面目,从而得出正确的结论。并且,由于材料不充足,写作总结时只能凭一星半点的事实去立论,有时会分不清真伪主次,会把现象当作本质、支流当作主流,这样就会完全背离工作实际了。

充分地占有材料,首先是占有背景材料。因为总结往往是对过去工作的回顾和分析,所以,我们要了解工作前后的有关情况,包括前一阶段的工作情况以及有关这一阶段的工作计划等,使用这些背景材料,可以起到比较、映衬的作用,增强说服力。其次是占有"点"和"面"的材料。一个好的总结,既要有具体生动的典型材料,又要有比较概括的面上材料和一些数字材料。把"点"和"面"的材料结合起来使用,在占有事实材料的同时,又搜集有关数据材料,这样有利于深刻地反映事物的本质。最后,占有正反两方面的材料。正面材料能够反映成绩和经验,反面材料最能揭示问题和教训,正反两方面材料兼收并蓄、结合使用,便于全面分析情况,防止片面性。

3. 进行分析综合,观点和材料相统一

总结的观点是总结中通过叙事说理表达出来的理性认识。它是总结的作者在掌握了丰富的符合实际的材料基础上加工、分析、整理、反复提炼而成的。

总结的材料是表现总结观点的内容。写总结,动笔之前,观点靠材料形成;进行写作时,观点需要通过材料来表现。这就是人们常说的摆事实、讲道理,材料是事实,观点是道理。

　　摆事实要用观点来统率，讲道理要用材料去说明，这样，用事实材料去说明道理，才有说服力。如果总结中材料和观点没有联系或联系不紧密，那么，再好的观点也是空理论，再好的材料也没有多大的实际意义。也就是说，假如只有观点，没有真实可靠、典型具体的材料来支持和说明观点，那么观点是空洞无力的、抽象的；假如只有材料，没有观点，总结中只罗列、堆砌事实材料，没有用观点去将它们组织起来，那也只是一堆杂乱的材料而已，不能形成一篇完整的文章，不能说明任何道理。所以，要写好总结，就应提出观点，列举事例，加以说明分析，综合归纳出普遍的道理。

　　总结中观点和材料要有机统一，在表达方法上，就是要有叙述和议论，叙议结合。摆情况，谈成绩，讲做法，需要叙述；分析原因，谈经验，说体会，需要议论。在写作中，可以先叙后议，也可以先议后叙，还可以夹叙夹议。但不论怎样，都必须用观点统率材料，用材料说明观点，使观点和材料统一。

　　4. 确定中心和重点，深入揭示规律

　　揭示出规律性的东西，这是写作总结的根本要求。因为只有规律性的东西，才能反映事物的本质，具有普遍的指导意义。如果只停留在表面现象上，堆砌材料，罗列情况，漫无中心，那只能写成流水账，不能给人以启发，也不会给今后的工作产生任何指导作用。

　　要把规律性的东西揭示出来，就要确定好总结的中心和重点。一般说来，总结的中心实际就是工作的中心、工作的主流；而总结的重点就是指整个工作过程中起决定作用的步骤和方法、具有代表性与典型性的正反两方面的事例、能集中反映事物本质的富有普遍指导意义的经验教训、能体现事物发展趋势的新东西。

　　我们在写作总结时，如果抓不住中心和重点，在总结中就难免要出现材料的堆砌与现象的罗列，即使勉强硬凑出几条经验来，也是外加的、与实际工作相脱节的，或者是众所周知的干巴巴的几条，不可能真正反映事物的本质及其内部联系。因此我们要在充分掌握材料的基础上，按照国家的方针政策对所有材料进行一次审定，进行分析、研究、综合、集中的概括和提炼，从许多丰富的感性材料中提炼出观点、主题，确定总结的中心和重点，突出"新"字，也就是说，要研究新形势、看到新情况、找出新问题、总结出新经验，要用新观点、新方法、新要求，提出符合实际的新的见解、意见或打算。这里的"新"不是脱离实际的，不是硬着头皮去标新立异，独出心裁，而是建立在深入实际调查研究的基础上的。

　　然而，抓住了中心和重点，并不是就能自然而然地得出规律性的东西，我们还要围绕中心和重点进行认真而深入的分析研究，从事物整个的发展过程或从事物发展的许多阶段中研究各种主客观条件的作用和影响，找出事物发展的一般规律；从各个不同的事物、现象、事例和典型的差异中，找出其差异形成的真正因素，找出事物发展的特殊规律。

　　这是写作总结的基本方法，即纵横比较法，通过纵向比较，能看出工作的发展变化，成绩大小；通过横向比较，能看出工作的先进和落后。

应用文 写作教程

【例文】
驻村大学生村官工作总结

从去年八月份参加工作以来,由刚参加工作时的满腔热情,到面临驻农村工作的实际困难,再到工作上一步步就位,这短短的几个月时间,我觉得自己经历了很多。

工作后,我担任长江镇柘塘村村支书助理,从了解掌握本村的基本情况,到制定工作制度,详细记录工作笔记、会议记录、学习记录、心得体会,工作一步步得以开展。衡山县委组织部以及长江镇政府的领导也对我们这批大学生村干部格外关怀,经常组织我们学习有关农村的各项政策法规和如何做好远程教育工作,并对我们的住宿和吃饭问题十分关心,说今后无论是工作还是生活上有困难都要及时提出、及时解决。这让我的心里一片温暖,再艰苦的环境也不觉得苦,要下定决心干好本职工作。大学生村干部驻村后主要任务就是要在村里的党建、远程教育工作上多下功夫、多想办法,做好村民们的联络员,为村里办实事、办好事。在平时工作上我也注意与其他村的大学生村干部们搞好团结,多交流,在交流中认识到自己工作上的努力与不足,再针对本村的实际情况上切身为村民们着想。工作已经有一段时间了,慢慢地,我也摸索出了一些干农村工作的方法要领。农村工作比较复杂,但要想干好也不是没有方法可寻,最重要的就是把心贴近老百姓,想他们所想,真正维护他们的合法利益,这样他们也就能够积极配合你的工作,并协助你更好地完成各项任务。

下面就对我自己一段时间以来的工作进行一下简要的小结。

首先,概括一下我对农村工作及大学生村干部这一角色的认识。

关于农村工作,说实话来之前我并不是很了解,但不了解不代表我对农村、对农民没有感情。我是很爱农村这片热土的,不仅仅因为在农村有我的亲人,更因为村里人比城里人多了几分纯朴、几分真诚、几分厚道。我爱戴、更敬佩父老乡亲的忠厚善良。来柘塘村工作之后,才发现做农村工作需要懂得东西太多太多,也明白农村工作远不如自己想得那样简单,农村工作包含极大的复杂性、矛盾性。村民和村委会、村民之间关系盘根错节、息息相关,处理问题必须知村情、解民意、体民情。

对于我一刚刚大学毕业的学生来讲,困难的确很大。但就在一步步的摸索学习中,我同时感受到了做祖国最基层的工作——农村工作原来也是如此的神圣和伟大,它直接关系到我们国家的稳定与和谐,关系到我们民族的繁荣与昌盛,我们每一个农村犹如一个个微小的细胞,支撑、构建起我们祖国这样一个强大而优秀的母体。如果说祖国是一个花园,那么农村就是花花草草,争相竞妍,姹紫嫣红,盛开了满园春色。作为一名"村官",是直接和老百姓打交道,直接接触国计民生,为百姓办实事做好事。为百姓排忧解难、致富谋发展,就是为国家排忧解难、为国家谋发展,这才是真正为推进建设有中国特色社会主义、建设社会主义新农村添砖加瓦,尽一份绵薄之力。曾经也许因为我的年轻,总想做惊天动地的大事,殊不知做好点点滴滴的小事、实事,踏踏实实走好每一步,其实就是在成就一番大事。

正如毛泽东主席曾说的一样:"农村有着更为广阔的天地,在那里会大有作为的!"的确,在已成白热化发展的城市,面临人才饱和的现状,我们也许很难有成就一番事业、大显身手的机会,但在相对落后、各方面基础设施相对薄弱的农村而言,我们这些拥有一定文化知识和满腔热情的年轻人,恰好找到了一个展示才华、释放激情的机会。面对着急待发展的村庄,面对着一张张真诚而朴实的面孔,我在心中暗暗承诺,为了这些善良而淳厚的老乡,为了给我机遇、给我以希望的乡村,即便是用尽全部青春也无怨无悔。

第二,不断学习各方面知识,提高自身素质,以便做好本职工作,服务农村。来到农村工作,才明白自己所学的知识还是有一定的局限性,不够广博,尤其在某些方面如关于农村的法律法规、党风廉政建设等知识还十分匮乏,因此我意识到,自己在做好本职工作的前提下,还必须不断充电,学习各种关于农村工作的知识,方能胜任今后的工作。好在村里订有各种报纸杂志,这样就方便了我及时获取各种时政信息和国家、省内的各种相关政策和动向。还有就是村支书对我的引导和帮助,从我进村工作的第一天,书记就经常教我一些理论上的知识和工作中应当注意的问题,不仅教我知识,更引导我怎样为人处世,怎样同两委班子成员和村民打交道,这对我进行工作真的有很大的帮助,看到书记这样支持我的工作,我由衷地感动。在处理一些日常工作中的问题时,村主任也时不时地指点迷津,让我不至于走很多弯路。

第三,我总结一下来村里之后我主要负责和参与的一些实际工作。

来到村里也有几个月了,倒是参与了很多工作,虽然都是一些小事情,但人生其实就是由无数点点滴滴的小事汇集而成的,而人生的价值也体现在点滴小事之中。"不积跬步无以至千里。"来村之后由我独立负责的工作主要是党员远程教育接收站点,主要负责远程教育器械的管理和对相关资料的总结学习,还要组织村内的党员干部学习相关课程和做好远程教育学习的记录。在日常工作中,我主要就是协助书记和主任处理一些文件和文字方面的事情,起草一些文件、申请、规划,方案,完善各种资料、档案。除了这些日常的行政工作,我们还开展了一系列的文娱活动。在团县委的大力支持下,我们村成立了"柘塘舞蹈班",让村里的男男女女、老老少少都来一起参与,活动办得红红火火,还引起了《衡山电视台》和《衡阳晚报》的宣传报道。在此基础上,我们在 2009 年的元旦还成功举办了"柘塘村'迎新春,庆元旦'文艺晚会",得到了上级领导的一致好评。通过不断开展丰富多彩的文娱活动来提高村民的思想积极性,同时让各方面的素质也能够提高,实现真正意义上的解放思想。

在此我特别感谢书记、主任对我工作的指导和支持。书记给我理论上的帮助,主任给我实践的机会,两委成员又对我很照顾,我能遇到这样好的领导和同事,让我觉得很荣幸,也很温暖,虽然远离家乡、远离父母,我丝毫没有一点孤独无助的感觉,是他们让我感到家的温暖。

在以后的工作中,我一定尽力协助书记、主任做好各方面的工作,积极配合两委为我村的经济发展、为村民的生活谋求更多的福利。因为 2010 年后半年村内工作比较多,我下户了解民情的次数不是很多,在以后的日子里,我一定利用工作之余多到村民家串串,多了解大家的生活,多看看农村的真实面貌。希望可以为百姓办一些实事。

第四节　调查报告

一、调查报告的概念

调查报告是对某一情况、某一事件、某一经验或问题,经过在实践中对其客观实际情况的调查了解,将调查了解到的全部情况和材料进行"去粗取精、去伪存真、由此及彼、由表及里"的分析研究,揭示出本质,寻找出规律,总结出经验,最后以书面形式陈述出来的一种事务文书。调查报告亦有别称,如考察报告、调研报告及××调查等都是常见的。

调研报告的核心是实事求是地反映和分析客观事实。调研报告主要包括两个部分:一是调查,二是研究。调查,应该深入实际,准确地反映客观事实,不凭主观想象,按事物的本来面目了解事物,详细地占有材料。研究,即在掌握客观事实的基础上,认真分析,透彻地揭示事物的本质。至于对策,调研报告中可以提出一些看法,但不是主要的。因为,对策的制定是一个深入的、复杂的、综合的研究过程,调研报告提出的对策是否被采纳,能否上升到政策,应该经过政策预评估。

二、调查报告的特点

1. 针对性

调查报告的针对性体现在撰写目的上,撰写调查报告,一是为了给决策者提供决策的依据;二是发现典型,总结经验,指导工作;三是为领导机关了解情况,处理实际问题。因此,从实际出发,有针对性地调查研究,总结经验、回答人们最关心的问题、提出现实生活中迫切需要解决的问题是调查报告的关键所在。调查报告的针对性越强,社会作用越大。

2. 真实性

调查报告的主旨是调查研究后所揭示的客观事物的本质和规律。因此,写调查报告必须是亲自调查了解到的情况,绝不能道听途说、东拼西凑一些虚伪的材料。在调查报告中,不仅主要人物和事实要真实,就是事件的时间、地点、过程及各种细节,也要绝对真实,不能有半点浮夸和歪曲。调查报告的表达应采用叙议结合的方式,简明扼要、条理清楚地叙述事实。调查报告不追求事件的曲折波澜,只求叙说清楚。调查报告还要对调查材料中得出的结论进行适当地分析、议论,但只是画龙点睛式的,点到即止,不作展开,不反复论证,有时甚至观点寓于事实之中,用事实说话。

3. 典型性

调查报告的典型性表现为:通过对大量事实的介绍、分析、综合,总结出具有方向性的普遍经验,推动实际工作的开展。运用典型指导一般,是领导基本的工作方法。越是典型性的东西,越具有可操作性,越有普遍的指导意义。调查报告的作用大小,取决于反映内容的典型程度。调查报告的典型性主要表现在两个方面:一是在观点和主题的体现上要有典型性;二是在所介绍的做法上要有典型性。

4. 指导性

调查报告是制定方针政策、措施的重要依据,是检验路线、方针、政策贯彻执行情况,借以解决和回答一个时期上级提出的问题的一种有效方法。调查报告通过典型事例的分析、总结,得出具有方向性和普遍意义的经验来,对未来的工作起到指导性作用。

5. 时效性

调查报告的实效性特点表现在两个方面:首先,调查的对象应该是当前或者特定时期的典型事物,否则没有现实意义;其次,调查报告的指导和借鉴作用也是有时效性的,针对一个或几个事物的调查对当前或今后一定时期内的工作都有指导性作用。但随着时代的发展和社会的进步,过去的调查报告也会逐渐失去意义,人们需要重新调查、研究、总结形成新的报告。

三、调查报告的写作要求

由于调查报告具有上述这三个特点,这也就决定了调查报告的写作要求。

1. 调查—研究—报告,三个环节缺一不可

由于调查报告具有"目的明确,有针对性"的特点,因此,写作者必须带着目的、问题去进行调查研究,最后写成报告。也就是说,这三个环节紧密相联,缺一不可。

首先,深入实际的周密调查,是写作调查报告的起点和先决条件。

要掌握充分的事实材料,才能作出正确的结论,否则,调查报告就会成为无源之水,即使有水,也是一勺死水,这样也就写不成调查报告。

调查的过程,实际上就是大量搜集事实材料的过程,因此我们写作调查报告,要直接深入实际去掌握第一手的资料,不能道听途说,一般地听汇报,更不能蜻蜓点水、走马观花,看一点现成的书面材料;要尽可能全面地掌握材料,不论是正面的、反面的,现实的、历史的,概括的、具体的等都要进行搜集掌握,防止一叶障目,以偏概全;要根据既定的调查目的来确定大体的调查范围和调查程序,有计划、有系统地去搜集有关问题的种种材料,弄清事情的来龙去脉。

其次,研究,是从调查到形成报告的一个必不可少的中心环节。

通过调查获取的大量材料,只是为撰写调查报告打下了一个坚实的基础。要写成调查报告,必须鉴别材料的真假、主次,了解材料之间的相互关系,这样才能透过事物的表面现象,找到事物的本质,从而得出正确的判断和结论。

这里要注意的是:研究不是等调查结束后才开始的,而是与调查同步进行的,并且一直贯穿到撰写报告结束,只是在调查之后与动笔之前,有一段相对集中的、较深入的研究过程。也就是说,边调查边研究是侧重于辨别分析,相对集中的、较深入的研究侧重于归纳综合,撰写时的研究则重在比较取舍。

应用文写作教程

第三，调查研究的结果，最终要形成报告反映出来。

写作调查报告的这三个环节缺一不可的，不能忽视。如果仅仅是调查研究而最终没有形成文字材料，那么先前的调查研究工作全都是白费的；如果忽视调查研究，报告的科学性就不强，参考价值就不大，甚至会造成危害或损失。

2. 材料—观点—材料，要求有机统一

一般的提法是"观点与材料的有机统一"，然而这种统一在调查报告的写作中有着特殊性。因此，调查报告写作时，应"材料与观点"、"观点与材料"都要求有机统一。因为，调查报告只能靠事实说话，它的观点必须从调查到的大量事实材料中引出来。而引出来的观点一旦确立，写作时就要自始至终支配和统率着对事实材料的选取和运用，而选用的材料必须是典型的、充分的，足以说明观点的。这种典型的材料，是不可以从任何范围抽取的，只能来源于当初所调查的对象或事物中，以这种材料的自成系统和相对完整使观点站得住，使结论让人信服。

从这种特殊性出发，我们首先应该从理论上明确观点与材料在调查报告写作过程中的辩证关系，即：在调查研究阶段，材料居于主要地位，观点从材料中来。为了探索事物的内部联系以形成正确的观点，占有的材料越多越好；在撰写阶段，观点居于统率地位，材料是用来说明观点的，居于服从的地位，因此，要从赖以形成观点的材料中，选取最能说明观点的材料加以运用。

明确了观点与材料的这种辩证关系，具体写作时就要正确处理好两者的关系，即：观点的提出不但要正确，而且要准确，是实际情况的准确概括；选用的材料，不仅要典型，而且要有点有面，既能系统地显示事物，又能足够地支撑结论。因此，写作时，不能堆砌材料、就事论事，又不能凭空说出观点。

在具体处理上，一般来说，是先摆事实，后提出观点，这样容易让人信服，哪怕提出的观点与所用的材料都相同，也没有关系。而先提出观点、后摆事实加以证实的做法则不可取，因为，调查所得的材料形形色色，正反都有，提出任何一个观点都可以找到相应的例证，这样不容易达到有机统一的效果，并会让人产生怀疑。

3. 叙述—议论—说明，夹叙夹议，以叙为主

调查报告要靠事实说话，实际情况的反映要占主要篇幅，这就决定了叙述是调查报告的主要表达方式。在调查报告中，观点又占着主导地位，叙述事实只是为了说明问题，最后引出结论意见，因此，议论方式的运用也占有重要地位。

这就是说，在调查报告中，所发议论要以叙述事实为基础，所叙的事实又为了更好地议论问题，这两者同样重要，缺一不可。

在调查报告中，叙述事实和议论问题，不是简单相加而表现为截然分开的两大块，结论性的意见也不是一下子就提出来的。它要从几个方面的分析中一步步引出来，或通过几个方面共同作出判断，因此，叙述与议论必须融合在一起运用，边叙述事实，边分析提出看法，最后作出总的结论。

这种融合就是夹叙夹议的表达方式。调查报告中还要用到说明的表达方式。如问

题提出的原因、有关背景的交代、调查情况的介绍、报告的目的等,每一篇调查报告都要涉及这些内容,而这些内容都必须用说明的方式才能交代清楚。

四、调查报告的分类

调查报告所涉及的内容非常广泛,它可以用来作为上级制定路线方针政策和指导工作的依据,可以检验上级方针政策贯彻执行的情况,它还可以揭露问题,为处理和解决问题提供材料等。它的表现形式多种多样,种类也很多,而且,角度不同,分类也就不同。

以前,通常按内容来分,有典型经验的、揭露问题的、新生事物的、基本情况的和历史问题的等。如今,我们从调查对象和所用的调查方法来分可分为以下几种:

1. 从调查对象看,机关常用的调查报告有三类

(1)典型的调查报告

调查对象包括典型经验、典型事件和典型变化等。其中,典型经验的调查用得最为广泛。

① 典型经验的调查报告,就是把一个地区(部门、单位),某一方面的成功经验全面地总结、介绍,找出其中带有规律性的东西,以供有关方面学习借鉴。典型经验的调查报告是典型引路,以点带面,指导和推动各项工作的一种行之有效的领导方法。

② 典型事件的调查报告:是指事件本身给人的教训带有一定的典型性。相对于典型经验来说,这种教训从反面也给人以教益,对工作产生积极的作用。

③ 典型变化的调查报告:有的调查对象既不是典型经验,也不是典型事件,只是由于今昔变化本身具有代表性而获得了典型意义,领导可以从中发现规律性的东西,用以指导工作,其他单位也可以从中得到启示,如一个消费城市变化为工业城市、一种行业的变迁等。这种调查报告带有专业性,写作时应勾勒清楚变化的过程,揭示出规律,不能写成流水账。

(2)反映新事物的调查报告

新事物体现了事物的发展方向,具有很强的生命力,对推动改革和开展具体工作都有不可低估的引路作用。因此,在机关工作中,反映新事物的调查报告是得到各机关各部门的普遍重视和广泛运用的。

新事物孕育着新经验,但新经验不是一下子就形成的,即使总结出来也是不成熟的。因此,反映新事物的调查报告与典型经验的调查报告是有区别的。典型经验的调查报告重在系统地总结经验;而反映新事物的调查报告重在解决人们对新事物的认识问题,等新事物发展到一定阶段,才有可能进而进行典型经验的调查。如:下岗再就业(或货币分房等),它们刚开始是一个新事物,人们不能接受,所以刚开始的调查报告,主要是反映它们的产生过程,阐述它们的特点、作用和意义,解决人们的认识问题,同时给予这样的新事物扶植和支持。而多年之后,关于这些问题就有不少的经验可总结了。如果现在要写作调查报告就是典型经验的调查报告了,这样的调查报告主要就一个或一些下岗再就业成功人士所走过的道路,进行深入的研究或综合的分析,把带有普遍意

义的典型经验揭示出来,以进一步推动再就业工作的发展。

我们也要注意:对新事物的调查必须要及时,有敏感性和主动性。在新事物刚诞生时就能够发现它,能够认识到它的意义和价值,并作调查研究,立即把它反映出来。

（3）揭露问题的调查报告

这类调查报告的调查对象主要有群众来信来访反映的问题、需要专案调查的问题和种种社会问题。其中,数量最大的是群众来信来访问题的调查。当然并不是所有的问题都要进行调查,但只要是比较典型的、重大的或复杂的、长期难以解决的问题都要进行调查,写成调查报告,如教师猥亵女学生、伤害学生的问题,教育乱收费问题等。

2. 从调查方法来看,调查报告又有综合调查报告和专题调查报告两种

（1）综合调查报告

采用普遍调查的方法,围绕一个中心问题、一项新的决策等进行调查研究后写成的调查报告。普遍调查就是要确定一定的调查总体范围,然后对这一范围内的所有的对象进行调查。用普遍调查可以写出较接近实际的、比较全面完整的调查报告,如人口普查。

（2）专题调查报告

采用非普遍调查的方法,围绕一个具体问题进行调查研究后写成的调查报告。非普遍调查不是对确定范围内的所有对象进行调查,而是只选取部分对象,进行重点调查、典型调查或抽样调查,这样获取的资料同样具有科学依据。

五、调查报告的写作

调查报告种类较多,写法也多种多样,不像行政公文有固定的格式。然而一般说来,都要具备四个部分,即标题、开头、正文、结语。

1. 标题

标题一般是对内容的概括,调查报告的标题不像一般行政公文要求那么严格,它的标题写法灵活多样。常见的调查报告的标题有三种:

（1）类似公文式标题

这样的标题多数是由事由和文种组成的,如《关于废旧物资回收利用问题的调查报告》、《关于海南进口和倒卖汽车等物资问题的调查报告》。有的省略"报告"二字,由调查对象加"调查"二字组成的,如《青浦农村调查》、《中小学乱收费问题的调查》。

（2）提问式标题

典型调查报告常用提问式标题,如《××局的新班子为什么打不开局面》,这种标题很具有吸引力。

（3）正副标题

这也是用得较普遍的一种标题,如特别典型经验的调查报告和新事物的调查报告。在正副标题中,一般正标题揭示主题或表明主要观点,副标题则标明调查对象、调查的问题或范围。这样的标题既可以揭示出调查报告的普遍意义,从而吸引读者,又可以使

人对调查报告的中心内容产生一个总体印象,如《腾飞的法宝——苏州外向型企业调查》。

调查报告的标题下面一般是作者的署名。

2. 开头

调查报告的开头,有时称为"前言"或"序言",有时又称为"总提"等,该部分实际上是关于调查的一个简要说明,它一般用来说明调查的时间、地点、对象、范围、方式等,有时也用来概括调查对象的基本情况和全文的主要内容等。如果是综合性的调查,必须指出调查范围,其他则依据内容而定;如果是专题性的调查,则必须说明调查对象的有关概况;如果是典型调查报告和新事物的调查报告,往往要有结论性意见的提示,有的甚至只有几句提示,其他都可不写。总之,调查报告的开头要抓住要害,揭示本质,能吸引读者的注意。常见的调查报告开头的方式有以下三种:

(1)内容提要式

以叙述性的文字极简练地将调查过程、内容和结论反映出来,给读者一个总的印象,然后在主文部分分项细述。介绍典型经验的调查报告常用这个开头方式。

(2)介绍提问式

先概括介绍情况,然后设问,如奥秘在什么地方,主文部分接着作出明确的回答。这种开头,逻辑严密,丝丝入扣,起到总领全文的作用。

(3)论断式

就是在开头部分就调查内容的实质和意义提出自己的观点,表明态度,目的在于引起读者的强烈兴趣,而不是将调查的结论写出来。

3. 正文

这是调查报告的主体部分,叙述事实、表达观点、分析和评价、归纳结论等都集中在这一部分。

调查报告正文的主要内容包括两个方面:一是调查到的事实情况,包括事情产生的前因后果、发展经过、具体做法;二是研究这些事实材料所得出的具体认识或经验教训。

调查报告要通过富有说服力或根据充分的事实的具体叙述,说明认识,由实而虚,从而切实地说明问题。

调查报告的行文结构根据内容可概括为以下四种方式:

(1)纵式结构。就是按照事情发生的先后顺序,从头至尾加以叙述,它能够帮助读者全面了解事物发展的来龙去脉,并且边叙边议,给人以真实、亲切之感。

(2)横式结构。就是根据问题的性质,把调查中所获取的材料,分为若干问题,按问题的性质归类,逐点、逐层叙述,分别从不同的角度或侧面说明中心问题。

(3)纵横结合式结构。就是把这上述两种方式结合起来使用,从文章全貌来看,是从问题发展的脉络来写的,但在叙述的过程中或叙述完问题的发展过程之后,又从横的方面,分别对一个问题的几个方面或一个典型的几条基本经验加以阐述。这样,纵中有横,纵横交错。

(4) 对比式结构。用两种不同事物的对比贯穿主体部分的始终,用不同的认识、不同的方法、不同的结果等鲜明的对比来突出调查报告的中心思想。

与这些行文结构相对应,正文的展开形式有的是用小标题,有的是加序号分部分、分层次展开,有的则是一气呵成。

4. 结语

这是调查报告的结束语,主要是对所调查问题的总的看法、结论性的意见。

属于揭露问题的调查报告还要加上处理意见;新事物的调查报告主要从理论高度阐发其重大的价值、意义,指出令人鼓舞的发展前景;典型调查报告则重在把事情的指导借鉴或教育意义指出来,由点到面,在更广阔的背景上揭示出其普遍意义以深化主题。

有的结语部分是附带说明存在的问题或不足;有的提出新问题,指出今后的努力方向,启发读者进一步思考探索;也有的调查报告把结论性的意见放在正文最后顺势写出,不作专门的结尾。

调查报告的结束语部分也很重要,因此,这一部分要和正文内容,甚至开头、标题联系起来,在实事求是的分析基础上综合出结论。

【例文】

装饰材料化学污染的调查报告

一、课题的提出

随着经济的发展,生活水平的提高,人们越来越重视生活质量,家居装饰也成为一种时尚。各种各样的装饰材料确实给家居增添了不少光彩,给人们的生活增添了不少情趣。然而,人们却往往忽视甚至不知道装饰材料中存在着化学污染。近年来,因装饰材料化学污染导致人们身体不适甚至死亡的事情时有发生。据温州晚报报道,近年来,室内装修材料污染的投诉不断上升。曾有一位消费者结婚后多年不育,结果发现是地砖放射元素超标造成的;许多消费者在入住新居半年后,房间内依然气味呛人,令人流泪不止;新买的家具一打开柜门就使人呼吸困难。有关部门曾对 1 000 多户家庭的装修材料检测发现,400 多户家庭存在不同程度的装修污染问题。这些情况引起我们的关注。那么,装饰材料中究竟有哪些化学污染,会对人体健康产生怎样的危害?人们对装饰材料的化学污染的认识又怎样呢?怎样才能预防减少装饰材料的化学污染?带着这些问题,我们开始了研究活动。

二、课题目的

1. 了解装饰材料的化学污染及其对人体的危害。

2. 分析装饰材料化学污染日益严重的原因。

3. 学会预防,降低装饰材料化学污染对人体健康造成危害的方法。

4. 参加社会实践,提高分析问题,解决问题的能力,学会合作,增长知识。

三、课题研究过程

1. 讨论,制订方案和计划。因为以前没有进行研究性学习的经验,为了使研究过程更为顺利,我们首先讨论了一些有关的问题,比如如何进行研究、分几个步骤进行、如何分工等,制定了进行研究的方案、计划,为研究的进行作了准备。

2. 分工。我们分成两组,利用课余时间进行活动。第一组:上图书馆,上网查找资料。第二组:编写调查问卷,并联系印制。

3. 调查。我们此行的主要目的是收集足够资料,为写研究报告做好准备。(1) 进行问卷调查。我们利用乘车、乘船的时间向市民发放调查问卷。我们发现许多人对此了解甚少,这给我们完成问卷调查带来很大的困难。但在调查的过程中,我们也遇到了医生、老师和从事化学工作的叔叔阿姨。他们给了我们很大的帮助,为我们提了很多建议。经过大家的共同努力,我们终于做完了 100 份问卷调查,得到了一些反映市民对装饰材料化学污染认识程度的数据。(2) 采访问汕头环保局。环保局的有关负责人热情地接待了我们,解答了我们提出的一些问题,向我们介绍了汕头市装饰材料化学污染的情况,并为我们提供了一些资料。在环保局,我们还遇到了电视台的记者,在交谈过程中她也给我们不少建议,并对我们的做法表示肯定。这使我们深受鼓舞。此行真是收获不小。(3) 在装饰材料城的调查。对照我们收集到的资料,我们在装饰材料城中找到了各种材料,并认识了它们的用途,所含有的化学污染和销售情况,生产厂家。并发现了许多装饰材料上贴有绿色环保等字样,引发出我们对环保材料是否真正环保的思考,并使我们找到装饰材料化学污染日益严重的原因之一。

4. 返回学校后。返校后我们进行了新一轮的讨论,大家交流心得,整理资料,并完成研究性学习报告。

四、课题成果

1. 装饰材料化学污染不容忽视

继煤烟型光化学型污染后,近几年来的多次专家研究发现,现代人正进入以室内空气污染为标志的第三代污染时期。产生这一污染的一个重要原因就是装饰材料的化学污染。随着人民生活水平的提高,追求家居装饰水平成为一种新时尚。大量装饰材料的使用,使得装饰材料的化学污染在近几年显得尤为突出。鉴于此,本文旨在探索装饰材料中含有哪些污染物质,对人体健康有哪些危害,怎样预防降低装饰材料化学忽然对人体的伤害。

2. 装饰材料中含有多种危害人体健康的物质

装饰材料中含有多种挥发性、刺激性气体及放射性元素,种类繁多。其中较为典型的具体如下:

(1) 甲醛。甲醛大量存在于胶、漆、涂料、墙纸、化纤地毯等室内装饰材料,是一种无色易溶的刺激性气体,可经呼吸道吸收。现代科学表明,甲醛对人体健康有较大的损害。高浓度的甲醛对神经系统,肝脏等都有毒害。甲醛还有致畸、致癌作用,长期接触甲醛的人,可引起鼻腔、口腔、鼻咽、咽喉、皮肤和消化道的癌症。1998 年 9 月,中央电视台一栏目报道,青岛市某医院副院长全家搬进刚装修好的新居,不久他自己因甲醛中毒死亡,其家人均有不同程度中毒。去年,北京市卫生局对北京大部分住宅楼和写字楼的抽检表明,新居装修后居室的甲醛含量普遍超标,最高者竟超标 73 倍!

（2）氨。氨是一种无色而具有强烈刺激性臭气味的气体，存在于建筑施工中使用的混凝土外添加剂中。随着温度湿度等环境因素的变化而从墙体中释出。它是一种碱性物质，对接触的组织都有腐蚀性和刺激作用，可以吸收组织中的水分，使组织蛋白变性，并使组织脂皂化，破坏细胞膜结构，减弱人体对疾病的抵抗力。浓度过高时它除具有腐蚀作用外还可以通过三叉神经末梢的发射作用而引起心脏停搏和呼吸停止。

（3）苯。苯为无色具有特殊芳香味的液体，是室内挥发性有机物的一种。在通风不良的环境中工作，短时间内吸入高浓度苯蒸气可引起以中枢神经系统抑制作用为主的急性苯中毒，已被专家确认是严重的致癌物质。苯在各种建筑材料的有机溶剂中大量存在。比如各种油漆的添加剂、稀释剂和一些防水材料等。

（4）氡。氡是由镭衰变产生的天然放射性无色无味的气体。建筑材料是室内氡的主要来源。常温下氡在空气中能形成放射性气溶胶而污染空气，并能诱发肺癌，是导致癌的第二大杀手。此外，一些材料如大理石还含有大量放射性元素，其危害也是不容忽视的。由此可以看出，装饰材料中的化学污染对人体健康的影响，具有影响范围广、影响时间长等特点。这些物质长期作用于人体，其影响是不可低估的。

3. 装饰材料化学污染日益严重的原因

（1）虽然人民生活水平显著提高，装饰质量也越来越高，但人们对装饰材料的污染的认识并没有与日俱增。汕头市民对装饰材料化学污染的认识究竟由多少呢？对此我们进行问卷调查。我们向市民发放以下问卷：

金山中学化学研究性学习调查问卷——对装饰材料化学污染的认识

请您按照您的实际情况填写，谢谢！职业：_____

1. 材料对人体健康有危害吗？
    a. 很大程度   b. 有一点   c. 不会   d. 不知道

2. 您在新居装修好后隔多久入住？_____

3. 您搬入新居后感觉如何？
    a. 很好   b. 感觉不适 具体症状：_____

4. 您会选择以下哪种装饰材料？
    a. 价格适中但有较大污染   b. 价格昂贵的环保材料

5. 如果家里有小孩，你是否会对儿童房特别装修？
    a. 会   b. 不会

6. 如果装修后您发现自己的新居存在很大的化学污染，您会不会重新装修一遍？
    a. 会   b. 不会   c. 视情况而定

7. 您认为以下哪种装饰材料有较大的化学污染？
    a. 木板   b. 油漆   c. 大理石   d. 瓷砖   e. 其他

8. 您家里有没有使用环保型材料？
    a. 有   b. 没有   c. 不知道

9. 您知道有多少种装饰材料中的污染元素？
    a. 一种   b. 两种以上   c. 不知道

10. 谈谈您对如何预防降低装饰材料化学污染的宝贵意见和建议：＿＿＿＿＿＿＿＿＿

＿＿

我们共收到有效答卷 100 份,统计如下:被调查的人中使用环保型油漆的占 30%,知道两种以上污染元素的只有 5%,而对于哪种装饰材料污染会比较严重一题,选择两种以上材料的只有 8%;对于如何降低装饰材料化学污染,有 78% 的人是不知道的。由以上统计可见,目前,汕头市民对装饰材料的化学污染的认识还比较贫乏,大多数人只追求家居装修的美观和质量,而不注意装饰材料的选择及其化学污染对人体的危害,没有采取预防措施。据汕头市环保局有关负责人介绍,近年来该局几乎没有收到市民对装饰材料化学污染的投诉,这也从一定程度上反映了市民对装饰材料化学污染缺乏认识。这是导致装饰材料化学污染越来越严重的原因之一。

(2) 大部分装饰材料含有害物质严重超标,绿色材料并不绿。装饰材料的有害物质超标,也是导致装饰材料的化学污染日益严重的重要原因。据不完全统计,目前国内的装饰材料竟有 30% 所含有害物质超标。另外,许多商家在绿色、环保材料上大做文章。据汕头市环保局的有关负责人介绍,目前我国的装饰材料只有质量体系认证,即合格产品所含物质符合标准,不超标。而对于绿色材料的鉴定,我国目前尚无专门从事此类工作的机构。因此所谓的绿色材料并没有通过认证,这只不过是商家为招揽顾客而打出的旗号,并无保证。以油漆为例,在我们统计的三十个品牌的油漆中,竟有二十三种包装上印有绿色字样。这其中又有多少是真正达到国家质量标准的呢? 更别说绿色了,正是厂家的这种无中生有,使不法厂家也有了可乘之机,劣质产品印上绿色字样,摇身一变成为绿色材料,坑害了不少消费者。随着绿色材料的流行,劣质材料进入千家万户,危害人们的身体健康,也导致装饰材料的化学污染日益严重。

4. 防治装饰材料化学污染的方法

(1) 国家的指导性措施:① 目前,国家已经出台了许多相应的法规来防治装饰材料的化学污染,如《住房内氡浓度控制标准》、《居室空气中甲醛卫生标准》、《室内空气可吸入颗粒物卫生标准》等。此外,国家环保总局、国家质检总局、建设部、卫生部几个部委相继启动制定有关室内空气相关标准工作。目前《室内建筑装饰装修材料有害物质限量》、《住宅装修工程施工规范》、《民用建筑室内环境污染控制规范》等标准法规已基本形成框架。但由于各种建筑材料、装饰材料花样繁多,层出不穷,给规定的制定带来了许多困难,目前国家出台的法规还存在许多漏洞,有待进一步完善。② 加大宣传力度,增强民众的认识。据了解,汕头市环保局在去年就对此进行了大力的宣传。③ 实现室内空气质量的监测。据汕头市环保局的有关负责人介绍,目前上海、深圳等发达城市已把居民家居的空气质量监测列入空气质量监测的范围之内。汕头市环保局也研制出了室内空气质量监测仪,将准备实行到户监测室内空气。

(2) 市民的自我保护及防范:通过研究,我们总结出了许多方法,在此向市民提出以下几点建议:① 购买质量有保证的装饰材料(符合国家室内装饰材料标准 gp18581、gp18582,并选用大厂家生产的产品)。② 在新居装修后隔三个月入住。③ 在家里种植一些能吸收有害气体的植物。在室内栽种一些花草,来消除有害气体的影响。比如:

吸收甲醛的植物有仙人掌、吊兰、扶郎花(又名非洲菊)、金绿箩、无花观赏桦、芦荟、耳蕨、常春藤、铁树、菊花等；消除二甲苯的有耳蕨、常春藤、铁树、菊花、红鹳花等；红鹳花还可以吸收甲苯、氨；雏菊、万年青则对消除三氯乙烯有特效。④ 家里经常开窗，保持空气流通。⑤ 在装修前与装修承包商的合约中加入装饰材料质量标准保证一条。⑥ 感到有胸闷、头晕、呕吐、呼吸急促、流眼泪、皮肤过敏等症状，应立即采取措施或就医，请环保部门对家里的装饰材料进行监测，把危害减小到最低程度。希望随着更加完善的法规的出台，人们认识的提高，装饰材料的化学污染能够得到有效的控制。

五、体会

到此，我们的报告总算告一段落了。在参加研究、调查的这段时间里，我们学到了不少知识，更重要的是我们学会了一种分析具体问题的思维方法，锻炼了我们分析问题的能力，培养了我们的动手能力，我们小组成员分工合作、团结一致，增进了友谊，在这一过程中互相学习，受益匪浅。这次活动真可谓是好事多磨。我们不知跑了多少次办公室、政教处、教导处，从写申请到教师签名、主任批准，到外出调查，取证都耗费了我们许多心血，才凝结成这份调查报告，真是来之不易。但面对这份报告，我们都会心笑了，这对我们来说，是一种锻炼、一种体验，更是人生中一笔巨大的财富。在此，也要谢谢老师们给予我们的指导与帮助。

第五节　简　报

一、简报的概念和特点

1. 简报的概念

简报是党政机关、企事业单位、社会团体用来汇报工作、反映情况、交流经验、沟通信息、报道动态的一种内部常用事务文书。简报把丰富的内容进行缩编，文体简约，语言精要，篇幅不宜过长，一般情况下不超过 2 000 字，是简短的情况报道。

简报是个总称，各单位内部编发的"动态"、"简讯"、"信息"、"内部参考"、"情况交流"、"情况反映"等都属于简报的范畴。简报使用范围广、信息量大，写作印刷方便，十分有用。

2. 简报的特点

(1) 简。简就是内容集中，篇幅短小，文字简要。① 内容集中，是指每份简报的内容要做到单一、集中，一事一报，不要在一份简报中写许多项内容。如果为了集中反映某种情况、某个问题，也可以把几个内容相关或有共同性的短文编在一期内。② 篇幅短小，一份简报最好不超过一千字。有些综合性的简报，内容较多，但字数也应控制在两千字之内为宜。③ 文字简要，是指写作简报时，文字要精练、利索，无假、大、空话。

(2) 真。简报的内容必须绝对真实。简报一个重要的目的是为领导机关反映情况，而领导机关有时可能根据简报所反映的情况做出决策。正是基于这个特点，决定了简报所写的事例，包括时间、地点、人物（或单位）、事情的前因后果、来龙去脉、引用的数据、人物语言等，都必须准确无误。对上级既报喜也报忧；既不以偏概全，也不以面概点，力求准确、全面、真实地反映实际情况。

(3) 快。这是对简报时间上的要求。简报的时限性很强，它必须及时地把工作中出现的新情况、新问题、新典型、新动向，报告给有关上级机关和业务部门。如果简报编写不迅速及时，作用就会大大缩小，有时甚至会变成"马后炮"，失去其意义，毫无作用。

(4) 准。就是针对性强。简报应根据国家的法律、法令及各级政府的指示或上级机关的有关规定，围绕本单位工作的重点，抓住工作中的关键问题，准确地加以反映，为领导运筹决策提供依据。

二、简报的作用和分类

1. 简报的作用

据有关方面统计，上海市委办公厅在某个月收到的公务文书中，属于国务院规定的行政公文占 31.4%，各类简报占 56.9%，其他刊物资料占 11.7%；发出的公务文书中，各类行政公文占 39%，简报和资料占 61%。这可以说明简报在机关工作中使用极其频繁，并具有重要作用。

简报虽然没有被作为正式公文列入《党政机关公文处理工作条例》，但由于它应用范围广泛，形式简便灵活，因此在公务活动中愈来愈起着不可忽视的作用。具体说来，简报的作用体现在以下几个方面：

(1) 可以使上级领导及时了解下面工作中的重要情况。比如银行和国民经济各部门都有着极为重要的密切联系，各种经济活动的变化，势必引起信贷、结算和货币流通情况的变化，并在银行业务活动中反映出来。银行作为国民经济的"寒暑表"，应灵敏、正确、全面地向当地政府和上级银行反映有关业务活动情况，定期或不定期把简报送到上级手中，上级就可及时掌握情况、做出指示、解决问题，为领导机关制定方针政策提供参考。

(2) 可以在平级机关之间互通工作、业务、会议等情况，交流工作中的经验。情况可供参考，经验可以借鉴，教训可以吸取，这样就对工作有推动作用。此外，还可发往下级机关，使其了解本地区、本系统全面的情况、动态，做好工作。

(3) 传播信息。简报从一定的意义上说也是一种信息载体，人们从中接收某种信息，借以研究、改进工作。新兴的"经济信息"、"科技情报"等，更是直接为各行业的经营决策传递信息，对推动生产经营、提高经济效益具有重要意义。

(4) 会议简报由于它对会议的日程安排、中心议题、主要发言、决议事项等有较完整、客观的反映，还起到了记载和凭证、查考的作用，可以作为资料保存。

2. 简报的分类

简报是个统称，实际上它的名称多种多样。根据内容和形式来看，简报主要分为两

大类,即反映日常工作情况的"工作简报"和反映会议情况的"会议简报"。

（1）工作简报

工作简报又可叫作工作情况、工作简讯、情况简报、情况反映、工作动态等。工作简报又可分为三小类：

① 经常性的业务简报。这样的简报贯穿于各单位业务工作的始终,具有长期性、连续性的特点。就是说,只要业务工作有新情况、新变化,就得及时反映,这样便于掌握工作的全部进程;这种工作简报有较强的业务性,能在业务工作范围内发挥较好的交流作用,并且主要是介绍情况和问题,不作过多的分析推论。

② 中心工作简报。一切具有时间性、影响又比较大的中心工作,从开始到结束,都可通过简报来反映它的发展变化、措施做法、问题经验、收效成果等,这样可透视出中心工作的全过程。

③ 问题简报。问题简报的内容大多数是需要及时向领导机关迅速报告的严重问题,如重大的事故、严重的工作失误等。

（2）会议简报

会议简报是会议期间用书面语言写成的会议简短情况的汇报,主要用来反映会议进展情况,与会人员讨论提出的问题、建议和批评意见,大会的决议事项,会议上的重要报告和领导同志讲话的摘要等。

会议简报有着与一般工作简报相同的共性,即短、快、真、准等,但它也有独特的个性,那就是明显的连续性。会议期间的全部简报能反映会议的全过程。

会议简报根据会期的长短,性质不同,可分为两类：

① 会议的连续报道。会期较长的大型会议一般都要有连续性的简报,从开幕到结束,几乎每天一报。重大会议甚至一天几报,主要反映的是会议的有关精神、会议交流的典型经验或提出的问题、会议的讨论发言情况、会议动态及其他有关情况,这样可以达到及时交流情况、传递信息、开好会议的目的。这类简报往往大量采用节录、摘要,有时加上"按语",强调其意义或指导价值。

② 会议的一次性集中报道。这样的简报既可以反映大型的会议,也可以反映一天半天的小型会议。它不是会议记录,也不是会议纪要。会议简报是会议内容的升华,是会议内容的系统化、条理化和理论化,能从理论和实践上对会议的成果作出科学的概括。

从简报的形式来看,简报可分为综合性简报和专题性简报。综合性简报是指对多方面情况问题的综合。专题性简报可以是一个问题、一件事,也可以是一个问题、一件事的某个侧面,还可以是某个人或某些人的见解和意见。

三、简报的编辑和写作结构

简报有的一期只发一篇文章,有的一期发几篇文章。因此,简报有文章方面的写作方法问题,也有刊物方面的编辑方法问题。

简报上的文章,都是实用性的、多种多样的,然而每一篇文章的写作也总是离不开主题、材料和结构。如专题类简报,可以抓住一件事、一个问题、一个人、一个集体来进行比较详细深入的介绍,可以多方面介绍,也可以介绍一个方面。写作时,可以先阐述观点,后列举事实;也可以先叙述事实,后归纳成观点。总之,观点和材料要有机统一,不能互相脱离,更不能南辕北辙。

在结构上,要围绕主题,精心安排层次。如:会议简报常常按照事物的发生发展过程和时间顺序安排层次;情况简报常常按事物间的逻辑关系来安排层次;专题性简报常常既有时间顺序,又体现事物间的逻辑关系,如因果、递进、并列等。

简报作为刊物,每一期的篇幅不大,发表文章的数量也少,常常是一篇或三四篇,因此,从编辑的角度看,工作不会太复杂。简报的编辑方法主要有以下三个方面:

1. 选稿

出简报的目的在于沟通信息,推动工作开展。因此,稿件必须有强烈的针对性,有切实的指导意义。选稿人要充分地领会领导的意图,站在全局工作的高度上,认真地组稿、选稿,在众多的稿件中,选择内容深刻、能给人启发的稿件刊出。

2. 按语

为了引起读者的注意,有时,简报上常常加上一个按语,表示发文单位对本期简报所反映的情况、提出的问题的倾向性意见,以帮助读者加深对简报内容的认识和理解。按语是简报编者对所编发的文章进行提示、评论、阐发和补充说明的文字。它不要重复简报中已经叙述清楚的基本事实,只要求三言两语说出事情的本质,切中问题的要害。

按语在简报中没有固定的位置。常见的、针对简报整篇内容配写的按语,是放在标题和正文之间,专门用一段文字,用与正文不同的字体排印,并且与标题和正文之间各空一两行字,以示区别。这段专门文字前,通常写上"按语"或"编者按"、"编者的话",用〔 〕括上,如〔编者按〕。

也有的按语是针对简报中的某一观点或材料配写的,因此,可以根据需要灵活地加( )穿插在文稿之中,如(编者:……)。

按语从内容上区分,大体有三种类型:

(1) 说明性按语:对编发简报的依据作简要的说明。

(2) 提示性按语:对一些篇幅较长的简报,尤其是一些介绍经验的简报,扼要介绍要点,提出从中学习或应注意的经验教训。

(3) 批示性按语:这是常见的按语,对简报的内容作出评价,或指出不足,或提出要求,但与指示不同,应用探讨、期望的和缓语气。

由于按语是代表发文机关的意见、看法和意图的,起着了解材料来源、范围和帮助理解内容等方面的作用,因此一般都应重视按语。

3. 版面编排

简报的版面编排要求:简洁明快,大方庄重,美观统一,方便阅读和处理。

在长期的实践中,简报的版面编排形成了比较固定的格式,这种格式,从结构上分为三个部分,即报头、行文、报尾。

（1）报头

简报的报头一般都是固定的,由密级、简报名称、期号、简报的编发单位和印发日期等部分组成的。

① 密级:如果简报的内容属于内部不扩散材料或机密材料,这时,应根据简报的机密程度,在报头的左上角标明密级或者标明注意事项,如"内部资料,注意保存"等。有时简报要收回注销的,可以在报头的右上角编上文份号,即"编号"。

② 简报名称:简报名称位于报头上方正中位置,为了醒目,大多用大号字体套红印刷,如《全国会计工作会议情况简报》。有的只写"简报"二字,不标明具体名称。

③ 期号:在简报名称的正下方标明期号,即写上"第×期(号)",可用阿拉伯数码,可用汉字小写数码。一般是按年度依次排列期号,有的简报是用统编的累计期号,即"总第×期(号)"。

④ 编发单位:在报头的左侧下方是编发单位名称,一般是顶格书写作称,如××单位办公室编印、××会议秘书处编印等。

⑤ 印发日期:在报头右侧下方是印发日期,写明年月日;如果有签发的,以领导签发日期为准。

为了眉目清楚,报头与行文之间一般都用一条横隔红线隔开,报头一般占简报首页的 1/3 或 2/5。

（2）行文

这一部分的结构也是固定的,如果一期只刊登一篇文章,包括标题、开头、主体、结尾;如果一期刊登几篇文章,那么可根据需要来进行编排,如:几篇文章尽可能围绕一个中心,或者一篇文章突出地体现中心,其他文章从各个侧面配合;编排时,体现中心的文章占版面的显要位置,其他文章则根据内容和版面的情况或横排或竖排,各篇文章相隔要恰当,疏密相间,可以适当地用花边、题花、题图等。

① 标题:报头之下就是标题,它是全篇的主眼,应当用极为简明的语言揭示简报的主题思想,或反映简报所报道的对象和事件,或概括简报最主要的内容,以引起读者的注意。

很多简报,用单行标题,如《南京市小商品批发中心经营灵活效益好》,简洁地介绍单位、经验、效果。

也有简报用正副标题,如《良好的起步,有益的尝试——××厂用人制度改革的情况》,正标题概括全文中心主题,副标题交代事情发生的单位和主要情况,以补充说明正标题,把××厂改革的内容、意义统一起来,一目了然。

② 开头:简报行文的开头往往有一段导语式的总括说明,这段说明要求准确地概括简报的内容,包括时间、地点、人物、事件、结果、意义,或者单位、事件、原因、结果、意义等,总之,开头做到开门见山,直叙其事。有些专题性的简报要提出问题,或提出结论性的意见,然后在下文用事实加以回答或阐述。

③ 主体:主要回答开头提出的问题,或阐述开头所提出的结论性的意见,如果是经验性的简报,主体部分主要是介绍具体的经验,或做法。主体是简报的主要部分,具体

内容很多,必须恰当地分出段落。

　　写好主体,应做到两个方面:一是围绕主题,精心安排层次。简报组织安排层次通常用纵式结构和横式结构两种。纵式结构就是按照事物的发生、发展过程和时间顺序安排层次的,如会议简报常常用这种结构。横式结构就是按照事物间的逻辑关系来安排层次,一些反映经验性的工作简报常用这种结构。还有的简报,如专题性简报,常常纵横结合,既按时间顺序,又体现出事物间的那种因果、递进或并列等逻辑关系。有一些动态简报,则根据材料的性质或观点来安排层次,就是把相同性质的材料或观点,逐条加以排列。二是做到观点统率材料,材料说明观点。简报中观点和材料的组合常用总分或分总的方式。总分就是先阐述观点,后列举事实,分析说明。要求观点正确、鲜明,事实真实具体充分。分总就是先叙述事实,后归纳成观点。要求观点在事实的基础上自然生成,防止牵强附会,更不能南辕北辙,使观点和材料相脱离。

　　④ 结尾:有的简报没有单独的结尾,主体部分说清,就收住结束。有的简报用一句话或一段话来结尾,它可以对简报内容做概括小结;可以对简报反映的事实加以评述,激发读者的感触;还可以进一步指出事物发展的趋势,或发出号召,或给读者留下思考的余味等。

　　有的简报较为复杂,需要连续报道的,这时可用结束语的形式交待一句,如事物正在进一步发展,问题正在进一步调查中以及处理结果如何,下期再报等。

　　一般说来,在行文的末尾要注明材料来源,即供稿人。在( )内写明作者或单位,如果供稿人和编发人是一致的,则可不注明。如:××厂办公室供稿。

　　(3) 报尾

　　位于简报的最后一页的下方,在两条平行横线内注明本期简报的报、送、发单位。报:呈报的上级单位;送:送往的同级单位或不相隶属单位;发:发放的下级单位。

　　注明报送发单位,可以避免漏报漏发或重复报送,也有利于入档备查。如果简报的报送发单位一般是固定的,有临时增加的发送单位,应注明"本期简报增发××单位"。

　　在报送发单位的右侧,注明简报的印刷份数,便于管理查对。

四、写作中应注意的问题

　　1. 材料要真实可靠

　　简报不同于文学作品,不允许对一些心理活动、环境、气氛等无形的事实搞"合理想象"。要做到简报所选用的任何材料,包括人名、地点等都完全准确无误,不能道听途说,要作实地调查了解。因为简报有的是报送给上级的,有的是抄送给其他同级或不相隶属单位的,有的是机密程度较高的,属于内部参考,这些简报会影响领导决策层的决策。即使下发的简报,对有关工作的影响也是很大的。因此,简报的材料一定要真实可靠,材料不真、事实不真,不但无益,反而有害,甚至会产生不堪设想的后果。

　　2. 反映要迅速及时

　　简报要迅速及时,以便领导及时掌握新的动向,便于有关单位及时了解新的情况。

应用文 写作教程

如果简报反映不迅速及时,就失去了它存在的意义和价值。特别是会议简报,往往是第一天的会议情况,第二天就要通过简报同与会者见面,如果超过时间,就起不到及时指导会议的作用。这就要求编写简报的人员,必须一边听取会议讨论,一边分析归纳,讨论结束,基本成为轮廓,即可动笔。

3. 修改要仔细认真

简报草拟好之后,要认真修改。修改主要着眼于三个方面:

(1) 内容真实典型。认真查对所用材料是否准确,避免凭记忆、想象、估约所出现的错觉,尽可能把不典型的事例换成典型事例。

(2) 用语准确恰当。这主要看简报中问题的提法,首先要全面准确,避免片面性;其次避免行文唠叨,将可有可无的字、词、句、段删去。

(3) 逻辑严密清楚。布局结构,层次安排要合理,前后照应要妥帖,不能出现前后意思脱节、层次不清、详略不当或者前后重复、矛盾。

4. 简明扼要,格式规范

简报上的文章要简明扼要,反映情况、事情,提出建议,交流经验,都要求事情说清即止,不节外生枝,不拖泥带水。同时,简报有自己特定的格式,编印时应仔细检查,各部分是否都规范、准确。

【例文】

政协××市六届×次会议简报
2008年第24期

大会秘书处   2008 年 8 月 18 日

今年政府应办几件实事

××委员说:建议市长要有相应的任期目标,要像×××那样一年办几件实事,年终总结,有哪些完成,有哪些没完成,为什么。

改"三公开一监督"为好

×××、×××委员说:报告在谈到廉政建设时,提出实行"两公开一监督",我们认为应改为"三公开一监督",即再增加公开市、县两级主要领导的经济收入,以便接受人民群众的监督。

不能再走大投入低效益之路

×××委员认为:1998年我市社会总产值为180亿元,国民收入为74亿元,而全市的财政收入只有9.15亿元,很明显,经济效益是很低的。而1998年的计划数字,基本上是按比例同步增长,经济效益无明显提高。这是我市多年来生产发展的一个关键性的问题,即大投入、低效益,致使财政拮据,入不敷出。市领导应着眼长远,从当前入手,立足于大力提高经济效益和增强生产后劲(包括政策、体制、发展规划、产业结构、环境整顿、提高管理水平、提高劳动力的素质、提高劳动生产率、大力发展科技、教育等多方面综合治理)。只有这样,才能使我市的经济进入高一层次的发展,形成良性循环。

这才是提高经济效益的真正出路。

报：中共××省委

送：省直有关单位、领导

发：各民主党派、无党派、工商联

第六节　述职报告

一、述职报告的概念、作用

1. 述职报告的概念

述职报告是党政机关，人民团体、企事业单位的干部，向主管领导部门、人事部门或选区的选民，或本单位的职工群众，陈述自己在一定时期内工作实绩、问题和设想的自我述评性的报告文书。

2. 述职报告的作用

随着我国干部人事制度改革的进一步深化和公务员制度的实行，作为民主考核干部程序中的一个重要环节，领导干部的述职越来越显出其重要的意义。述职报告作为述职的文本，其作用主要体现在以下几个方面：

（1）撰写述职报告是完善干部管理制度的一项重要措施

在岗位职责明确的前提下，要求担任一定职务的领导干部定期撰写述职报告，便于干部管理部门对领导干部的理论水平、道德品质、文化修养、业务能力进行全面、细致的考察，以便根据干部自身的发展趋势，有计划、有目的地进行选拔、培养、使用干部，减少或避免使用干部中的主观性和盲目性。

（2）述职报告是广大群众评议干部的依据

领导干部在某个岗位上工作一段时间之后，通过述职报告的形式向广大群众汇报履行岗位职责的情况，让群众进行审查和评议，这是领导干部接受群众监督、倾听群众意见的有效方式，有助于密切干部群众的关系，克服官僚主义作风。

（3）撰写述职报告有利于干部的自我提高

领导干部在某个岗位上工作一段时间之后，需要通过述职的方式对自己前一段的工作实践进行回顾，总结以前的工作经验，汲取以前的失败教训，强化自己的职责观念。这对于更好地探索本职工作的规律，促进领导干部自我认识、自我学习、自我提高有着重要的作用。

二、述职报告的特点

1. 个人性

述职报告对自身所负责的组织或者部门在某一阶段的工作进行全面的回顾,按照法规在一定时间(立法会议或者上级开会期间和工作任期之后)进行,要从工作实践中去总结成绩和经验,找出不足与教训,从而对过去的工作做出正确的结论。与一般报告不一样的是,述职报告特别强调个人性。个人对工作负有职责,自己亲身经历或者督查的材料必须真实,这就要在写作上更多地采用叙述的表达方式。另外,还要据实议事,运用画龙点睛式的议论,提出主题,写明层义。讲究摆事实,讲道理;事实是主要的,议论是必要的。在写法上,以叙述说明为主。叙述不是详叙,是概述;说明要平实准确,不能旁征博引。

2. 规律性

述职报告要写事实,但不是把已经发生过的事实简单地罗列在一起。它必须对搜集来的事实、数据、材料等进行认真的归类、整理、分析、研究。通过这一过程,从中找出某种带有普遍性的规律,得出公正的评价议论,即主题和层义以及众多小观点(包括了经验和规律的思想认识)。议论不是逻辑论证式,而是论断式,因为自身情况就是事实论据。如果不能把感性的事实上升到理性的规律性的高度,就不可能作为未来行动的向导。当然,述职报告中规律性的认识,是从实际出发的认识,实践理性很强,也就不需要很高的思辨性。不管怎样,述职报告是否具有理论性、规律性是衡量一篇述职报告好坏的重要标志。述职报告的目的总结经验教训,使未来的工作能在前期工作的基础上有所进步、有所提高,因此述职报告对以后的工作具有很强的借鉴作用。任何一项工作都不可能凭空而来,总是具有一定的继承性与创新性。而继承性,就是要继承以前工作中的一些好的方面,去掉不好的方面,然后加以创新,工作才会有进步,完全抛离过去的工作创新是不可能的。策略性也是规律性的一个方面。策略即今后工作计划,是述职报告的重点内容。

3. 通俗性

面对会议听众,要尽可能让个性不同、情况各异的与会代表全部听懂,这就决定了述职报告必须具有通俗性。对于与会者来说,内容应当是通俗易懂的,即使是专业性、学术性很强的内容,也要尽可能明晰准确,以与会者理解为标准。形式更是通俗的,结构是格式化的,语言则是口语化的。

4. 艺术性

述职报告的艺术性是其魅力所在,直接影响着整个报告这一艺术生命体。这样,写作述职报告必然联系整体的讲话活动特点来进行。"述职报告"一词,可以分为两部分来看待:"述职"是主体的实质性道理,"报告"是呈现表象而又整体的艺术生命体,报告者要两者并重。写作述职报告,最好从上述总的认识出发。

三、述职报告的种类

述职报告的种类,可以从几个不同的角度进行划分,因而存在着交叉现象。

1. 从内容上划分

(1) 综合性述职报告:是指报告内容是一个时期所做工作的全面、综合的反映。

(2) 专题性述职报告:是指报告内容是对某一方面的工作的专题反映。

(3) 单项工作述职报告:是指报告内容是对某项具体工作的汇报。这往往是临时性的工作,又是专门性的工作。

2. 从时间上划分

(1) 任期述职报告:是指针对任现职以来的总体工作进行报告。一般来说,时间较长,涉及面较广,要写出一届任期的情况。

(2) 年度述职报告:是一年一度的述职报告,写本年度的履行职责情况。

(3) 临时性述职报告:是指担任某一项临时性的职务,写出其任职情况。比如,负责了一期的干部集训工作,或主持了一项训练改革,或组织了一项体育竞赛,报告其履行职责情况。

3. 从表达形式上划分

(1) 口头述职报告:是指需要向本单位职工述职用口语化的语言写成的述职报告。

(2) 书面述职报告:是指向上级领导机关或干部部门报告的书面述职报告。

四、述职报告的格式

述职报告的外在结构是格式化的,包括标题、称谓、正文和署名四部分。

1. 标题

(1) 单行标题:"述职报告"或者"在……(上)的述职报告"。

(2) 双行标题:正题写主题,或者写述职报告类型,前者如《加快改革开放和现代化建设步伐,夺取有中国特色社会主义事业的更大胜利——在中国共产党第十四次全国代表大会上的报告》和《继往开来,与时俱进,全力以赴向国家级示范性高中冲刺——在××中学第二届教职工代表大会第四次扩大会议上的述职报告(2008—2009年度)》;后者如《政府工作报告——2009年×月×日在第七届市人民代表大会上的报告》,副题写述职场合。

2. 称谓

称谓是报告者对听众的称呼。称谓要根据会议性质及听众对象而定,如"各位领导、代表"。称谓放在标题之下正文的开头,有时根据需要在正文中间适当穿插使用。称谓一般采用提行的写法,要用"谢谢大家"等礼貌语言。如一篇在教职工代表大会上述职报告的称谓:"尊敬的各位领导、来宾,全体教职工代表,全校教职工同志们"。

3. 正文

述职报告的写法依据报告的场合和对象而定,一般来说采用总结式写法,共分四

部分。

（1）基本情况。履行职责的基本情况，用平直、概括、简短、精练的文字，概括地交代，如主要情况、时间、地点、背景、事件经过等。

① 工作过程。

② 内容概括（成绩、经验为主）。可以将总结出来的规律性的认识、主要的经验或教训、主要的成绩或存在的问题用简短概括的文字写出来。

③ 主题认识。这样，听众对报告的全貌有一个大致的了解，也能够统领全篇，激发听取的兴趣，启发和引导听众积极思考。

（2）成绩经验。要分出层次来分析证明主题，这才能条理分明。

层次安排一般采取横向排列（各层次独立性强，共同论证主题的正确）。每一层次都要有一个小的主题，写成层义句。层义句一般写在层次前面，或者每一层次前后都要写出，也有的层义句写成了小标题，也可以是口号（主题句）的反复。层次中间要恰当运用材料。

在写作成绩经验、问题教训时有以下三个要求：

一要以事实和材料为依据。对以往的工作实践进行回顾、分析，因此以往实践所发生的事件是写作的唯一依据。述职报告必须把过去一段时间之内所做工作的材料全面地搜集起来，包括面上的材料与点上的材料、正面的材料与反面的材料、事件材料与数字材料以及背景资料等。事件材料必须真实可信；数字要准确可靠；背景材料要有辅助性，能与事实形成鲜明的对比或者烘托。材料的来源主要依靠以下途径：一是平时积累，作者最好能有亲自参加实践活动的经历，这样得来的材料会更真实可信；二是开座谈会，与会人员要具备代表性，各方面的人都要有，这样得来的材料才不至于偏颇；三是个别走访；四是查阅各部门递交或者以往的文字材料，诸如计划、简报、部门总结、会议记录、统计报表等。总结的写作切忌闭门造车、随意编造事实或数据、欺上瞒下，或者走过场。

二要点面结合，重点突出。写述职报告顾及方方面面，企求十全十美、天衣无缝，什么工作都写，这样势必犯了大而全的错误。包罗万象，应有尽有，表面看上去好像很不错，实际上眉毛胡子一把抓，这样的述职报告实际上是为了讨好各方，没有什么实践意义。还有的述职报告几十年如一年，年年相似，只是改动一些年份与数字，没有特点。每年的工作可能大同小异，但也有各自的特点。写述职报告时应认真总结出限定时期的工作特点，抓精华，找典型，以这段时期工作中突出而富有典型意义的事件来反映一般，抓住主要矛盾，写出这一段工作的特色，这样的述职报告才不会造成千篇一律的面孔，才会确实具有指导意义。

三要分析事实与材料，找出规律。述职报告是为了以后更好地工作，扬长避短，因此经验与教训是一篇总结的关键。要从自己掌握的事实与材料中总结出规律性的东西，这样的述职报告才有意义。所谓规律性的东西，即反映事物本质与发展必然性的认识，是经常起作用的认识。因此，要把已知的材料分门别类地进行分析、比较、鉴别，把零散的、感性的事实与材料上升到理性的高度，引出让人看得见、摸得着、用得上的规律。写述职报告切忌仅是简单地罗列事实。没有分析与归纳,这样的述职报告仅仅只是一篇汇报材料而已,只能作为资料收藏,对实践工作毫无指导意义。

(3) 问题教训。要实实在在,要有条理,不要避重就轻。

(4) 今后计划。包括目标、措施、要求三要素,要切实可行。这部分与总结不同,数量少一些,占全文 1/5 以下为好。

报告结束时要用称谓礼貌用语,如:"以上述职报告妥否,请予审议。谢谢大家!"

4. 落款

述职报告的落款要写明自身姓名及单位名称,最后写报告年月日。

五、述职报告的写作要求

1. 要充分反映出自己在任期内的工作实绩和问题

述职是民主考评干部的重要一环,也是干部自觉接受组织和群众监督的一种有效形式。干部作述职报告,是为了让组织和群众了解和掌握干部德才状况和履行职责的情况。因此,述职报告应该充分反映出自己任期内的工作实绩和问题,写出自身在岗位上办了什么实事,结果怎么样,有哪些贡献,还有哪些不足,包括工作效率、完成任务的指标、取得的效益,等等。工作实绩如何,是检验干部称职与否的主要标志,述职人要充分认识这一点,实事求是地把自己的工作实绩和问题反映出来。

2. 要实事求是地评价自己

对自己的评价要实事求是,不夸大,不缩小,要准确恰当,有分寸,不说过头话、大话、假话、套话、空话。要做到这些,应注意处理以下几个关系:

(1) 处理好成绩和问题的关系,就是理直气壮摆成绩,诚恳大胆讲失误。

(2) 处理好集体与个人的关系,不能把集体之功归于个人,也不要抹杀个人的作用,必须分清个人实绩和集体实绩。

(3) 在表述上要处理好叙和议的关系,就是以叙述为主,把自己做过的工作实绩写出来,不要大发议论、旁征博引,议论也只是对照岗位规范,根据叙述的事实,引出评价,不能拔高。

3. 要抓住重点,突出个性述职报告

如果用口头报告表述,一般宜占用 30 分钟;如果用书面报告表述,一般以 3000 字以内为宜。因此,表述的内容应抓住重点,抓住最能显示工作实绩的大事件或关键写入述职报告。凡重点工作、经验、体会或问题等,一定要有理有据,充实具体,而对一般性、事务性工作,宜概括说明,不必面面俱到。抓住重点,突出中心,还应突出自己的特色,突出自己独有的气质、独有的风格、独有的贡献,让人能分辨出自己在具体工作中所起的作用。

4. 变文字为有声语言

在写作述职报告的时候,一定要随时考虑到讲话时的情况。这就要注意文字变成

有声语言的特点。语言一般是生活化、口语化、大众化的；多用短句子，注意长短交叉合理；慎用文语（古语和欧化语），作点缀之用；少用单音词；避免同音不同义或易混淆的词语；不随便用简略语；还可以适当增加语气词如"吧"、"吗"之类。为了方便聆听，有些标点符号还要用文字代替，如顿号改为"和"，破折号改为"是"，引号表示否定时加"所谓"，括号补充另用文字说明等。

【例文】

小学副校长述职报告

回顾一年来的工作，在孔三亮校长的悉心指导下，在各科室的密切配合下，在全体教师的支持下，本人负责的各项工作得以顺利完成。在此，真诚向孔三亮校长的指导表示感谢！向各科室的负责人表示感谢！向一线的班主任、任课教师表示感谢！感谢大家一年多来帮我的帮助与厚爱！下面，我自己一年来的学习、工作情况向大家作一汇报：

一、加强学习

从教导主任到副校长，角色改变了，工作的内容与性质也不同了，一年多的工作中我经常感觉到自己需要学习的东西太多了。当然，作为一个数学教师，我也有太多要学习的地方。所以，稍有空闲，我便会拿出斯苗儿老师的《案例透视》、华应龙老师的《我就是数学》翻翻，看着这些名师的书籍，会经常让我感慨到：原来，数学是可以这么教的。

今年也很幸运，十一月份我参加了萧山、常山联合举办的学校德育分管领导培训与浙江省首届教学、德育副校长培训，十二月份我参加了浙江省首届教学、德育副校长培训，两次培训，给我很多的思考。

二、履职情况

根据学校工作安排，我分管全校安全工作与中心校日常工作。分管安全工作，这个工作很明确，安全由我负责，××年的上半年我是安全员，下半年成了安全副校长，具体的工作由邵志刚老师来做。负责中心校日常工作，一开始我没搞明白到底要负责些什么，后来我把自己定位于以前大户人家的管家，传达一下领导的指示，协调一下各方面的工作，搭搭桥牵牵线，我也不知道自己这样的理解对不对，反正就这么干下来了。

（一）安全工作

一年来，我校坚持安全工作"常抓不懈、警钟长鸣"，深入细致、有条不紊地开展安全教育活动，不断完善和巩固相关安全制度，牢固树立"安全教育第一，责任重于泰山"的防范意识，开展了各种各样的活动，以三"实"结合一"新"为宋畈小学全体师生营造了一个安全健康的育人环境。

1．签订各级安全责任书

学期初，学校与教师、各科室负责人分别签订了安全责任书，并向学生发放了告家长书。在安全责任书中，明确了任课教师在科任活动中所承担的各项安全责任与科室相应的责任，使得全校教师上下时刻紧绷安全这根弦，确保学校的各项工作安全进行。

2．制定各种制度、预案

根据上级有关文件、要求，联系学校的实际情况，规范了《学生接送车制度》、《校园巡逻制度》,制定了《校园暴力突发事件应急预案》、《消防安全"防火墙"制度》《办公室教师值周楼梯口执勤制度》、《消防逃生演练预案》,以上制度、预案都结合了学校工作开展活动进行落实。

3. 经常组织安全排查

开学第一周,我校组织了以副校长为组长,总务主任、安全员、完小校长为组员的检查小组对中心校、东鲁小学进行了安全大排查,最大限度地将安全隐患消灭在萌芽中。以班级为单位进行自查,学校能解决的当场解决,不能解决的总务处利用休息日着重解决,再不能解决的上报县教育局、乡政府帮助解决。

4. 法制教育

每学年安排司法局领导暨我校的法制副校长为宋畈小学全体师生作"校园安全"讲座,本学期第九周开展了法制副校长进校园活动,使学生受到了生动的法制教育。

5. 消防演练

本学期,我们举行了消防逃生演练和防暴力应急演练,两个方案同一天进行。在演练过程中,具体演练时间只有指挥组几个领导知道,方案根据学校、教师、学生的实际,细致制定,认真执行,使学生受到了一次消防教育,教师得到了应急能力的演练,指挥组领导得到了指挥能力的锻炼。

6. 安全员工作手册

本学期初,我们重新编排了《班主任安全工作手册》,使每周安全工作有重点,有小结,有改进之处。同时根据需要,邵志刚老师设计了《安全员工作手册》,该手册能很好地将学校安全工作的台账进行整理。

一年来,我们学校没有发生重大的由于我们学校、我们的老师而产生的安全事件,这与我们邵老师、18位班主任、全体老师的认真负责而取得的硕果。

(二) 德育工作

陶行知说过:"德是做人的根本。根本一坏,纵然你有一些学问的本领,也无甚用处。并且,没有道德的人,学问和本领愈大,就能为非作恶愈大。"

我们学校的教育理念就是以人为本,德育为首。一年来,我们学校的德育工作也取得一些成果。

1. 狠抓常规教育,培养学生良好的行为习惯

本学期,为抓好学生良好行为习惯养成,大队部成立了红领巾监督岗:由学校"红领巾监督岗"实行落实,利用常规检查促进学生养成良好的行为习惯,以每日检查与定期抽查相结合,从细微之处使学生养成良好的行为习惯。一年来,我校学生坚持"每天少扔一张垃圾,坚持看见就捡"的习惯,如今的校园已经比以前干净多了。

2. 举行开学典礼,表彰优异学生

开学初,我校都会举行富有意义的"开学典礼",在仪式上,我们会表彰一批上学期在各方面表现优异的学生,树立榜样的良好形象,鼓励大家向他们学习。

3. 爱心捐款活动,坚持学生爱心教育

学校结合"全体师生一日捐"的活动要求,下发了倡议书,开展了"少吃一份零食,奉

献一片爱心"的捐款活动。在活动中,全校师生都积极参与,学生们纷纷慷慨解囊,拿出自己的零花钱,用自己的力量将炽热的爱心播撒到需要帮助的孩子心中。本次活动,我们全校师生共捐助了 2 022 元,希望为我们的慈善事业添砖加瓦。

4. 学习反邪教知识,用科学武装自己

为提高学生综合素质、促进学生全面发展、更好地贯彻落实科学发展观,我校通过"橱窗"、观看《奇奇科科斗邪记》等活动充分揭露了"法轮功"等组织反科学、反社会、反人类的反动本质,增强了学生们自觉抵制和防范邪教的能力。

5. 定期召开家长会

本学期,我们以班级为单位,中心 12 个班都顺利召开了家长会。家长会中,有些根据班级特点,一些老师们用朴实易懂的语言,深入浅出、有针对性地解决了当前许多农村家长们遇到的难题:如刚入小学的一年级孩子,家长应该做些什么;五、六年级的孩子越来越不听话,应该如何教育,等等;有一些老师给家长们准备了精彩的课堂教学展示课,家长听了之后赞不绝口;也有一些老师准备了孩子的节目,让家长知道自己的孩子也有特长。

家长开放周活动拉近了家长与老师间的距离,增进了家长对老师与学校的了解与信赖,树立了学校在社会上的良好形象。

其实,以上的许多工作都不是我做,都是在座的老师做的,所以我要谢谢你们,是你们的辛勤付出,才让我今天有话说。

也轮到说一说自己了。冲动是魔鬼,我偶尔也会冲动一下,所以如果在一年多的工作,因为我的冲动,而让你感觉到不舒服,请见谅,因为我早已忘记。

让过去过去,让未来到来。新的一年即将到来,希望我们能团结一致,相互理解,同心同德,尽心尽职,一道为宋畈小学教育事业的明天添砖加瓦。

思考与练习

1. 新学期已经开始,在这学期里,如何进行轻松愉快而又有所收获的学习?请制订一份学习和生活计划。

2. 请对自己前一阶段的学习进行认真的回顾,从中总结出成功的经验和失败的教训,写一篇关于学习和生活的阶段性总结。

3. 请对本校学生每个月生活费的数额进行调查研究,然后将调查情况撰写成一份调查报告。

4. 修改简报的报头

(1)

内部刊物
妥为保管

税收简报

总第 128 期   税字[2004]5 号   南京市税务局

2004 年 2 月 25 日

（2）

第三期工作简报

全面深化改革，开拓工作的新局面

——南京市出台一批改革措施

中共南京市委

二〇〇四年三月十日

第五章　日常文书

第一节　日常文书概述

一、日常文书的概念

日常文书也叫日常应用文，是一个内涵非常丰富的概念，一般来说，它是指人们的日常工作、学习或生活中，办理公务、处理私事时所使用的一种实用性文书。它主要用以沟通感情、增进友谊、表达意愿、改善关系等。

在人们的社会交往活动中，有许多需要通过一定的文书形式来进行，所以学会写这类相关的应用文，对于增进友好关系、促进事业成功、获得和谐生活等有非常重要的意义。

二、日常应用文的特点

1. 简明性

日常应用文是人们在生活、工作、学习中经常使用的文书，是为某一特定事情或需要使用的文书，具有很强的实用性。

2. 礼节性

日常应用文的交际色彩非常浓厚，具有礼节性，其内容要关注对方的需要和感受，措辞有注重敬重、委婉、亲切、优美、大方等。

3. 及时性

过去人们交往，收信人，往往需要几天甚至十几天；现在网上传递，只需要几秒钟就到。要适应这种高效交往，日常应用文的撰写要及时。如贺信、祝词，过了时日，事过境迁，就会变成废纸一张。因此，日常应用文的写作要十分注意及时性。

三、日常应用文的种类

日常应用文一般包括以下几类：

（1）条据类。包括借条、收条、欠条、请假条、留言条等。

（2）申请书类。

（3）启事类。包括启事、告示、声明、海报等。

（4）书信类。包括一般书信与专用书信，专用书信包括介绍信、证明信、感谢信、慰问信、推荐信、邀请信、求职信等。

四、日常应用文的写作要求

（1）书写格式要规范。日常应用文大多有规范的格式，写作时注意格式的规范性，不仅使应用文的内容和特点一目了然，而且显出对接收方的尊重。

（2）语言要求精确、生动、周密、具体。日常应用文都要表达具体准确的意思，因此在语言运用要求方面，力求准确、周密，绝不允许模棱两可。

（3）要注意感情色彩。作为人与人之间思想和感情的交流工具，日常应用文的感情色彩特别重要。只有动之以情，才能增强表达效果。

第二节 条 据

一、条据的概念和特点

1. 条据的概念

"条"即便条，"据"即单据。条据是人们在日常工作、学习和生活中，彼此之间为处理财物和事务往来，写给对方的作为某种凭据的或有所说明的字条。条据写得好，可以节省不少时间和精力。

2. 条据的特点

（1）一文一事，简洁明快。

（2）时间性强，不得含糊。

（3）朴实无华，反对虚夸。

（4）强调手续，一清二楚。

（5）请求办事，交待明白。

二、条据的种类

根据内容和性质，条据可以分为两大类：

（1）说明性条据：是一方向另一方说明事实、陈述请求或交代事情所写的简单文书，如便条、留言条、请假条等。

（2）凭证性条据：作为证据、凭证，具有法律效率，如借条、欠条、收条、收据、领条等。

三、条据应用文的格式与写法

1. 说明性条据

说明性条据主要是向有关人员说明情况、托付事情、传递信息用的条子。其写作的基本格式如下：

（1）标题：请假条一般都有标题，留言条、便条一般省略，表明单据的性质。

（2）称呼：因为条据一般是在熟人之间使用，称呼一般可以用简称，如王师傅、老张等。称呼要顶格写。

（3）正文：在未与对方谋面的情况下，详细地说明情况、交代意图，托办事情时要写得清楚明白。

（4）致敬词：最常用的有此致敬礼、谢谢等用语。

（5）落款：包括署名和日期两个内容，日期在署名下面。

【例文】

请假条

办公室刘主任：

我因感冒发烧，今天不能上班，特此请假。

附：医院证明

此致

敬礼！

请假人：张××（签名）
2014 年 5 月 17 日

2. 凭证性条据

凭证性条据是我们日常生活中最常见的简易文书之一，起到分清各方事实责任的一定作用。当我们在日常生活中向别人借钱或别人向我们借东西时，常常要写单据。凭证性条据主要有借条、欠条、收据、领条等。

其通常写作格式如下：

（1）标题：通常在第一行中间写"借条"、"收条"等，表明单据的性质。

（2）正文：第二行空两格开始写，要写明从什么单位或什么人处借到或领到什么财物。

（3）落款：包括制件人姓名和时间两项内容。如果是单位名称，除了写明单位名称外，还应写明经办人姓名。

【例文】

借　条

今借到于乌有（身份证号×××）现金贰拾万元整（200 000 元），年利 9％，于 2016 年 1 月 1 号前，连本带利归还。

借款人：崔张

（身份证号×××）

×年×月×日

四、写条据注意事项

1. 要选对文种

条据虽小，但种类繁多，有些条据与其他文种有交叉重叠之处。因此必须选对文种，该用"函"，不要用"便条"；该用"通知"，不要用"留言"；该用"代收条"，不要用"收条"。

2. 要做到要言不繁，言简意赅

无论何种条据都很短小，撰写时不要啰嗦，要抓住要害，一般只讲结论，不要过程，三言两语解决问题，不必把事情的来龙去脉交代清楚。

3. 书写工整，结构完整

条据虽然不是正式文件，但也是一种常见的实用文书，书写一定要工整，结构要齐全，千万不能马虎潦草，缺三少四；否则，一是显得作者不尊重人，二是达不到目的。尤其是牵扯到借债还钱等问题，更马虎不得。

第三节　启事声明

一、启事

1. 启事的概念

启事是机关团体、企事业单位或公民个人公开申明某件事情，希望有关人员参与或协助办理的事务性应用文。

启事的适用范围越来越广泛，已由原来的少量运用，发展到涉及社会生活的各个领域，它方便快捷地为写作主体传递信息，帮助人们相互协调沟通，以处理相应的具体事务。

2. 启事的特点

启事具有以下三个方面的特点：

（1）广泛性

启事的内容涉及范围很广，举凡单位或个人需要告知的事情皆可入文。

（2）商洽性

启事和通知、通告一类的公文虽然都具有周知性，但它不像通知、通告等公文具有

行政的强制性和约束力。机关、单位需要向社会公众周知有关事项时,它们与告知对象之间在行政上并没有隶属关系,不能以通知、通告之类的行政公文发布,而只能采用启事以商洽的语气向社会大众陈述有关事项。它不能硬性规定人们必须阅读、收看或者收听,更不能强制别人必须办理、执行。它所周知的事项,知悉者可以参与,也可以不参与。

（3）多样性

启事在传播过程中,既可通过广告栏张贴,也可通过大众媒体传播,形式灵活,途径多样。

3. 启事的种类

启事种类繁多,根据内容大体可以分为如下几类:

（1）征招类。如征订启事、征文启事、征地启事、征婚启事等以及招领启事、招工启事、招生启事、招聘启事等。

（2）寻找类。如寻人启事、寻物启事。

（3）经营类。如开业启事、停业启事、庆典启事。

（4）变更类。如改期启事、更名启事、迁址启事、出租启事等。

4. 启事的写作格式

启事一般由标题、正文和落款三部分组成。

（1）标题

在第一行中间用比正文大的字写上文种"启事"或说明事项内容和文种。标题要力求明白、醒目、简短。

（2）正文

包括启事的目的、意义、具体办理办法、要求、条件等。总的要求是要说得有条理,清楚明白,简明扼要。正文后可以写上"此启"或"特此启事"的结束语,现在一般都不写这些套话了。

（3）落款

在正文后偏正右边,写上启事单位名称或个人姓名。如单位名称已写入标题,后边就不必再写了,只写联系地址、电话号码、邮政编码、联系人、年月日。

【例文】

商贸有限公司招聘启事

玉溪 ZZ 商贸有限公司是由原天浩保健食品经营部（始创于 2006 年）发展起来的商贸公司。公司成立于 2012 年,注册资本 50 万元。公司始终秉承"用一流的服务,赢得一流客户的认可"的服务宗旨,依托市场及品牌优势,实现跨越式发展,目前正向大型商贸公司转型,经营类别将涵盖家电、日用百货、金属及金属矿、非金属矿及制品、建筑装饰材料等众多领域。

目前,公司拥有职工 40 余人。除红塔区总部外,公司还分设了通海事业部、建水事业部及峨山事业部。因更多的业务部门正在紧密地筹备,急需人才,现特面向各大高校

招聘,具体如下:

一、招聘岗位:销售员

二、招聘人数:20 人

三、岗位要求:1. 形象佳、有爱心和耐心,能吃苦耐劳,具有很好的团队协作精神;2. 亲和力强,具备较强的语言表达和沟通能力;3. 愿意学习,具备敬业精神。

四、待遇:试用期:1—3 个月,试用期待遇:大专学历 1 100 元底薪＋提成;本科学历:1 300 元底薪＋提成;转正后,与公司签订劳动合同并购买社保。(目前公司老员工的年薪为 6 万—12 万元)此外,经公司考核可晋升为事业部经理或公司营销总监。

五、作息时间:每周日正常休假。其余节假日按国家规定执行。上班时间:早上8:00—11:30,下午 2:00—6:00。

无论您是何种人才,相信都能在这里找到适合您的发展平台,真诚期待您的加入,实现个人与公司共创、共赢的战略目标。

有意者请携带简历到公司面试

(地址:z 市 z 区玉兴路 94－1 号,联系电话:×××)

二、声　明

1. 声明的概念

声明是单位或个人有重要事项向大众作出公开说明或澄清事实,并表明立场、观点的一种应用文书。这种文书与人们的工作、学习、生活关系十分紧密。无论是公开说明公事还是私事,都可以使用声明。

2. 声明的特点

(1)周知性

声明所涉及的内容必须是需要向社会大众公开说明的有关事项,为了达到周知目的,它往往采用多种多样的发布途径和发布形式。既可以抄写张贴在公共场所,也可以在报刊登载,还可以利用广播、电视播放。

(2)严肃性

声明的事项都是重要而严肃的,不是任何事情都使用这种文书,写作声明的态度要严肃、认真,不可使用幽默诙谐的语气。

3. 声明的种类

根据内容,声明大体可以分为如下几种:

(1)道歉声明。指通过声明向某人或某群体就某事项而道歉的文书。

(2)遗失声明。指为了不让别人利用自己遗失的物品或证件,通过声明说明自我态度的文书。

(3)搬迁声明。指为了不影响业务联系,通过声明公布搬迁的事实的文书。

(4)委托声明。指通过声明委托某人或某单位做某事的文书。

(5)澄清声明。指通过声明澄清某事项、说明某情况的文书。

4. 声明的写作格式

(1) 标题

声明有三种写法:一是由单位名称、事由、文种三部分构成;二是由事由和文种两部分构成;三是直接用文种"声明"二字作标题。文种前有时加"严正",如"××手机被侵权假冒案的严正声明"。

(2) 正文

陈述声明的缘由、声明事项和声明者的态度。

① 陈述本企业生产经营情况、拥有的著名商标等。

② 遭受某企业哪些方面的侵权行为,陈述遭侵权的具体情况,如时间、方法、手段。

③ 发出严正警告,停止一切侵权行为,否则将使用法律武器进行维权诉讼。

(3) 结尾

注明声明者的单位名称、日期。

5. 注意事项

(1) 启事的内容应具体简洁,针对性要强,有关事项陈述清楚,篇幅短小精悍,一文一事。

(2) 启事的语言表达要求准确、恰当,语气掌握讲究分寸,有些启事希望获得别人的协作、帮助,语言要诚挚恳切,使人能够做出积极的反应。

【例文】

公司安全评价工作声明书

深圳市 EE 安全技术事务有限公司:

为贵公司安全评价工作的顺利开展,我司承诺,下列事项足以代表我公司真实情况:

1. 我公司是经政府工商行政管理部门依法注册成立具有独立法人资格的企业,并根据《中华人民共和国安全生产法》、《危险化学品安全管理条例》、《广东省安全生产条例》、《广东省危险化学品经营许可证管理规定》及国家和地方的有关法律、法规和标准的要求从事正常的生产、经营活动的企业,其合法性由我公司负责。

2. 我司将提供评价工作中全部所需的资料给有关的评价人员审查,所提供的有关评价所需资料的真实性、合法性、有效性、完整性均由我公司负责。

3. 无违法、违纪、舞弊现象。

4. 无蓄意歪曲或虚、虚报评价项目内容的情况。

5. 无重大安全隐患。

6. 无重大的不确定事项。

特此声明!

声明人:×××

(受委托单位盖章)

×年×月×日

第四节　专用书信类

专用书信是指用于某种特定的场合、针对某种特定的事务所写的书信。专用书信有许多不同的种类,如介绍信、证明信、感谢信、表扬信、慰问信、推荐信、邀请信、求职信、个人简历、辞职信等。这些不同种类的书信,各有各的用途,应用于不同的场合,写给不同的对象,因此在写法上就有不同的格式和要求。

掌握专用书信的写法,先要搞清楚它们各自的用途是什么、有哪些不同的特点,然后了解每一种书信在写法上的特殊格式和要求。

专用书信与普通书信的区别有以下几方面的区别:

(1) 在格式上,专用书信一般都有标明性质的标题,写在第一行中间;不写问候语;有的要加盖公章。

(2) 在表达上,专用书信以说明为主要表达方式,语言朴实简洁;普通书信可以综合运用记叙、描写、议论、抒情、说明等表达方式。

(3) 在内容篇幅上,专用书信内容单一,篇幅简短;普通书信内容很广泛,社会问题、家庭、生活琐事或政治、经济、文化等方面都可涉及。

(4) 在用途上,专用书信用途专一,作用是特定的,往往是为了解决某一特定的问题而写的;普通书信用途广泛,可以是交流思想、联络感情的,也可以是为了解决问题的,有时一封信涉及多方面的问题。

一、求职信

1. 求职信的概念

求职信是指求职者根据自己的条件和意向,向用人单位自荐谋求职位,并希望得到录用的一种专用书信。

2. 求职信的特点

(1) 针对性

要针对用人单位的招聘广告,向对方展示自己的优点、特长、工作经历或社会实践,表明自己有较强的可塑性。

(2) 推销性

尽量找出主观条件与客观需要一致的地方,针对用人单位所需,有的放矢地推销和介绍自己。

3. 求职信的写作格式

求职信通常由标题、称谓、正文、落款、附件等部分构成。

(1) 标题

一般以"求职信"三个字为标题,居于首页正中。

（2）称谓

写给用人单位的人事部门或直接写给单位负责人,称谓要做到礼貌、得体。对用人单位明确的可直接写明单位名称,如"尊敬的××公司人事部"、"尊敬的××公司王经理"。在用人单位不确定的情况下,可写"尊敬的公司人事部领导"、"尊敬的总经理先生"等。

（3）正文

① 开头。先写问候语"您好",表示礼貌、尊敬,再写求职人的自我简介或用人信息的获得渠道,如"我叫×××,是××大学工商管理系××专业的应届毕业生",又如"近从省人才市场获悉贵公司拟招聘××专业人才×名,这给我提供施展自己智慧和才能的机遇"。开头语表述应简洁明确、干脆利落,不宜过多过长。

② 主体。正文的主体是求职信的核心部分。首先,详细介绍自己的专业优势,即学习的主要专业课程、参加的专业实践活动及在校各类专业竞赛中的获奖情况等,要充分展示自己在专业方面的突出成绩,使自己在众多应聘者中出类拔萃。其次,介绍自己的工作能力及爱好特长,包括自己在校期间担任学生会、班级的主要干部职务,在各类活动中的组织能力、人际交往能力、口才表达能力等。个人的兴趣、爱好及特长也是竞争的优势。再次,如果用人单位明确,可以谈谈对该单位的认识、了解,表达迫切要求工作的愿望及录用后的打算,如"贵厂是闻名遐迩的中外合资企业,总经理知人善用,重视人才,我非常愿意并渴望到贵厂工作,并愿为贵厂的兴旺发达贡献自己的知识与才华"。这部分撰写时要力求简明,注意扬长避短,突出自己的优势与长处。

③ 结语。再次表达求职的愿望,希望获得机遇,起到吸引和打动对方的作用。如"希望给予面试的机会"、"热切地盼望着贵公司给予答复"等。也可写礼貌用语"此致""敬礼"。

（4）落款

署上求职者的姓名、日期。

（5）附件

这也是求职信的重要组成部分,它是求职信以外的其他材料,如学历证书、成绩单、获奖证书、技能证书、论文等复印件。如材料多,应依次标上序号。这些材料是个人专业优势和能力特长的验证,对用人单位来说是反映个人才能、知识的重要证据。

【例文】

求职信

尊敬的领导:

您好!

感谢您在百忙之中拔冗阅读我的求职信。扬帆远航,赖您东风助力! 我是××学院2013届数学系数学教育专业应届本科毕业生。即将面临就业的选择,我十分想到贵单位供职。希望与贵单位的同仁们携手并肩,共扬希望之帆,共创事业辉煌。

"宝剑锋从磨砺出,梅花香自苦寒来。"经过四年的专业学习和大学生活的磨炼,进校时天真、幼稚的我现已变得沉着和冷静。为了立足社会,为了自己的事业成功,四年中我不断努力学习,不论是基础课还是专业课,都取得了较好的成绩。大学期间获得2012年度院单项奖学金,英语达到国家四级水平,计算机过国家一级,并通过了全国普通话测试二级甲等考试。同时在课余,我还注意不断扩大知识面,辅修了教师职业技能(中学数学教育),熟练掌握了从师的基本技能。利用课余时间自学了计算机的基本操作,熟悉 windows 操作系统,熟练掌握 office2003 办公软件,能熟练运用软件 Authorware、Powerpoint 等制作课件,进行多媒体教学。

　　学习固然重要,但能力培养也必不可少。三年多来,为提高自己的授课能力,积累教育经验,从大二开始,我在学好各门专业课的同时,还利用课余时间积极参加家教实践活动,为多名数学跛腿的初中和小学学生进行数学补习,使他们的数学成绩都有较大程度的提高,我的工作也得到了学生家长的肯定和好评。为进一步积累系统的数学教育经验,我到武钢大冶铁矿一中进行了长达两个月的初中数学教育实习工作,在两个月的实习时间,我积极向有经验的老师请教,注意学习他们的教学艺术,提高自身的业务水平和授课表达技巧,力争使自己的教学风格做到知识性和趣味性并举。通过自己不断的努力和教学实践,我已具备一名优秀教师素质,过硬的工作作风,扎实的教学基本功,较强的自学和适应能力,良好的沟通和协调能力,使我对未来的教育工作充满了信心和期望。

　　十多年的寒窗苦读,现在的我已豪情满怀、信心十足。事业上的成功需要知识、毅力、汗水、机会的完美结合。同样,一个单位的荣誉需要承载她的载体——人的无私奉献。我恳请贵单位给我一个机会,让我有幸成为你们中的一员,我将以百倍的热情和勤奋踏实的工作来回报您的知遇之恩。

　　期盼能得到您的回音!
　　感谢您在百忙之中抽暇审批这份材料。
　　此致
　　敬礼!

求职人:×××
×年×月×日

附件:
1. 学历证书
2. 成绩单
3. 获奖证书
4. 技能证书

二、辞职信

1. 辞职信的特点

(1) 理智性
不管是出于什么原因辞职,都要有端正的态度和良好的心态,辞职信的语言要礼

貌、得体。

（2）严肃性

辞职是一件很严肃的事情，绝不是一种走过场的形式。辞职者辞职前要认真、全面考虑辞职利弊、辞职时机和条件，不能说辞就辞，更不能不辞而别。

（3）简明性

辞职者与供职单位已有合作，彼此许多情况都互相了解，辞职信里的内容基本上是点到为止，极为简约。

（4）诚恳性

辞职原因要如实说明，即便有时不便直白，但也要让对方明白辞职的真实原因，不能虚伪、敷衍，同时，对于以往合作，该道歉处要道歉，该致谢处要致谢，要光明磊落、真诚实在。

2. 辞职信的结构格式

（1）标题

一般标题写"辞职书"或"辞职信"。

（2）称谓

写辞职信送达的单位名称、领导姓名或职务。

（3）正文

正文一般包括以下内容：

① 辞职意愿。一般写"我请求辞去××职务"。

② 辞职原因。一般写得简约些，但要真实，对不便明说的原因可以含蓄点出，如跳槽去了更好的单位，可表述为"为了开阔眼界，提高自己"等。

③ 辞职时间。应该明确说明离职时间，让原单位做好人员调剂准备。

④ 感谢语。感谢对方对自己过去工作的支持和帮助，并诚恳地希望对方谅解自己的辞职。

⑤ 请求批准。

⑥ 致敬语。如"此致"、"敬礼"之类。

（4）落款

【例文】

学生会主席辞职书

书记您好：

我不再担负学生会主席一职，起因有以下多个方面，特向您作出扼要的书面说明：

1. 经由自己半年来的工作测验，我自己的思考，结合个人情况，我以为本人临时还不具备做好一个团队的领航者的能力。学生会主席一职超越我的才能，我只能被动地接收引导，工作上不能做到创新，学生会的工作效率提不上去。唯恐任期停止，辜负老师们的冀望。

2. 考研，考六级，考公务员。因我学习基本较差，所以压力比较大。由于学生会的工作自身业务量大,在实现各项任务的同时而不影响个人,对我来说实属不易。

3. 通过半年来的观察,朱凯同学的学习成绩、工作能力都在我之上,思维也更加活泼,比我更加合适担任学生会主席一职。和您一样,为了将学生会的工作做得更好,向您推举朱凯同学担任此职。

至于您所担心的此举败坏学生会形象一说,个人认为有点夸大其词。干部的交替原来就很畸形,而且学生会在它自身的发展进程中也应当逐步寻找出更加适合的领导者。我的这种抉择,对我个人的前程发展有利,同时更对学生会的发展有利。为了军心的稳固,我个人也会向别人做出很适当的解释。我也乐意接受组织上以任何理由和方法来处理这件事情,请书记释怀。

固然工作成就不能令人满足,然而,在学生会两年半的工作实际以及追随书记确实让我学到了很多,我个人也感到比高中时提高了许多、学到了很多东西。书记每次对我的教诲以及与书记的每次谈话都让我的思维恍然大悟,大受启发,确实受益匪浅。我必定会很珍惜您对我的教导,由衷地谢谢书记。

最后,祝您工作顺利,身材健康,阖家幸福!

×××

×年×月×日

三、介绍信

1. 介绍信的概念

介绍信是以组织名义介绍本单位人员前往有关单位联系工作、洽谈业务、参观学习或出席会议等而写的信函,具有介绍和证明的双重作用。

2. 介绍信的特点

介绍信的特点一般来讲,具有两点:① 证明性;② 时效性。

3. 介绍信的写作格式

介绍信一般应包括标题、称谓、被介绍者简况、事由、署名日期和有效期等内容。

(1)标题

手写式介绍信的标题一般是在信纸的第一行居中写上"介绍信"三个字,字体可比正文字体略大。

(2)称谓

称谓在第二行,要顶格写,要写明联系单位或个人的单位名称(全称)或姓名,称呼后要加上冒号。

(3)正文

正文要另起一行,空两格写介绍信的内容。常用"兹"、"今"、"现"领起正文,介绍信的内容要写明如下几点:

① 要说明被介绍者的姓名、年龄、政治面貌、职务等。如被介绍者不是只有一人还需注明人数。其中,政治面貌和被介绍者的年龄有时可以省略。

② 写明要接洽或联系的事项。

③ 向接洽单位或个人提出希望和要求,最常用的表述有"请接洽"、"请予接洽为盼"、"敬请大力支持"、"请给予方便"、"请接洽并予协助"等。

④ 结尾

介绍信的结尾要写上"此致敬礼"等表示祝愿和敬意的话。

⑤ 落款

出具介绍信的单位名称写在正文右下方,并署上介绍信的成文日期,加盖单位公章。最后在左下角注明本介绍信的使用期限。

这种介绍信写好之后,一般装入公文信封内。信封的写法同普通信封的写法相同。

4. 介绍信的写作要求

(1) 内容要实事求是,不能弄虚作假;

(2) 事由要简要概括,不需具体;

(3) 人数、有效期限的数字要大写;

(4) 有效期限不宜太长;

(5) 工整,不能涂改;

(6) 加盖公章才有效。

【例文】

介绍信(存根××)

××字第×号

兹介绍我公司××等同志前往贵处联系,请接洽。

此致

敬礼!

××公司(盖章)

×年×月×日

介绍信

××证介字( )号

×××:

兹介绍×××、××、×××等×名同志,前往贵处联系××事宜,敬请接洽并予以协助。

此致

敬礼!

××大学章

年 月 日

四、证明信

1. 证明信的概念

证明信是以单位或个人的名义证明某人的身份、经历或某事物的真实情况的书信。

2. 证明信的特点

（1）凭证的特点

证明信的作用主要是用以证明持有者身份、经历或某事真实性，所以证明信的第一个特点就是它的凭证的作用。

（2）书信体的格式特点

尽管证明信有好几种形式，但它的写法基本上是书信体格式。

3. 证明信的写作格式

证明信一般由标题、称谓、正文、结尾、落款和日期几部分组成。

（1）标题

证明信的标题通常有以下两种方式：

① 单独以文种作为标题。在第一行居中冠以"证明信"、"证明"等字样。

② 由文种加事由构成。一般也在第一行居中，如"关于××同志××情况的证明"。

（2）称呼

在第二行顶格写上受文单位名称或受文个人的姓名称呼，然后加冒号。如果是供有关人员外出活动证明身份的证明信没有固定的收文者，可以不用写称呼，但需要在正文前用引导词"兹"引起正文。

（3）正文

另起一行，前空两格，写清需要证明的事项。

（4）结尾

另起一行，前空两格，写"特此证明"，以收束全文。

（5）落款

在正文右下方先写明证明单位名称或个人姓名，并加盖公章或私章。在落款的下方写明具体的年月日。

4. 证明信的写作要求

（1）实事求是、如实证明被证明者的基本情况，不能弄虚作假；

（2）肯定确切，不能模棱两可；

（3）出具的证明，其内容真伪由个人负责；

（4）勿用铅笔、红墨水笔，一般不得涂改。

【例文】

单位委派证明

珠海市政府采购中心：

因我单位人员变动等原因,不慎遗忘了在贵中心采购网注册的管理员帐号和密码,现委托我单位工作人员_____同志(身份证号码_____),前往贵中心办理更改在贵中心采购网注册的管理员帐号和密码,请给予办理为盼。

此致

敬礼!

×××× 单位(公章)

年 月 日

五、感谢信

1. 感谢信的概念

感谢信是以单位或个人的名义对外单位或个人给予的关心、支持和帮助表示感激和谢意的一种专用书信。

2. 感谢信的特点

(1)公开性

感谢信除了具有感谢的意思之外,还有表扬的功能。感谢信除了送给对方或对方的所在单位之外,也可以寄到报社、电台、电视台播报。

(2)情感性

发自内心地感谢对方的付出,用文字的形式表达谢意。

(3)礼节性

感谢信是一种礼仪文书,格式要规范,注重礼貌用语。

3. 感谢信的写作格式

感谢信的结构一般由标题、称谓、正文、结语、落款五部分构成。

(1)标题

在第一行居中位置写上"表扬信"或"感谢信"、"致××的感谢信",字体稍大些。

(2)称谓

即收信单位名称或个人称呼,后面加冒号。

(3)正文

首先,概括说明对方的事迹;其次,赞扬在此事中对方所表现出来的精神及其影响,表达真诚的感谢之情;第三,可以建议有关部门在一定范围内宣传表扬被表扬者的好思想、可贵精神,或者表明向对方学习的态度和决心。

(4)结语

一般写上敬意、感谢的话,常用"此致敬礼"或"再次表示诚挚的感谢"之类的话。

（5）落款

署上发文单位名称或发文个人姓名,并且署上成文日期。

4. 感谢信的写作要求

（1）叙述要简明扼要,重点突出。

（2）赞扬要恰如其分,不能说空话、套话。

（3）感情真挚,语言热情。

（4）简洁生动,篇幅简短。

【例文】

贫困受助感谢信

尊敬的马校长、许主任、刘老师:

你们好!

我是青海省民和县大庄乡韩家岭小学的教师安发斌。6月20日通过吴倩经理收到了你们寄来的衣物,我分类整理后分发给了全校学生,每位学生约四件套左右。在这里我代表韩家岭小学全体师生,对你们的善举表示诚挚的感谢!

我们学校有3名教师,六个年级(学前班、1—5年级),74名学生。学校地处偏僻的大山深处,交通不便,离大庄乡有十几公里的路程,如果下雨就没办法出去,教师吃不上菜,以方便面充饥,可以说"晴天一身土,雨天一身泥"。我们这里以农业为主,庄稼十年九旱,农民的年收入是微不足道的,学生家庭特别困难,有一大部分学生每学期39元的作业本和练习册都买不起。所以,你们寄来的衣物对我们来说是雪中送炭,解决了生活中的大困难。最后,再次对北京呼家楼学校的全体师生致以最诚挚的谢意!

祝:老师工作顺利、万事顺心!

祝:小朋友们天天开心、学习更上一层楼!

安发斌

×年×月×日

六、表扬信

1. 表扬信的概念

表扬信是以单位或个人的名义对外单位或个人的先进事迹、精神等表示赞扬的一种专用书信。

2. 表扬信的特点

（1）及时性

对先进事迹,高尚风格,无私奉献、乐于助人的行为应该及时表扬,时过境迁,再去表扬已经没有意义。

（2）褒扬性

表扬信是从正面表扬某个单位、组织或个人的先进事迹、高尚风格、无私奉献、乐于

助人的精神等的信件。其实质就是一种精神表彰,以弘扬正气,以期形成一种良好的社会风气。

(3) 公开信

表扬信是一种公开信,通过对好人好事的赞扬,在一定范围内引起一种学习风气。

3. 表扬信的写作格式

表扬信通常由标题、称谓、正文、结尾和落款五部分构成。

(1) 标题

通常标题只有三个字"表扬信",在第一行,居中排列。

(2) 称谓

直接写上要表扬的个人、单位或团体。

(3) 正文

正文的内容要另起一行,空两格写。一般要求交代表扬的理由,并指出行为的意义。

(4) 结尾

该部分要提出对对方的表扬,或者向对方的单位提出建议,希望对某某给予表扬。并要求在结尾处写上"此致敬礼"等结束用语。

(5) 落款

落款应写明发文单位名称或个人姓名,并在右下方注明成文日期。

4. 表扬信的写作要求

(1) 要求真实,既不夸大,也不缩小事实。

(2) 以情以理动人,不可只是空泛说理。

(3) 语气要热情恳切,文字要朴素、精练,篇幅要短小精悍。

【例文】

表扬信

××大学:

我们是中国人民解放军某部三连的全体官兵。2月4日,我连干部陈某自杭州携三岁的女儿来部队探亲,不慎在某火车站失窃所有的现金和火车票,正当陈某母女俩万分焦急之时,你校的张某和施某同学向她们伸出援助之手,这两位同学不仅掏钱为她们买了到某某的火车票,而且一路上为陈某母女俩买饭买菜,递茶递水,以后又为她们叫好出租车并预付了车费,陈某母女俩这才平安到达部队驻地。张某和施某同学这种助人为乐的"雷锋精神",令我们全体指战员感动万分。我们十分感谢张某、施某同学助人为乐的优秀行为,我们号召全连干部战士向这两位同学学习,在建设四化、保卫祖国的工作中奉献我们的青春,同时也希望学校领导对张某、施某同学予以表扬。

此致

敬礼!

某部三连全体官兵

2014年2月10日

七、邀请信

1. 邀请信的概念

邀请信又称邀请书或邀请函,是为了请别人到自己的地方来或到约定的地方去而发出的礼节性书信。它除了有请帖的作用外,还向被邀请者交代有关需要做的事情。

2. 邀请信的特点

(1) 礼仪性。邀请书包含表达尊重、联络感情的意味,具有很强的礼仪色彩。

(2) 明达性。邀请书对活动的时间、地点等基本要素要交代清楚。

(3) 书面性。即使近在咫尺,也要发邀请信,以表示对邀请者的尊重。

3. 邀请信的写作格式

邀请信通常由标题、称呼、正文、结语和落款五部分组成。

(1) 标题

邀请信的标题一般有两种形式:

① 单独由文种构成,在首行居中用大于正文的字体写"邀请信"或"邀请函"或"邀请书"三个字。

② 由事由和文种构成,如《关于参加××活动的邀请书》。

(2) 称呼

标题空一行顶格写被邀请单位的名称,被邀请者是个人的应写其姓名并加上表示尊敬的称呼语,如"××教授"、"××同志"、"××大学"等。

(3) 正文

正文包括前言与事项两部分:

① 前言部分。前言主要说明活动的内容、活动的目的、活动的时间、活动的地点、活动方式,并向对方提出邀请。

② 事项部分。事项部分可以分项列出,包括交通路线、来回接送方式、经费及差旅费开销来源、准备材料、节目发言等。如果附有票、券等物,应该同邀请信一并送给主送对象。

(4) 结尾

写上礼节性的问候语,如"敬请莅临"、"敬请光临"、"恳请光临指导"等。

(5) 落款

署上发文单位名称或个人姓名、发文日期。单位邀请的应该加盖公章,以示慎重。

4. 邀请信的写作要求

(1) 要清楚明白地交代有关具体事宜,使得被邀请者一目了然。

(2) 要讲究措辞,不能用命令的语气,要用平等商量的语气,以示尊重。

(3) 尽可能制作精美,美观、大方。

写作教程

【例文】

二十周年同学聚会邀请书

当我想你的时候……

二十年，二十年了！弹指一挥间！今年——2010年，我们离××中学毕业已经整整二十年了。

一别二十载，荏苒不惑年！曾经的同窗好友，你在哪里？过得还好吗？一个个有些淡忘而又曾经熟悉的名字，无论你生活在本市，或身处异乡；无论事业辉煌，还是暂时失意；无论身居要职，还是一介布衣；也不论你多么闲暇，或何等繁忙，你终究不会忘记同桌的他(她)，还有睡在你上铺的兄弟……

不会忘记×中，忘记那个年代。那里有驿动的少年的烦恼；放纵的青春的激情，追逐过浪漫的恋情，蕴藏过暗恋的甜蜜。也许你把这一切都冰封雪藏，悄悄期待着重逢的春光。和你一样，多少次梦里相聚，多少次心驰神往。"再过二十年，我们再相会"，为了我们曾经的约定，来吧，亲爱的同学，让这熟悉的歌声所寄托的热情与希望变成现实；让我们放飞心中的希望，共同期待人生的第二次握手；让我们走到一起，重温那些一起走过的日子，尽情享受老同学相聚的温馨。请你参加××中学八九届一、二班同学会，去听听久违的声音，看看曾经熟悉的天真的笑脸。

二十年的岁月，同学们一路走来，风雨无阻，收获了许多的成绩，也饱受了无尽的沧桑。大家一起互相诉说会面的激动，倾诉二十年的经历；学生紧握着恩师的手，衷心祝福老师安康；恩师端详着学生的脸，欣喜我们的成长；也有交流互相寻觅联系之艰难，辗转赴约之路线……你会来吗？几十双一如当年热切而期盼的眼睛，几十颗一如当年火热的心在等待……这样难得的欢聚，会因您的缺席而黯然失色，更会令我们黯然神伤。

盼望你早作安排，如期赴约，并尽快给予回复。

当我想你的时候，我的心在颤抖；

当我想你的时候，你可曾听说……

×××

×年×月×日

思考与练习

假如你即将大学毕业，请为自己写一封求职信。

第六章 经济文书

第一节 经济文书概述

一、经济文书的概念和作用

经济文书是经济活动中形成并使用的处理各种经济业务关系的一种应用文体，广泛应用于经济领域，与经济活动直接相关，是进行经济管理活动的重要手段之一。

经济文书的作用主要体现在以下几个方面：

1. 指导作用

经济管理是一个多层次的系统结构，为了使各个部门、各个环节的活动协调一致，就必须借助于经济文书及时地将党和国家的方针政策以及上级部门的指令、决策、任务、要求、计划等传达给下级部门，对基层单位的工作进行具体领导和指导，以便统一思想，统一行动，令行禁止，步调一致，用以维护正常的经济秩序，实现经济活动的有效管理。

2. 联系作用

经济文书起着联系企业内外的作用。如经济合同、协议书、招标书等，都是经过双方或者多方共同研究，确定某项具体业务的标准条款，严格按照这样的条款，履行各自的权利义务，企业内外因此产生紧密的联系。

3. 宣传作用

通过经济文书，企业可以及时发布商品产、供、销方面的信息，加速商品流通，开拓市场，扩大销售，提高效益；可以对错综复杂的经济现象进行科学的研究与分析，以便总结经验、揭示规律、抓住典型，对经济工作做正确引导。

4. 凭证作用

来自上级部门的经济文书常常是下级单位做出决策、开展工作的政策依据；来自下级单位的经济文书常常是上级机关制定政策、部署工作的情况依据；与有关方面发生权益关系而形成的经济文书则是维护自身合法权益的凭证，一旦发生经济纠纷，它们就会从法律的角度出现，成为处理纠纷、分清违约责任的依据。

二、经济文书的分类

经济文书有广义和狭义之分。

广义的经济文书是机关、团体、企事业单位以及个人在经济活动中所使用的各种文书的总称。凡是与经济活动与经济管理活动有关的行政公文、业务文书、宣传文书等，都可以称作经济文书。

狭义的经济文书，是指以经济管理部门和经济实体为主的与经纪业务有关的文书，主要有市场预测报告、审计报告、经济活动分析和经济合同等。

本章介绍的是狭义的经济文书。

三、经济文书的特点

1. 实用性

实用，是经济文书的价值取向。任何经济文书都不是一般的有感而发，而是为事而作，力求能够解决实际问题。

2. 真实性

经济文书是反映经济活动规律、解决实际经济问题的，它应当从实际出发，原原本本反映客观事物的真实面貌，传递准确无误的信息。经济文书不能像文学作品那样进行艺术虚构，它必须实事求是、事必有据，反对歪曲事实、乱拧角度、弄虚作假、夸大其辞。

3. 规范性

这主要是就经济文书的格式与语言而言的。经济文书专业性很强，为了表达得准确得体、处理得及时迅速，在长期的写作实践中，逐渐形成了各自不同的、相对固定的格式与写作规范。各种文体都有自己大致的模式，写作也要按照一定的规格、程式、标准和要求进行，不允许随心所欲、自行改变。规范化是实现经济文书统一性、完整性、准确性和有效性的重要保证，是提高经济写作的速度与效率的基本措施，同时，也为经济文书运用电脑写作、进行科学化管理奠定了基础。

第二节 合 同

一、合同的概念和作用

《中华人民共和国合同法》第二条规定：合同是平等主体的自然人、法人、其他组织之间设立、变更、终止民事权利义务关系的协议。主体，即自然人、法人、其他组织。自然人，即公民，依法享有民事权利承担民事义务的人。

《中华人民共和国民法通则》第三十三条:"法人是具有民事权利能力和民事行为能力,依法独立地享有民事权利和承担民事义务的组织。"第三十七条:"法人具有四个方面的特征:(1)法人必须依法成立。即是说,它必须符合法律规定,为法律所允许才能成立。(2)法人必须有自主经营的财产。(3)法人必须有明确的组织机构、名称和场所。(4)法人必须能够独立地承担民事责任。"

自然人和法人相对立,一个反映自然属性,一个反映法律拟制的人。

我国民法在公民括号内写明自然人,说明在民事主体这一范畴,自然人等同于公民。

合同的内容,即合同主体享有的权利和所承担的义务。

经济合同的作用主要体现在以下方面:

(1)保护合同当事人的合法权益。经济合同依法成立即受国家法律的保护,当事人双方必须受其约束、严格履行,否则就要受到法律的制裁。经济合同的法律效力主要表现在:经济合同依法成立,当事人双方必须按照合同约定全面履行各自的义务,不能违反;经济合同依法成立后,当事人需要变更和解除的,必须符合法定条件和法定程序,依法变更和解除,任何一方不得擅自变更和解除;一方违约,造成经济合同不能履行或不能完全履行的,有过错的一方要承担违约责任;经济合同发生纠纷,任何一方均可依据约定向仲裁机构申请仲裁,或向人民法院起诉,其合法权益受法律保护。

(2)有利于加强国家对企业的管理和监督。

(3)有利于企业单位改善经营管理、加强经济核算、培养管理人才。

(4)有利于国家进行宏观调控和检查指导、经济杠杆部门对企业单位进行监督、司法部门对经济纠纷进行仲裁。

二、合同的特点

1. 具有法律的约束力

合同的法律约束力,应是法律赋予合同对当事人的强制力,即当事人如违反合同约定的内容,即产生相应的法律后果,包括承担相应的法律责任。约束力是当事人必须为之或不得为之的强制状态,约束力或来源于法律,或来源于道德规范,或来源于人们的自觉意识,当然,源于法律的法律约束力,对人们的行为具有最强迫约束力。合同的约束力主要表现为:① 当事人不得擅自变更或者解除合同;② 当事人应按合同约定履行其合同义务;③ 当事人应按诚实信用原则履行一定的合同外义务,如完成合同的报批、登记手续以使合同生效。不得恶意影响附条件法律行为的条件的成就或不成就,不得损害附期限法律行为的期限利益等。

2. 平等互利、协商一致性

《中华人民共和国合同法》第三条规定:合同当事人的法律地位平等,一方不得将自己的意志强加给另一方;第四条规定:当事人依法享有自愿订立合同的权利,任何单位和个人不得非法干预。

3. 合同内容受当事人业务范围的限制

三、合同的种类

1. 有名合同与无名合同

根据合同法或者其他法律是否对合同规定有确定的名称与调整规则为标准,可将合同分为有名合同与无名合同。有名合同是立法上规定有确定名称与规则的合同,又称典型合同。如《合同法》在分则中规定的买卖合同、赠与合同、借款合同、租赁合同等各类合同。无名合同是立法上尚未规定有确定名称与规则的合同,又称非典型合同。区分两者的法律意义在于法律适用的不同。有名合同可直接适用《合同法》分则中关于该种合同的具体规定,无名合同则只能在适用《合同法》总则中规定的一般规则的同时,参照该法分则或者其他法律中最相类似的规定执行。

2. 单务合同与双务合同

根据合同当事人是否相互负有对价义务为标准,可将合同分为单务合同与双务合同。此处的对价义务并不要求双方的给付价值相等,而只是要求双方的给付具有相互依存、相互牵连的关系即可。单务合同是指仅有一方当事人承担义务的合同,如赠与合同。双务合同是指双方当事人互负对价义务的合同,如买卖合同、承揽合同、租赁合同等。区分两者的法律意义在于,由于双务合同中当事人之间的给付义务具有依存和牵连关系,因此双务合同中存在同时履行抗辩权和风险负担的问题,而这些情形并不存在于单务合同中。

3. 有偿合同与无偿合同

根据合同当事人是否因给付取得对价为标准,可将合同分为有偿合同与无偿合同。有偿合同是指合同当事人为从合同中得到利益要支付相应对价给付(此给付并不局限于财产的给付,也包含劳务、事务等)的合同。买卖、租赁、雇佣、承揽、行纪等都是有偿合同。无偿合同是指只有一方当事人作出给付,或者虽然是双方作出给付但双方的给付间不具有对价意义的合同。赠与合同是典型的无偿合同,另外,委托、保管合同如果没有约定利息和报酬的,也属于无偿合同。

4. 诺成合同与实践合同

根据合同成立除当事人的意思表示以外,是否还要其他现实给付为标准,可以将合同分为诺成合同与实践合同。诺成合同是指当事人意思表示一致即可认定合同成立的合同。实践合同是指在当事人意思表示一致以外,尚须有实际交付标的物或者有其他现实给付行为才能成立的合同。确认某种合同属于实践合同必须法律有规定或者当事人之间有约定。常见的实践合同有保管合同、自然人之间的借贷合同、定金合同等。但赠与合同、质押合同不再是实践合同。

区分两者的法律意义在于:除了两种合同的成立要件不同以外,实践合同中作为合同成立要件的给付义务的违反不产生违约责任,而只是一种缔约过失责任。

5. 要式合同与不要式合同

根据合同的成立是否必须符合一定的形式为标准，可将合同分为要式合同与不要式合同。要式合同是按照法律规定或者当事人约定必须采用特定形式订立方能成立的合同。不要式合同是对合同成立的形式没有特别要求的合同。确认某种合同属于要式合同必须法律有规定或者当事人之间有约定。

6. 主合同与从合同

根据两个或者多个合同相互间的主从关系为标准，可将合同分为主合同与从合同。主合同是无须以其他合同存在为前提即可独立存在的合同，这种合同具有独立性。从合同，又称附属合同，是以其他合同的存在为其存在前提的合同。保证合同、定金合同、质押合同等相对于提供担保的借款合同即为从合同。从合同的存在是以主合同的存在为前提的，故主合同的成立与效力直接影响到从合同的成立与效力，但是从合同的成立与效力不影响主合同的成立与效力。

四、合同的基本结构

完整的合同通常可以分为标题、题注、订立合同的目的或依据、合同条款、落款等五大部分。

1. 标题

或按合同分类标明合同名称，如"租赁合同"、"借款合同"等；或在"合同"前加上标的名称或经营业务范围，如"苹果买卖合同"、"建筑安装工程承包合同"等。

2. 题注

一般注明合同编号、签约时间、签约地点。合同没有编号的，签约时间和签约地点放在合同签署后面。当事人的名称或姓名是明确合同权利义务的承受者。住所对于当事人交流信息及司法文书送达、诉讼管辖等有重要意义。住所一般放在签署部分。

3. 订立合同的目的或依据

可写成"为了……，经双方协商，签订本合同"，或写成"根据……（法规）的规定，经双方协商，特订立此合同"。

4. 合同条款

合同条款由当事人约定。《中华人民共和国合同法》提示的一般行文有如下内容：

（1）标的

合同标的是合同法律关系的客体，是合同当事人权利和义务共同指向的对象。标的是合同成立的必要条件，没有标的，合同不能成立。标的条款必须清楚地写明标的名称，以使标的特定化，从而能够界定权利义务。中国通常认为合同的标的包括物、行为与智力成果。物指民法意义的物，含一般等价的货币。行为指作为（含作为的结果）与不作为。智力成果主要指知识产权中的财产权利。合同的标的必须是确定的、合法的、可能的。

应用文 写作教程

买卖合同标的可以是现实存在的物,也可以是将来产生的物,如《美国统一商法典》第2—105条就规定,货物可以包括尚未出生的动物幼仔、生长中的农作物。

法律禁止流通的物不得作为买卖标的物,如淫秽书刊。法律限制流通的物,只能在限定的领域流通,如枪支的买卖。国家对枪支的买卖实行特别许可制度,未经许可,任何单位和个人不得买卖枪支。购买民用枪支,需持公安部门核发的民用枪支配购证件。出售民用枪支,应当核对配购证件,按照配购证件载明的品种、型号、数量配售。

（2）数量和质量

标的（物）的质量和数量是确定合同标的（物）的具体条件,是这一标的（物）区别于同类另一标的（物）的具体特征。标的（物）的质量需订得详细具体,如标的（物）的技术指标、质量要求、规格、型号等要明确。标的（物）的数量要确切,应选择双方共同接受的计量单位;要确定双方认可的计量方法;应允许规定合理的磅差或尾差。

质量要求不明确的,按照国家标准、行业标准履行;没有国家标准、行业标准的,按照通常标准或者符合合同目的的特定标准履行。

《合同法》第六十二条规定:质量要求不明确的,按照国家标准、行业标准履行;没有国家标准、行业标准的,按照通常标准或者符合合同目的的特定标准履行。

（3）价款和酬金

价款是取得标的物所支付的代价,酬金是获得服务或智力成果应支付的报酬金额。经济合同中应写明使用的币种、单价、总金额、计算标准、结算方式和程序等,我国规定,国内企业间经济活动,必须以人民币作为支付手段,但在涉外经济活动中要明确以何种货币作为支付手段,一般合同要通过银行结算,所以合同中还要写清结算方式、开户银行及账号等。

《合同法》第六十二条规定:价款或者报酬不明确的,按照订立合同时履行地的市场价格履行;依法应当执行政府定价或者政府指导价的,按照规定履行。

（4）履行的期限、地点和方式

合同履行期限是指债务人履行合同义务和债权人接受履行行为的时间。

作为合同的主要条款,合同的履行期限一般应当在合同中予以约定,当事人应当在该履行期限内履行债务。如果当事人不在该履行期限内履行,则可能构成迟延履行而应当承担违约责任。履行期限不明确的,根据《合同法》第61条的规定,双方当事人可以另行协议补充,如果协议补充不成的,应当根据合同的有关条款和交易习惯来确定。如果还无法确定的,债务人可以随时履行,债权人也可以随时要求履行,但应当给对方必要的准备时间。这也是合同履行原则中诚实信用原则的体现。

不按履行期限履行,有两种情形:迟延履行和提前履行。在履行期限届满后履行合同为迟延履行,当事人应当承担迟延履行责任,此为违约责任的一种形态;在履行期限届满之前所为之履行为提前履行,提前履行不一定构成不适当履行。

履行地点是债务人履行债务、债权人受领给付的地点,履行地点直接关系到履行的费用和时间。在国际经济交往中,履行地点往往是纠纷发生以后用来确定适用的法律的根据。如果合同中明确约定了履行地点的,债务人就应当在该地点向债权人履行债

务,债权人应当在该履行地点接受债务人的履行行为。如果合同约定不明确的,依据《合同法》的规定,双方当事人可以协议补充,如果不能达成补充协议的,则按照合同有关条款或者交易习惯确定。如果履行地点仍然无法确定的,则根据标的的不同情况确定不同的履行地点。如果合同约定给付货币的,在接受货币一方所在地履行;如果交付不动产的,在不动产所在地履行;其他标的,在履行义务一方所在地履行。

履行方式是合同双方当事人约定以何种形式来履行义务。合同的履行方式主要包括运输方式、交货方式、结算方式等。履行方式由法律或者合同约定或者是合同性质来确定,不同性质、内容的合同有不同的履行方式。根据合同履行的基本要求,在履行方式上,履行义务人必须首先按照合同约定的方式进行履行。如果约定不明确的,当事人可以协议补充;协议不成的,可以根据合同的有关条款和交易习惯来确定;如果仍然无法确定的,按照有利于实现合同目的的方式履行。

（5）违约责任

违约责任是违反合同的民事责任的简称,是指合同当事人一方不履行合同义务或履行合同义务不符合合同约定所应承担的民事责任。《合同法》第 107 条规定,"当事人一方不履行合同义务或者履行合同义务不符合约定的,应当承担继续履行、采取补救措施或者赔偿损失等违约责任"。

5. 落款

落款的内容有:当事人的名称、地址,并由法定代表人签名盖章;如合同是委托代理人签订的,公证或鉴证机关应签名盖章;开户银行及其账号;电话、电挂、邮政编码等。

五、合同写作的要求

1. 经济合同的内容必须合法

经济合同所涉及的内容必须符合国家的有关法律、法规和有关职能部门或行业的管理规定,这样,合同的内容才可能建立在合法的基础上。同时,合同的内容应是当事人意愿的共同体现。

2. 经济合同的格式必须规范

可向当地工商行政管理机关或业务主管部门购买合同纸,也可按照示范文本格式自行印刷使用。撰写经济合同时,一定要按规定的文本格式和要求进行。合同的撰写,要严肃认真,不得随意涂改。合同如有错误或遇到特殊情况确需修改时,应将双方同意的意见作为附件附上;如在原件上修改,应加盖双方印章。

3. 经济合同的条款必须完备

必须按《经济合同法》规定条款来撰写。

4. 经济合同的语言必须准确

不允许出现含糊不清或模棱两可的句子或语言,以避免在合同的履行中出现不必要的争执和纠纷。合同中使用的概念,当事人应该有一致的理解,忌用模糊概念,以防

歧义产生。经济合同的语义应该准确,应避免使用"希望"、"尽可能"、"争取"等模糊性用语,不说空话、套话。经济合同的数字应核对无误,金额应大写。同时,还要注意正确使用标点符号,防止句号、逗号用错或点错而造成不必要的纷争或造成损失。

【例文】

购销合同

购货单位:＿＿＿＿＿＿＿＿＿,以下简称甲方;

供货单位:＿＿＿＿＿＿＿＿＿,以下简称乙方。

经甲乙双方充分协商,特订立本合同,以便共同遵守。

第一条　产品的名称、品种、规格和质量

1. 产品的名称、品种、规格

(1) SC6350 水箱换向器 22×16×8;

(2) 20W 换向器 20.3×16×10;

(3) 摇机换向器 15.2×13×8。

2. 产品的技术标准(包括质量要求),按下列第(　　)项执行:

① 按国家标准执行;

② 按部颁标准执行;

③ 由甲乙双方商定技术要求执行。

第二条　产品的数量和计量单位、计量方法

1. 产品的数量:＿＿＿＿＿＿。

2. 计量单位、计量方法:＿＿＿＿＿＿。

第三条　产品的包装标准和包装物的供应与回收:＿＿＿＿＿＿。

第四条　产品的交货单位、交货方法、运输方式、到货地点。

1. 产品的交货单位:＿＿＿＿＿＿。

2. 交货方法,按下列第(　　)项执行:

(1) 乙方送货

(2) 乙方代运

(3) 甲方自提自运。

3. 运输方式:＿＿＿＿＿＿。

4. 到货地点和接货单位(或接货人)＿＿＿＿＿＿。

第五条　产品的交(提)货期限:

第六条　产品的价格与货款的结算

1. 产品的价格,按下列第(　　)项执行:

(1) 按甲乙双方的商定价格

(2) 按照订立合同时履行地的市场价格;

(3) 按照国家定价履行。

2. 产品货款的结算:产品的货款、实际支付的运杂费和其他费用的结算,按照中国人民银行结算办法的规定办理。

第七条 验收方法_____。

第八条 对产品提出异议的时间和办法

1. 甲方在验收中,如果发现产品的品种、型号、规格、花色和质量不合规定,应一面妥为保管,一面在30天内向乙方提出书面异议;在托收承付期内,甲方有权拒付不符合合同规定部分的货款。甲方怠于通知或者自标的物收到之日起过两年内未通知乙方的,视为产品合乎规定。

2. 甲方因使用、保管、保养不善等造成产品质量下降的,不得提出异议。

3. 乙方在接到需方书面异议后,应在10天内负责处理,否则,即视为默认甲方提出的异议和处理意见。

第九条 乙方的违约责任

1. 乙方不能交货的,应向甲方偿付不能交货部分货款的_____%的违约金。

2. 乙方所交产品品种、型号、规格、花色、质量不符合规定的,如果甲方同意利用,应当按质论价;如果甲方不能利用的,应根据产品的具体情况,由乙方负责包换或包修,并承担修理、调换或退货而支付的实际费用。

3. 乙方因产品包装不符合合同规定,必须返修或重新包装的,乙方应负责返修或重新包装,并承担支付的费用。甲方不要求返修或重新包装而要求赔偿损失的,乙方应当偿付甲方该不合格包装物低于合格包装物的价值部分。因包装不符合规定造成货物损坏或灭失的,乙方应当负责赔偿。

4. 乙方逾期交货的,应比照中国人民银行有关延期付款的规定,按逾期交货部分货款计算,向甲方偿付逾期交货的违约金,并承担甲方因此所受的损失费用。

5. 乙方提前交货的产品、多交的产品的品种、型号、规格、花色、质量不符合规定的产品,甲方在代保管期内实际支付的保管、保养等费用以及非因甲方保管不善而发生的损失,应当由乙方承担。

6. 产品错发到货地点或接货人的,乙方除应负责运交合同规定的到货地点或接货人外,还应承担甲方因此多支付的一切实际费用和逾期交货的违约金。

7. 乙方提前交货的,甲方接货后,仍可按合同规定的交货时间付款;合同规定自提的,甲方可拒绝提货。乙方逾期交货的,乙方应在发货前与甲方协商,甲方仍需要的,乙方应照数补交,并负逾期交货责任;甲方不再需要的,应当在接到乙方通知后15天内通知乙方,办理解除合同手续。逾期不答复的,视为同意发货。

第十条 甲方的违约责任

1. 甲方中途退货,应向乙方偿付退货部分货款_____%的违约金。

2. 甲方未按合同规定的时间和要求提供应交的技术资料或包装物的,除交货日期得顺延外,应比照中国人民银行有关延期付款的规定,按顺延交货部分货款计算,向乙方偿付顺延交货的违约金。如果不能提供的,按中途退货处理。

3. 甲方自提产品未按供方通知的日期或合同规定的日期提货的,应比照中国人民银行有关延期付款的规定,按逾期提货部分货款总值计算,向乙方偿付逾期提货的违约金,并承担乙方实际支付的代为保管、保养的费用。

应用文写作教程

4. 甲方逾期付款的,应按中国人民银行有关延期付款的规定向乙方偿付逾期付款的违约金。

5. 甲方违反合同规定拒绝接货的,应当承担由此造成的损失和运输部门的罚款。

6. 甲方如错填到货地点或接货人,或对乙方提出错误异议,应承担乙方因此所受的损失。

第十一条　不可抗力

甲乙双方的任何一方由于不可抗力的原因不能履行合同时,应及时向对方通报不能履行或不能完全履行的理由,以减轻可能给对方造成的损失,在取得有关机构证明以后,允许延期履行、部分履行或者不履行合同,并根据情况可部分或全部免予承担违约责任。

第十二条　其他

按本合同规定应该偿付的违约金、赔偿金、保管保养费和各种经济损失的,应当在明确责任后 10 天内,按银行规定的结算办法付清,否则按逾期付款处理。但任何一方不得自行扣发货物或扣付货款来充抵。

本合同如发生纠纷,当事人双方应当及时协商解决,协商不成时,任何一方均可请业务主管机关调解或者向仲裁委员会申请仲裁,也可以直接向人民法院起诉。

本合同自____年___月___日起生效,合同执行期内,甲乙双方均不得随意变更或解除合同。合同如有未尽事宜,须经双方共同协商,作出补充规定,补充规定与合同具有同等效力。本合同正本一式二份,甲乙双方各执一份;合同副本一式___份,分送甲乙双方的主管部门、银行(如经公证或签证,应送公证或签证机关)等单位各留存一份。

购货单位(甲方):_____(公章)　供货单位(乙方):_____(公章)

法定代表人:_____(公章)　　法定代表人:_____(盖章)

地址:_____　　　　　　　　地址:_____

开户银行:_____　　　　　　开户银行:_____

帐号:_____　　　　　　　　帐号:_____

电话:_____　　　　　　　　电话:_____

　　　　　　　　　　　　　　　　　　　____年___月___日

【例文】

房屋租赁合同

出租人(甲方):_____

承租人(乙方):_____

证件编号:_____

联系地址:_____

联系电话:_____

房屋坐落_____

依据《中华人民共和国合同法》及有关法律、法规的规定,甲乙双方在平等、自愿的基础上,就房屋租赁的有关事宜达成协议如下:

第一条 租赁期限

(一)房屋租赁期自_____年___月___日至_____年___月___日,共计_____年___个月。甲方应于_____年___月___日前将房屋按约定条件交付给乙方。房经甲乙双方交验签字盖章并移交房门钥匙以后视为交付完成。

(二)租赁期满或合同解除后,甲方有权收回房屋,乙方应按照原状返还房屋及其附属物品、设备设施。甲乙双方应对房屋和附属物品、设备设施及水电使用等情况进行验收,结清各自应当承担的费用。

(三)乙方继续承租的,应提前日向甲方提出续租要求,协商一致后双方重新签订房屋租赁合同。

第二条 租金及押金

(一)租金标准及支付方式:(每个月￥:_____元/月),房屋押金(个月,￥__ _____元)待合同期满或特殊情况导致的合同结束,乙方退租后返还。

(二)支付方式:现金_____(□现金/□转账支票/□银行汇款),每月__日前支付。

第三条 房屋维护及维修

(一)甲方应保证房屋的建筑结构和设备设施符合建筑、消防、治安、卫生等方面的安全条件,不得危及人身安全;承租人保证遵守国家的法律法规规定以及房屋所在小区的物业管理规约。

(二)租赁期内,甲乙双方应共同保障房屋及其附属物品、设备设施处于适用和安全的状态:

1. 对于房屋及其附属物品、设备设施因自然属性或合理使用而导致的损耗,乙方应及时通知甲方修复。甲方应在接到乙方通知后进行维修。

2. 因乙方保管不当或不合理使用,致使房屋及其附属物品、设备设施发生损坏或故障的,乙方应负责维修或承担赔偿责任。

第四条 转租

(一)除甲乙双方另有约定以外,乙方需事先征得甲方书面同意,方可转租给他人,并就受转租人的行为向甲方承担责任。

第五条 合同解除

(一)经甲乙双方协商一致,可以解除本合同。

(二)因不可抗力导致本合同无法继续履行的,本合同自行解除。

第六条 其他约定事项

本合同经双方签字后生效,本合同一式____份,其中甲方执____份,乙方执____份。

本合同生效后,双方对合同内容的变更或补充应采取书面形式,作为本合同的附件。附件与本合同具有同等的法律效力。

第七条 违约金和违约责任

1. 若出租方在承租方没有违反本合同的情况下提前解除合同或租给他人,视为出租方违约,负责赔偿违约金_____元。

2. 若承租方在出租方没有违反本合同的情况下提前解除合同,视为承租方违约,承租方负责赔偿违约金_____元。

第八条 补充协议:

_____

_____

出租人(甲方)签章:　　　　　　　　承租人(乙方)签章:

　　　　　　　　　　　　　　　　　　　　　年　　月　　日

商铺出租合同书

出租人(甲方):_____　　承租人(乙方):_____

证件编号:_____　　　　证件编号:_____

出租房房产证编号:_____

承租房房产证编号:_____

联系地址:_____　　　　联系地址:_____

联系电话:_____　　　　联系电话:_____

根据《中华人民共和国合同法》及相关法律规定,甲方双方经平等协商,就租赁事宜签订本合同。

第一条 房屋坐落地址

出租方出租的商铺坐落地址:_____路,建筑面积_____平方米。

第二条 租赁期限

租期_____年,自_____年___月___日起至_____年___月___日止。

第三条 租金和押金

1. 每年租金为人民币_____元整(_____元),经双方平等协商,预交半年租金为人民币_____元整(_____元)。

2. 必须按照约定向出租方缴纳租金,不得无故拖欠。

第四条 各项费用的缴纳

1. 电费:由承租方自行缴纳电表底数为_____度,此度数以后的费用由承租方承担,合同期满后承租方不再负责缴纳。

2. 使用该房屋进行商业活动产生的其他各项费用均由承租方缴纳,其中包括承租方自己申请安装电话、宽带、有线电视等设备的费用。

第五条 违约金和违约责任

1. 若出租方在承租方没有违反本合同的情况下提前解除合同或租给他人,视为出租方违约,负责赔偿违约金_____元。

2. 若承租方在出租方没有违反本合同的情况下提前解除合同,视为承租方违约,承租方负责赔偿违约金_____元。

第六条　续租

1. 出租方若要求在租赁期满后停止租赁该处商铺的,应当在租赁期满前_____日书面通知承租方,如出租方同意续租的,双方应当重新订立租赁合同。

2. 租赁期满承租方如无违约行为的,则享有同等条件下对商铺的优先租赁权。

第七条　合同终止

1. 本合同期限届满,双方不再续签合同的;

2. 双方通过书面协议解除本合同;

3. 因不可抗力致使合同目的不能实现的。

4. 在委托期限届满之前,当事人一方明确表示或以自己的行为表明不履行合同主要义务的;

5. 当事人一方迟延履行合同主要义务,经催告后在合理期限内仍未履行;

6. 当事人有其他违约或违法行为致使合同目的不能实现的。

第八条　免责条件

若租赁房屋因不可抗力的自然灾害导致损毁或造成承租人损失的,双方互不承担责任。租赁期间,若承租方因不可抗力的自然灾害导致不能使用租赁房屋,承租方需立即书面通知出租方。

第九条　争议处理方式

1. 本合同受中华人民共和国法律管辖并按其进行解释。

2. 本合同在履行过程中发生的争议,由双方当事人协商解决,也可由有关部门调解;协商或调解不成的,依法向人民法院起诉。

第十条　解释

本合同的理解与解释应依据合同目的和文本原义进行,本合同的标题仅是为了阅读方便而设,不应影响本合同的解释。

第十一条　补充与附件

本合同未尽事宜,依照有关法律、法规执行,法律、法规未作规定的,双方可以达成书面补充合同。本合同的附件和补充合同均为本合同不可分割的组成部分,与本合同具有同等的法律效力。

第十二条　合同效力

本合同自双方签字之日起生效,本合同正本一式____份,双方各执____份,具有同等法律效力。

出租方(签字):_____　　　承租方(签字):_____

联系电话:_____　　　联系电话:_____

_____年___月___日

第三节　市场调查报告

一、市场调查报告的概念

市场调查报告,就是根据市场调查收集、记录、整理和分析市场对商品的需求状况以及与此有关的资料的文书。换句话说,就是用市场经济规律去分析,进行深入细致的调查研究,透过市场现状,揭示市场运行的规律、本质。市场调查报告是市场调查人员以书面形式反映市场调查内容及工作过程,并提供调查结论和建议的报告。市场调查报告是市场调查研究成果的集中体现,直接影响到整个市场调查研究工作的成果质量。一份好的市场调查报告,能给企业的市场经营活动提供良好的导向,能为企业的决策提供客观依据。

二、市场调查的作用

市场调查在企业的经营活动中有着重要的作用。在企业决策过程中,市场调查数据的准确度受到各企业的重视,很多企业的决策都是依靠对市场调查结果的分析而作出的。在决策执行后的纠错过程中,市场调查也被视为非常重要的手段。其作用具体体现在以下几个方面:

(1) 了解消费者需求,使企业在产品开发、设计、改进时能充分满足消费者需求;

(2) 了解竞争产品的市场表现,包括价格竞争策略等,分析市场细分状况,寻找适合本企业发展的目标市场,恰当进行产品定位,知己知彼,从而立于不败之地;

(3) 发现市场空缺和市场机会,企业不断进行市场调查,分析消费者现实需求和理想需求的差距,分析市场空缺,把握市场机会;

(4) 分析行业发展态势,企业确定品牌形象,需要以市场调查为基础,确立市场营销策略。

三、市场调查的流程

1. 调查准备阶段

主要解决调查目的、范围和调查力量的组织等问题,并制订切实可行的调查计划。其具体工作步骤如下:

(1) 确定调查目标,拟定调查项目;

(2) 确定收集资料的范围和方式;

(3) 设计调查表和抽样方式;

(4) 制订调查计划。

2. 调查实施阶段

这个阶段是整个市场调查过程中最关键的阶段,对调查工作能否满足准确、及时、完整及节约等基本要求有直接的影响。调查人员按计划规定的时间、地点及方法具体地收集有关资料,不仅要收集第二手资料(现成资料),而且要搜集第一手资料(原始资料)。实地调查的质量取决于调查人员的素质、责任心和组织管理的科学性。

首先,应对调查人员进行培训,对调查人员的职责作出规定,包括服从组织领导,严格遵守调查纪律,调查当中不得随意离开岗位;认真学习培训教材,调查说明及测量方法,客观地实事求是地进行调查、填表;对调查中的疑难问题,应及时与负责人员联系,协商解决;完成调查表后应及时核查,调查表完整无误地上交。

其次,调查现场的组织管理。现场调查一般应寻求当地的行政部门配合和支持,从而提高现场调查的效率,有效保障现场调查的顺利进行;确定调查小组负责人,负责组织协调工作,调查应合理分工、明确职责。

3. 研究成果提报结论与建议

用简洁的文字说明市场的占有情况、消费与生产的关系、产品质量与价格等情况,这些情况可以采用图表、数字加以说明,然后依据上述调查资料做出科学的分析、预测。通过调查得来的材料进行周密的分析研究,制定购销依据,最后写出预测市场变化的趋势。结论与建议是撰写综合分析报告的主要目的,这包括对引言和正文部分所提出的主要内容的总结,提出如何利用已证明为有效的措施和解决某一具体问题可供选择的方案与建议。结论和建议与正文部分的论述要紧密对应,不可以提出无证据的结论,也不要没有结论性意见的论证。

四、市场调查的内容、方法

1. 市场调查的内容

(1) 市场需求调查。重点是了解市场对该产品需求量和影响该产品需求量的因素,紧扣购买力、购买动机和潜在需求这三方面。购买力是消费者实现购买行为的前提,是市场调查的首要任务。购买动机的调查是为了采取各种措施使顾客购买动机变为购买行为。潜在需求的调查是为了使潜在需求变成现实需要,以及为企业发展新产品、开拓市场提供依据。

(2) 对竞争者调查。主要是通过对该产品竞争对手的调查,来思考判断自己企业处在什么地位,以提高本企业产品的市场占有率和确定产品的发展方向和策略。

(3) 经营政策调查。主要调查本企业的产品、价格、销售和技术服务政策、广告和推销政策,以便能够及时发现问题,并及时改正。

2. 市场调查的方法

根据选择调查样本的方法的不同来分,有抽样调查、市场普查(一般只在产品销售范围很小或用户很少的情况下采用)、重点调查、典型调查等;按调查过程中对调查对象所采用的具体的调查方法来分,还有询问法(口头询问、电话询问、书面询问)、实验法、资料调查法、观察法、样品征询法等。这些方法各有其长处和短处,也有各自不同的适用范围。在调查中可选一种方法,也可结合使用多种方法。通过市场调查获得大量详

细的、有价值的、可靠的情报资料,这就为市场调查报告的写作奠定了坚实的基础。

五、市场调查报告的结构

市场调查报告一般可包括标题、前言、正文、结尾四部分。

1. 标题

市场调查报告的标题可根据调查的单位、范围、内容、和目的来拟定,如《苏泊尔高压锅在南京市场地位的调查》;也可以直接指出调查对象的状况,如《鸭鸭羽绒服在北京市场畅销》;还可以用正副标题的形式,如《左右为难——2014 南京市房地产的走势》。是否是市场调查报告,主要看它的结构和内容。

2. 前言

前言的文字要简明扼要,一般交代清楚调查的时间、地点、目的、对象、范围和方法,说明调查的主旨和采用的调查方法,也可以概括全文内容和观点。

3. 正文

正文一般先概述基本情况,即过去或现在存在的客观情况,即通过对材料的分析研究为制订市场计划提供依据,为最后写出预测市场发展变化的趋势打下基础。为了使层次清晰,可用分列小标题形式,划分若干部分。

4. 结尾

一般是根据调查预测提出相应的建议或决策,也就是准备采取的措施。这是全文的落脚点,建议或决策要写得切实可行。

六、写市场调查报告应注意的问题

(1) 文体性质和表达方式要正确。市场调查报告是一种兼有说明文、记叙文、议论文的一些特点而又不同于它们的应用文体。它偏重于选用较全面、系统、完整的事实、数据叙述说明问题,并且运用议论的表达方式提出建议或决策。

(2) 事实要确凿,图表和数据要精确,得出的观点要鲜明,写作时文章的逻辑性要严密。

(3) 语言要求准确、简练、朴实,要清楚地表达内容,不要拖泥带水,啰嗦庞杂。如果在市场调查报告中如果要运用小标题,各小标题要力求简洁、醒目、匀称,格调一致。

【例文】

中国网购用户调查

中国网上购物消费者已形成一个巨大的用户规模和方兴未艾的增长态势;网购市场的发展和网上诚信机制的建立与完善,与支付宝首创的担保交易的在线支付方式密切相关。支付宝已成为中国网上购物的主要支付方式。历年第三方支付工具用户数,××年以来,第三方支付工具飞速发展,预计 2009 年末第三方支付工具总用户数会达到 3.4 亿。

一、网购用户的基本情况

1. 网购消费者中第三方支付工具拥有情况

网购消费者中有 63.2％拥有支付宝账号。调查结果显示，财付通用户相当于支付宝用户的 22.2％。第三方支付用户和中国网民数年同比增长率支付宝用户的增长速度也远远高于同期中国网民的增长速度。

2. 第三方支付交易额最高省份

从交易额来看，广东位居全国第一，与江苏、浙江、上海和北京位居前五名。超过八成的消费者首次网购是在淘宝上进行的。2010 年以来首选支付宝的比例达到 77.4％。

3. 网上购物规模和渗透率

调查的 21 城市合计有 2 703 万人曾经在 2010 年在网上买过东西，网购总金额达到 734 亿元。

4. 第三方支付用户特征

① 年龄：第三方支付用户中男性多于女性，年龄在 21—30 岁的占比为 77.8％。

② 学历：第三方支付用户学历以大专及以上为主，非学生用户个人月收入在 3 000—5 000 元比例接近三分之一。

③ 职业：年轻白领是最典型的第三方支付用户，超六成支付宝用户家庭月收入超过 6 000 元。

4. 网购用户的细分

据调查，在全国城市的调研中，上海、北京、深圳的网上购物人数已经超过 300 万，从年龄结构层次分，主要集中在 18—35 岁，从性别分，网上购物人数女性远远大于男性；从职业划分，全职工作的占到 45％；从消费者所选择的购物网站中，有 87％的网民选择在"淘宝"网站上购物。按照行为分，月度购买 2 次以上用户占比超六成，时间主要集中在中午 12:00—晚上 9:00，其中晚上 9:00 是网上购物的高峰时间段。

调查数据显示，在各品牌购物网站中，用户使用最多的是淘宝网，85.7％的网上购物用户使用淘宝网，其次是易趣和拍拍网，当当网排名第四，腾讯(qq)排名第五。

调查数据显示，使用网上购物的主要群体是非学生人群，但表明，18—24 岁学生人群和 25 岁及以上中高收入人群比较偏好网上购物。

网民人群按年龄可分为以下群体：

18 岁以下人群：18 岁以下

18—24 岁学生人群：18—24 岁，职业为学生

18—24 岁非学生人群：18—24 岁，职业不为学生

25 岁及以上普通收入人群：25 岁及以上，个人月收入 3 000 元以下并且家庭月收入 5 000 元以下

25 岁及以上中高收入人群：25 岁及以上，个人月收入 3 000 元及以上或家庭月收入 5 000 元及以上

二、网购用户的特征

1. 用户区域分布特征

从用户区域分布来看,网上购物用户中华东地区用户比例最高,其次是华南地区和华北地区,其中华东地区包括上海、江苏、浙江、安徽、福建、江西和山东。

2. 用户年龄特征

从用户的年龄分布来看,网上购物用户中,18—24周岁的人群比例最高,为33%,其次是25—30周岁的人群,分别为22.0%。目标群体指数表明18—35周岁的用户比较偏好网上购物,18周岁以下和35周岁以上的用户不偏好网上购物。

3. 用户性别特征

从性别分布来看,网上购物用户中男性多于女性,目标群体指数表明女性比男性偏好网上购物。

4. 用户婚姻特征

调查显示,单身网民的比例高于已婚网民的比例,目标群体指数表明已婚网民比单身网民稍微偏好网上购物。

5. 用户学历特征

从学历分布来看,网上购物用户中,高中学历的用户最多,为35.8%;其次是大专和大学本科学历的用户,分别为21.8%和20.6%;初中以下和硕士以上学历的用户比例最小。目标群体指数表明高中及以下学历的人不偏好网上购物,大专及以上学历的人比较偏好网上购物。

6. 用户职业特征

从职业分布来看,网上购物用户中,有全职工作的用户比例最高,为52.3%;其次是学生和自由职业者,分别为26.1%和17.8%;无业/待业和农民的比例最低。目标群体指数表明全职工作者和学生相对来说偏好网上购物,无业/待业者相对来说最不偏好网上购物。

7. 用户上网时长分布

从用户每周使用互联网的平均时间来看,网上购物用户平均每周使用互联网17.9小时,高于总体网民平均每周使用互联网的时间;目标群体指数表明周上网时间越短的人越不偏好网上购物,周上网时间越长的人越偏好网上购物,周上网时间10小时以上的用户比较偏好网上购物。

第四节 市场预测报告

一、市场预测报告的概念和特点

1. 市场预测报告的概念

市场预测是在市场调查的基础上,运用科学方法,通过对市场供需情况的历史和现状进行分析和调查研究,对未来一定时期内的市场供求变化可能的趋势作出分析、推测和判断。把这一分析研究过程及成果用书面的形式表达出来就是市场预测报告。它以调查为前提,以科学的分析研究为方法,以正确的经济原理为指导,属于调查报告的特殊形式,是经济信息的一类。

2. 市场预测报告的特点

(1)预测性

预测性是指市场预测根据过去和现在的表现,运用科学的预测方法对市场未来的发展变化进行预计或估计,为科学决策提供依据。市场预测的本质就是分析未来,推断经济变化的趋势,预测经济活动的未来。

(2)科学性

科学性是指市场预测是预测科学理论和方法的运用,必须运用科学的方法和数学的模式对未来的市场供求变化规律做出合乎逻辑的判断、预计和测算。

(3)时效性

时效性是指市场预测报告必须迅速、及时地反映当前经济活动中的新变化、新趋势,使预测能及时地为企业的经济活动起到指导作用。

二、市场预测报告的写作格式

市场预测报告的基本格式由标题、前言、正文、结尾四部分构成。

1. 标题

市场预测报告的标题比较灵活,常见的有以下三种:

(1)完整式标题

这种标题由预测的时限、预测的范围、预测的对象和文种四个要求组成,比如《2015年我国轿车需求量预测报告》。

(2)简称标题

这种标题省略了预测时限、预测范围,只留下预测对象和文种,有时甚至只标明预测对象,比如《钢材市场需求预测报告》。

(3)消息式标题

消息式标题类似于新闻报道中消息的标题,标题中没有"预测"二字,却能看出是预

测,比如《家用轿车市场需求持续上升》。不管哪种形式的标题,都必须标明预测的对象,它是所有标题不可或缺的。

2. 前言

前言,又叫引言,即市场预测报告的开头。它一般简要介绍预测对象的性质、特点和用途,或概括预测的重要内容以领起下文。它的写作要求概括而突出主要内容。市场预测报告有时也可不要前言,那么就要把前言的内容放在正文的开头部分去说明。

3. 正文

正文是市场预测报告的核心和主体,一般包括基本情况、预测和建议三个部分。

（1）基本情况

运用调查所得的大量资料和数据,来说明市场的现状,它是预测的出发点和基础,必要时还可以对历史上的情形作简要回顾以探寻其来龙去脉,以便更好地了解其发展的趋势。这一部分的写作应该概括、简洁,只是给后面的预测和建议充当一个先决条件,其内容可以包括产品的产销情况、购买情况、同行的经营情况、本企业的生产能力和技术设备情况等。

（2）预测

这部分是市场预测报告的核心部分。预测是具体展开分析的过程,即根据上述各种现状,加以分析研究,从中推导出对未来的判断,从而得出发展的趋势和规律,预见到未来可能出现的情况。预测的内容主要是市场对某产品的需求总量和本企业产品占有市场的比例,它可以从产品销售总量、同行业的生产情况、影响产品销量的人口因素和新产品开发速度等方面进行预测,也可以从产品的技术发展趋势、资源、生产成本等方面进行预测。写作时,采用叙述和议论相结合的方式,分析预测有理有据。选择预测的方法越有针对性,越能说明问题,预测的质量也就越高。

（3）建议

预测的目的就是准确地作出决策。建议是市场预测报告中必不可少的内容,它是针对未来发展情况提出的措施或对策。建议必须以针对现状的客观分析为基础,提出既具有前瞻性又切实可行的意见和措施,只有写得具体、有效,才能对决策发生作用。写作时,应采用说明的方法、分条列项的形式,条理清楚,简明扼要。

4. 结尾

结尾,也叫落款,是作出预测报告的单位或个人的签名和日期。

三、市场预测报告的写作要求和注意事项

1. 市场预测报告的写作要求

（1）有明确的目标,写作时层次清晰。

（2）拥有确凿的材料和精确的数据。

（3）写作时推理严密,逻辑清晰。

2. 市场预测报告写作的注意事项

市场预测报告是专业性很强的经济实用文书,它的主要特点体现在"预测"二字上:"预"是预见性,"测"是科学性,严密的科学性保证准确的预见性,才能使市场预测报告在企业经营管理中发挥很好的作用,所以市场预测报告的写作必须注意以下几点:① 及时性;② 准确性;③ 知识性。

【例文】

2012 年中国经济走势预测

（王健,国家行政学院经济学教研部主任、教授）

［评述由头］

2011 年,一系列财经热词引人关注:楼市限购、稳定物价、结构性减税、中小企业融资难、美国降级、欧债危机……一个个热词背后,反映了面临诸多挑战的国内经济形势与复杂多变的国际经济环境。2012,中国经济将如何走向就成为了一个万众瞩目的话题。2011 年中央经济工作会议将"稳中求进"定为明年经济工作的总基调。那么,国家宏观调控应如何发力,才能实现中国经济的"稳中求进"? 面对国际经济形势的"哀鸿一片"、欧债危机的深不见底,中国经济是否可以独善其身,我们又该如何应对?

金融动荡给复苏中的世界经济踩了一次刹车,大大延缓了复苏的进程,对世界经济的影响不容小视。国际金融动荡后,中国经济增长速度下滑,通货膨胀持续,外汇储备损失。对此,我们不能淡然处之、以不变应万变,需要审时度势、从容应对。

金融动荡给复苏中的世界经济踩了一次刹车

2011 年夏秋的国际金融动荡,始于美国债务上限之争,爆发于美国信用评级机构下调美国政府债务评级,发酵于欧元区政府债务危机。本次金融动荡虽不会导致美国、欧洲经济出现 2008 年的衰退,却给复苏中的世界经济踩了一次刹车,大大延缓了复苏的进程,对世界经济的影响不容小视,世界经济逐渐步入滞胀是显而易见的。

美国政府信用评级下调对美国最直接的影响就是美国政府、企业和普通消费者借贷时的利率会提高,融资成本提高,进而会拖累经济,使美国经济在缓慢恢复的过程中遭受新的创伤,延缓美国经济复苏的进程。

欧洲国家的经济复苏前景黯淡。欧元区国家的政府债务危机,已经从希腊等经济小国蔓延到列欧元区经济第三和第四的意大利和西班牙,所有面临政府债务危机的国家,为了维护欧元的地位,都必须削减财政赤字。削减财政赤字,就要增税或减少政府支出,无论用哪种政策,或者两者兼用,其政策效应都是收缩经济,因而,欧洲经济复苏前景令人担忧。与此同时,美国还要盯欧元区这个"有缝的鸡蛋",通过加大打击欧元区经济、进而动摇欧元地位来维持美元的霸主地位,欧元经济迅速复苏的难度更大了。

世界经济将逐渐步入滞胀的泥淖。世界经济疲弱且复苏缓慢、美欧政府债务危机导致全球流动性泛滥及通货膨胀蔓延,因而,在全球没有重大技术革命、或没有找到新的经济增长点、或没有发明更好的政策组合之前,指望世界经济迅速复苏、达到国际金融危机之前的水平,前景暗淡。

中国经济难以独善其身

在国际金融动荡之后，已经深深地融入国际经济的中国经济，不可能置身事外，想独善其身也殊为不易。这一轮的国际动荡不仅对世界经济有重大影响，而且正在影响中国经济，需要沉着冷静地应对。

首先，国际金融动荡冲击资本市场，A股无法独善其身，破位下行再创新低。一是延继了2010年以来中国A股与国际股市的关系："月亮走，我也走；月亮不走，我也走"，即国际股市涨，A股基本不涨或微跌；而国际股市跌，中国股市必跌。现在，国际股市恐慌情绪加剧，打击了市场的信心，A股更是跌跌不休。二是中国政府持有的巨额外债和美元资产大幅缩水，影响中国金融和实体经济发展前景及应对国际经济和金融风险的信心，进而影响股市投资者信心，股市反弹乏力，低位振荡。三是面对国内通货膨胀，不断紧缩的货币政策，持续地打击投资者的信心，A股一蹶不振。

其次，出口下滑，经济增速下滑。在国际金融动荡后，中国向美国、欧洲出口更困难，经济增长速度放缓。一是受美国信用等级下调影响，美国进口需求会下降，中国对美国出口困难。二是人民币升值影响中国产品的竞争力，抑制中国出口的增长。三是欧元区国家政府债务缠身，为了避免欧元将土崩瓦解的噩运，欧元区国家必须实施统一的、紧缩性的财政政策。紧缩的财政政策导致经济增长趋缓，欧洲国家总需求退潮，中国向欧洲出口之船也会随着总需求潮落而下降。四是国际贸易保护主义抬头、贸易摩擦增加，中国出口贸易风险和隐患增加，导致出口减少。在美欧国家面临经济困难时，常常更多地祭起贸易保护的大旗，2011年全球贸易预警组织发布报告称，近半年多来，全球范围内已有194项保护主义措施被执行，贸易保护主义势头正在上升。

由于国内产能持续增长和国内消费乏力并存，导致经济增长依赖出口，因此，在中国经济发展方式没有根本转变、内需和外需结构没有调整的情况下，出口减少必然导致实体经济增长速度下滑。

再次，外汇储备风险增加，购买力下降。一是我国的外汇储备以美元计价，美元对欧元、英镑、日元等的走弱，直接降低了中国外汇储备的购买力。二是中国外汇储备实际购买力绝对地下降。国际上的大宗商品等都是以美元计价的，美元贬值，这些商品的价格就要涨价，从而造成我国外汇储备实际购买力的下降。三是中国外汇储备中的黄金储备太少，不能从国际金价上涨中获益，与美国、德国等黄金储备多、黄金储备占外汇比重高的国家相比，当国际黄金价格暴涨时，中国的外汇储备的购买力绝对地下降。

此外，国际金融振荡导致国内通货膨胀压力增大，中国治理通货膨胀的任务更加沉重。其一，输入型通货膨胀压力增加。美国增加债务或美联储变相地贬值美元，对严重依赖进口国外大宗商品的中国来说，随着大宗商品进口价格提高，必然导致成本推动型通货膨胀持续，输入型通货膨胀会更加明显。其二，国际避险资金涌入中国，推高通货膨胀。由于美欧经济动荡，国际流动性避险意愿增强，避险资金会一如既往地、甚至加速地流入中国，国内货币供给增加，助推中国本已较高的通胀水平。

简言之，国际金融动荡后，中国经济增长速度下滑，通货膨胀持续，外汇储备损失。

中国经济强身健体之策

国际金融振荡正在将世界经济引入滞胀的泥淖,引发中国经济增速下滑和通胀持续,我们不能对国际金融动荡淡然处之、以不变应万变,需要审时度势,从容应对。

应对国际金融动荡的新思路为:真正地转变经济发展方式,必须从外需导向型转向内需导向型,从依赖扩大出口和引进外资发展经济,转为依赖国内消费和投资发展经济,尽快形成消费、投资、出口协调拉动经济增长的新局面。

与新思路相对应的独立自主的宏观调控政策为:以调整财政支出结构为突破口,以疏堵结合的货币政策和恢复发展资本市场的政策为两翼,全力以赴、真正地扩大内需,建立扩大消费需求的长效机制。

就调整财政支出结构而言,主要包括将出口退税改为居民消费补贴、将家电补贴改为消费补贴、将菜篮子补贴改为居民食品价格补贴等政策调整。

就货币政策而言,要从"控"为主转为"堵""疏"结合。中国必须实行自主独立的货币政策:一方面,实现人民币双向浮动,"疏导"外汇出国;另一方面,将目前的外汇"奖入限出"政策改变为"限入奖出"政策。

就恢复发展资本市场而言,在国际资本市场动荡之际,抓住有利时机全力以赴地恢复和发展中国的资本市场,可以从多方面促进中国经济强身健体。中国资本市场发展已经错失了国际金融危机带给我们的机遇,国际金融动荡又给了中国资本市场机会,这次决不能再坐失良机。中国 GDP 已经是世界第二,然而,与此不对称的是:中国缺乏现代资本市场,中国缺少一个与世界 GDP 第二相称的、世界第二的资本市场。

思考与练习

在杂志或者网上找两篇市场预测报告(优劣各一篇),进行结构、写法的分析。

第五节　经济活动分析报告

一、经济活动分析报告的概念、特点和分类

1. 经济活动分析报告的概念

经济活动分析报告是指以科学的经济理论和国家的经济政策为指导,根据计划指标、会计核算、统计资料以及相关的经济信息,对某一单位、部门或地区一定时期的经济活动状况进行综合分析和评价,从中揭露矛盾、总结经验、提出建议,以指导经济工作、提高经营管理水平、提高经济效益的专业文书。

2. 经济活动分析报告的特点

（1）专业性

经济活动分析报告的专业性体现在写作内容的专业性、分析方法的专业性、表达形式的特殊性。

（2）分析性

经济活动分析报告要表述作者对经济活动进行分析的过程。没有分析，就无所谓分析报告。在具体的分析过程中，多以指标数据的定量分析为基础，再辅之以定性分析。

（3）建议性

经济活动分析报告的写作目的，就是运用分析的结果和总结出来的经验教训，更好地安排下一步的工作，以有效地克服工作中的消极因素，从而进一步提高工作效益。

3. 经济活动分析报告的分类

经济活动分析报告按分析的范围、内容和目的的不同，大体可以分为四种：① 全面分析报告；② 专题分析报告；③ 简要分析报告；④ 部门分析报告。

二、经济活动分析报告的基本写法

经济活动分析报告的写法不固定，但一般包括以下几个部分：

1. 标题

（1）全称式标题

这种标题一般由分析单位名称、分析时限、分析对象及范围和文种四个部分构成，比如《金桥百货 2013 年财务状况分析报告》。

（2）简称式标题

这种标题省略了单位名称或分析时限，或两项同时省略，只由分析内容和文种构成，比如《上半年电脑销售分析报告》。

（3）建议式标题

这种标记指直接使用分析报告里提出的意见或建议作为标题，这类标题比较醒目，直接切入主题，让人一看就大致了解了报告要达到的目的，比如《关于加速流动资金周转的建议》。

经济活动分析报告标题中的文种，有时也可称为"分析"、"情况汇报"、"情况说明"、"评估与建议"等，虽然没有直接点明它经济活动分析报告的性质，但还是让人一看就能明白。

2. 正文

由于分析的目的和要求不同，分析报告正文的结构无固定格式，一般包括以下内容：

（1）前言

前言，又称引言或导言，它是正文的开头部分，主要用来叙述经济活动分析期间的基本情况、分析的背景、分析原因或目的、分析的范围和时限等内容。这部分有时也可省去,直截了当地进入对中心内容的表述。

(2) 介绍情况

这一部分详细介绍分析对象的情况,包括主要经济指标的完成情况、技术设备以及管理情况的文字说明和具体数字说明。写情况介绍主要是为下文的分析作铺垫,它是解决问题的基础,因此必须做到准确、完整、真实、可靠。

(3) 进行分析

分析是全文的中心所在。主要用以反映对分析对象进行分析的过程及结果。进行分析和研究就是在正确的经济理论、党和国家的方针政策指导下,依据一定的经济指标,对经济活动过程中的有关情况进行综合分析研究、对有关的数据进行科学的运算和推导,通过对比分析等手法,揭示问题的实质和存在原因(包括主客观原因),在此基础上提出看法、作出结论。为了保证问题的解决,这一过程必须实事求是、从具体情况出发。

(4) 提出建议

主要是提出意见、建议或措施。这一部分一般是根据分析的结果,提出今后经济活动中改善活动进行的措施和方法。有的经济活动分析报告以说明成绩、总结和推广经验为主,这一部分就着重写明推广经验、提高经济效益的途径;有的经济活动分析报告以揭露问题、总结教训为主,这一部分就应着重写明解决问题、改进工作的措施。总之,分析问题是为了解决问题,分析是建议的前提,建议是分析的结果,两者在经济活动分析报告中有突出重要的位置。同时,提出的建议应注意具体可行、切实有效、针对性强。

3. 结尾

结尾,又称结束语,它是对全文的一个简略总结,起到收束全文、归纳全文的作用。经济活动分析报告的最后,还要写明撰写此经济活动分析报告的单位或作者名称,以及写作的日期。若标题部分已具备相关内容,则不必重复。

三、经济活动分析报告的写作要求和注意事项

1. 经济活动分析报告的写作要求

(1) 确定目的,搜集资料。

(2) 科学分析,正确评价。

经济活动分析离不开对分析方法正确的使用,恰当使用分析方法可以保证经济活动分析的准确性和有效性。另外,任何经济活动都不是孤立的,它总是和宏观的大政方针、微观的具体生产经营环节密切联系。因此,进行经济活动分析时要注意宏观分析和微观分析的相结合。

常见的经济活动分析方法有对比分析法、因素分析法、动态分析法、平衡分析法。对比分析法是通过指标对比来揭示矛盾、寻找差异的一种基本方法,其中主要是可比数据的对比。因素分析法是通过分析影响经济活动的各种因素,测定它们对经济活动的

影响程度,从而认识经济活动的特点,找出经济活动成功失败的原因的方法。动态分析法是以发展的眼光对经济活动的变化情况及其趋势进行研究,提出今后经济活动的建议的方法,它又称预测分析法。平衡分析法是根据客观经济规律的要求,分析经济活动各方面相互关系的一种方法。

(3) 以精练、中肯的语言阐述报告。

2. 经济活动分析报告写作的注意事项

(1) 注意客观对待存在的问题;

(2) 注意抓住主要矛盾,突出重点;

(3) 注意科学合理地使用数据。

【例文】

财务分析报告

在上级党委和各级领导机关的关怀下,在兄弟单位的大力支持和配合下,我站全体干部职工在适应商品流通渠道的变化方面,发挥了积极性和主动性;通过企业整顿,建立健全了以经济责任制为中心的各种规章、制度,把责、权、利有机地结合起来,从而超额10.1%完成上级下达的年度利税计划。现将各项主要指标执行情况综合分析汇报如下:

一、主要经济财务指标执行情况

本年度进货总值×××万元,与去年×××万元相比下降×××万元,即13.97%。其中,地产收购总额×××万元,省内调入×××万元,省外进货×××万元。

本年销售总值×××万元,与去年同期相比下降×××万元,即1.06%,其中,批发销售比去年同期有所增长,调往省内外都略有下降。

年末商品资金总额×××万元,比去年同期×××万元下降×××万元,即16.5%;比前年同期×××万元下降××万元,即30.44%;库存结构得到进一步的调整,布局逐步趋向合理。

本年商品流通费总额××万元,比去年同期××万元下降××万元,即17.32%;费用水平为5.16%,比去年5.55%下降0.39%,其下降幅度为7.03%。

本年度实现利税总额为×××万元,超额10.1%完成上级下达的任务。

整个年度进货正常,销售达到预期效果,库存下降,费用降低,经济效益较为理想。

二、流动资金占用的分析

年末全部流动资金占用为×××万元,比去年同期×××万元下降×××万元,即8.93%;本期平均流动资金占用为×××万元,比去年同期×××万元下降××万元,即17.74%;本期平均流动资金周转次数为2.309次,比去年同期2.136次加快了0.173次,即加快8.1%;期末银行贷款为×××万元,比去年同期×××万元下降××万元,即12.22%。

(一)商品资金

年末资金为×××万元,比去年同期×××万元下降×××万元,即16.59%,

从而达到了整顿企业时制定的库存压缩计划。

年末商品资金结构情况如下：

在途商品为×××万元，比去年同期×××万元上升：主要原因在于，年末五六天内承付托收的贷款近××万元之多，商品尚未能验收入库（由于我们的努力，兄弟单位配合，现已基本解决）。库存商品为××××万元，比去年同期××××万元下降××××万元，即20.6%；移库下放商品为××万元，比年初×××万元下降27.6%；省内外十几个联营点年内共销售××万元，占我站销售额的0.59%。移库代销商品大部分是处理商品，削价损失已经近××万元。对此我们现在已研究决定在下年一季度根据不同情况采用相应的办法，把移库下放联营商品统统解决。

（二）结算资金占用

年末结算资金占用×××万元，占全部流动资金的15.77%；其中：委托银行收款×××万元，应收款××万元，分期应收××万元，待决应收款×××万元，待处理损失××万元，银行存款××万元。

主要情况分析如下：

1. 应收款项中有一笔××万元是由于外单位因缺乏资金，经有关方面暂时借给的，其他则属于内部和外部业务正常往来的款项。

2. 分期应收贷款属于我单位与所属集体单位商店联营的铺底资金。

3. 待决应收款我们组织多次清理，已处理解决×××笔，金额为×××万元，从而使待决应收款压缩到××万元。

我们决心在下年度积极主动地清理各种结算资金的非正常占用，并且采取一系列办法，防止待决款项的增加，压缩不合理的资金占用，努力降低结算资金。

三、商品流通费的分析

本年商品流通费总额为×××万元，比去年×××万元下降××万元，下降幅度为17.32%；本期费用水平为5.16%，比去年5.55%下降0.39%，下降幅度为7.03%。其中：

（一）直接费用

本年直接费用为×××万元，比去年×××万元减少××万元，下降19.8%：其中：

1. 运杂费××万元，比去年同期××万元下降××万元，下降幅度为20.02%。本年进销总额比去年下降12.45%，因而运杂费下降×万元，同时不少大宗商品就厂发货，节约市内搬运费达×万元；另外，进货渠道有所改变，节约运费近×万元，对外争取优惠不付费用或不付运费达×万元左右。

2. 保管费××万元，比去年同期××万元下降××万元，下降幅度为18.57%。主要是：本年度平均库存××××万元，比去年同期×××万元下降22.5%，为此应该下降1.91万元。由于21仓库改为批发商场，全年增加保管费×万元。本年又增加部分商品存厂，节约保管费×万元左右。

3. 利息为×××万元，比去年同期×××万元下降××万元，幅度为9.46%；本年

度每天平均贷款余额为×××万元,比去年同期×××万元下降775万元,节约利息×
×万元。

（二）间接费用

本年间接费用为××万元,比去年××万元增加××万元;主要原因:工资增加×
万元;折旧费增加×万元;由于人员增加福利和其他费用有所上升;特别是差旅费有所
增加。总之,我们在间接费用开支方面,基本上按国家财政制度,财经纪律和会计制度
办事。我们也注意防止一些不合理的费用开支,努力降低间接费用水平,为国家增加
积累。

四、利润的分析

本年实现总额××万元,超额10.1％完成上级下达的利润计划。具体分析如下:

（一）进销差价

本年毛利额为×××万元,比去年同期×××万元增加×××万元;本年毛利率为
5.48％,比去年同期2.53％上升2.95％。具体情况如下:

1. 我站全年处理有问题商品×××万元,其中低于进价损失××万元,为此影响
毛利××万元;

2. 全年争取优惠价格和扩大批发增加毛利达××万元左右。

（二）商品流通费本年减少××万元。

（三）营业外收支净值为负×万元。

（四）利润总额本年为××万元,超额10.1％完成年度利润计划。如果在本期不处
理有问题商品,就不存在于进价损失××万元,那么全年利润将是××万元。

五、今后的意见

我们认真总结本年度的经验教训,在新的一年中,决心在党的调整方针指引下,贯
彻"两个为主"的原则,适应"三多一少"开放式的市场需要,抓销促进,改善管理,提高企
业和职工的素质,干群紧密团结,加强各方协作,贯彻执行以经营责任制为中心的各种
规章、制度,以经济效益的主攻方向作为我们改善管理的目的,争取在新的年度取得更
大的成绩。

思考与练习

了解你所在地区近两年来商品房价格涨跌情况,试写一篇该地区房地产市场的经
济活动分析报告。

第六节 广告文案

一、广告的概念、特点、作用和分类

1. 广告的概念

广告是指企事业单位或者个人,以公开介绍或者说明、说服、劝诱的方式,通过特定的传播媒介,有计划、有目的地引导消费者或服务对象对商品、劳务、文化活动的信息产生需求,以便开展业务或扩大销路所采取的大众化的宣传手段。

广告文案是指广告作品中为传达广告信息而使用的全部语言符号所构成的整体,即广告文本。

【小案例】

毛姆的广告

英国作家毛姆刚开始写作时名不见经传,作品销路不佳,而当时年轻的毛姆又生活困难。迫于生计,毛姆在报纸上给自己的小说做了一则广告:"本人年轻富有、仪表堂堂、风度翩翩、身体健康、开朗大方,欲觅一位像毛姆的小说《××××》中女主角的女郎为配偶……"这则征婚广告一经刊出,立刻吸引了众多的目光,人们纷纷奔向书店去购买毛姆的这本小说,寻找小说中的女主角,这样一来小说的销量直线上升,毛姆的名字也迅速家喻户晓。

毛姆在这里用征婚广告的方式,实际上是为自己的小说做了广告,由于广告设计巧妙地抓住了年轻女性读者及其周围亲朋的心理,所以广告登出后,作者推销自己作品的目的得到了很好的实现。虽然广告刊登的当时,毛姆的实际情况有所不符,但广告刊登后,毛姆的小说卖出了、知名度提高了,也确实正像他广告中所写的那样了。

2. 广告的特点

(1) 传递信息

商品广告是经济信息的载体,也是传递经济信息的手段。一种商品,通过广告宣传,可以让消费者前来购买,使产品畅销,这样不但搞活了经济,而且加快了资金流动,提高了经济效益。

(2) 指导消费

认识商品是购买商品的前提、广告沟通了产供销渠道。通过广告,可以向用户介绍商品的性能特点、保养使用、购买方式、购买渠道等知识和信息,使消费者了解商品情况,有的放矢地选购商品,引导消费者好中求好,使商品在提高知名度的同时,促使产品升级换代,进一步提高消费声誉。

(3) 激发消费

广告既是为了向顾客提供商品信息,更是为了塑造产品形象激发顾客的消费欲望,

使得一个本来无意购买此商品的人产生了一种购物内驱力、一种不可或缺的精神需求,从而吸引消费者自觉地来消费。

3．广告的作用

(1) 促进生产,推广技术;

(2) 加强交流,活跃经济;

(3) 指导消费,方便生活。

4．广告的分类

(1) 根据不同的直接目的,广告可分为观念广告、产品促销广告和形象广告

观念广告分两种情形:一种指的是通过对某种消费观念和社会观念的传达,在目标受众心目中建立或改变某种观念,借此促进商品销售的商业广告;另一种是非商业广告,用观念的建立和改变来向受众传播观念和思想。

产品促销广告,是指直接向消费者推销产品或服务的广告性形式,运用各种途径和方式,将产品的质量、性能、特点、给消费者的便利性等进行诉求,唤起消费者的消费欲望,从而达到广告目的。

形象广告,是指并不直接地促销产品或服务,而是以建立企业或品牌形象为直接目的的广告形式。这种广告形式是一种间接的说服和劝诱活动,是间接的促销活动。

(2) 根据不同的终极目的,广告可分为商业广告和非商业广告

商业广告是以赢利为主要目的的广告运作。非商业广告,指的是不以赢利为目的,而是为了说服公众关注某一社会问题、公益事业或者政治问题等内容的广告运作。

(3) 根据不同的广告发布媒介而形成的广告文案写作分类

① 印刷媒体广告文案写作。是为通过印刷媒体传播的广告文案所进行的写作。根据印刷媒体本身的特点,又分为大众印刷媒体和其他印刷广告文案写作两种类型。大众印刷媒体广告文案写作包括、杂志广告文案写作两种,且占分量最多。其他印刷媒体广告文案写作包括直邮、招贴、产品介绍手册、企业介绍样本、产品样本等文案写作。

② 户外广告文案写作。是为通过户外广告媒体(包括霓虹灯、路牌等广告媒体)所传播的广告文案所进行的写作。

③ 电波媒体广告文案写作。是为通过电波媒体传播的广告文案所进行的写作。目前,电波媒体广告文案写作包括广播、电视广告文案写作,虽同属于电波媒体但两者有重要区别。广播广告文案写作以声音作为文案写作的研究对象,电视广告文案写作以声画合一、语言和文字作为双重的研究对象。

④ 销售现场广告文案写作。指为通过销售现场媒体传播的广告文案所进行的写作。销售现场广告媒体包括商店的装饰、现场展示橱窗、售货柜台等。

⑤ 展示广告文案写作。是为通过展示媒体传播的广告文案所进行的写作。展示广告媒体主要指的是供展览会、交易会等场所使用的看板、展示板等。

⑥ 网络广告文案写作。是为在网络上发布的广告文案所进行的写作。网络广告在目前阶段,多为旗帜广告、图标广告及简介体广告形式。

二、广告的写作格式

这里所说的广告写作，指广告文案的写作。广告文案就是广告的语言文字部分，它是广告创意的基础，也是广告内容的语言文字载体，是广告内容的文字化表现。无论运用哪一种媒介的广告，可以没有图画，可以没有声音，但却不能没有文字。即使广告中没有直接的文字表达，或没有声音的直接传递，但在广告的创意和设计中仍然需要以一定的文案为基础。可以说广告文案具有较深的影响力，无论采取哪一种媒介传播广告信息，一旦离开了文字就寸步难行。

首先，广告文案的写作不但要遵循一般应用文的写作原理，还要根据市场需求和推销原则来写出雅俗共赏、生动有趣的文字，同时它还要考虑公众的接受心理，使之具有特殊的感染力，能引起消费者的注意，促成购买行为的完成。因此，广告文案具有内容真实、实事求是、从消费者心理出发具有较强的针对性、发生作用的时效性、文面要求简短精练、言简意赅、回味深长等特点。其次，广告文案作为最具艺术性的应用型文体，它还可巧妙地调动和运用各种艺术手法，这样广告产生强烈的感染力。

广告文案的写作要有一个写作前的战略策划上的准备过程，这是因为广告写作往往代表一家企业、一个部门、一家公司执笔，它的效果往往直接影响一个企业或公司的产品销售、经济效益和企业形象。这一准备过程包括广告文案写作前的广告定位、广告创意、广告设计、广告制作等一系列问题的考虑。广告文案的写作格式包括标题、正文、随文三部分。

1. 标题

标题即广告的主题，它是广告给人的第一印象，必须是广告内容的凝聚和提炼，能突出广告的主题，新颖别致，有强大的吸引力和感染力。它的作用在于吸引人们对广告的注意。标题的写作贵在紧扣主题、突出重点、语言简洁、独辟蹊径、引人入胜。它有以下三种形式：

（1）直接标题

直截了当地用商品的名称、品牌等作为广告标题的核心内容，直接表明广告的主题和销售重点。它的特点是简洁明了、一目了然。比如："优雅态度，真我个性，浪琴手表。"

（2）间接标题

不直接点明广告主题或介绍产品，而是采用暗示、诱导性等曲径通幽的方式，引导消费者阅读正文的兴趣，它的特点是含蓄蕴藉、充满诱惑。比如："你想了解天下大事吗？请订阅《××环球信息报》"。

（3）复合标题

它是对直接标题和间接标题的综合运用，往往采用正标题和副标题两部分，它的特点结合了以上两种标题的长处，更具吸引力和感染力，运用起来更灵活、更全面。比如："新时代、新贡献——太极计算机"。

2．广告正文

正文是广告标题的具体展开，也是具体体现广告主题和构思的部分。一般应写明商品的名称、用途、规格、特点、产地、性能、价格、出售方式、出售时间、地点等内容。

广告正文是广告文案的主导内容，因而其结构、内涵、技巧都多种多样，从形式结构上说，一般分为开端、中心段和结尾三部分；从内容上说，可以多方面实现消费者对商品的诉求，如表明主题、提供证明、鼓励行动等。因为广告的目的是引起消费者对商品的兴趣，使之产生购买的欲望，所以广告更要在技巧上下功夫，要求写作者要有扎实的语言功底和较高的文字修养。

（1）直述式

直述式就是用平直的语言，直接写出商品的有关各方面的情况。

比如，广西永福制药厂的广告："永福县是名贵特产罗汉果之乡，罗汉果味甜、性凉，具有清热润肺、止咳化痰、生津止渴、润肠通便、益肝健脾以及促进肠胃机能、降低血压等功效"。

（2）问答式

问答式也叫对话式样，即用对话的形式，一问一答来展开广告的正文。这种方式形式活泼，有亲切感。

（3）证书式

即借助政府和权威人士对商品的评价来介绍商品，展开正文。比如：山东兰陵美酒，曾荣获 1915 年巴拿马国际博览会金质奖章，1980 年获山东优质产品证书，1987 年获"中国第一届黄酒节"一等奖。

（4）描述式

对商品或企业的局部或全部进行描写，这种方法能够对产品的特点进行渲染，给人以鲜明印象。

（5）文艺式样

主要是指运用一些诸如相声、动画、诗歌等艺术形式来展开正文，在轻松愉快的气氛中宣传商品和企业，这种方法引人入胜，使人经久不忘。比如，伦敦地铁广告：如果您无票乘车，那么，请在伦敦治安法院下车。

此外，还可采用布告式、目录式、论说式、对比式、象征式等手法。

3．随文

又称附文，指的是附于正文后面的那些较次要的、备查备用的广告信息，它是整个广告文稿的有机组成部分，是对广告文稿的进一步补充，并为广大消费者提供必要的线索、资料，起指导购买的作用。随文的内容包括商标、厂标、企业名称、商品名称、通讯地址、电话号码、电报挂号、查询方式、银行账号、联系人，甚至法人代表、法律顾问等。另外，有的广告除了以上三部分以外，还有口号。口号又叫标语，通常放在广告的结尾部分，是为了达到一定目的、实现某项任务而提出的有鼓动作用的简练明确的语句，它的作用是提醒人们记住企业或商品名称，敦促消费者采取购买行动。

　　广告口号要求写作者精心创意,在遣词造句上应简洁精练,在功能上富有鼓动色彩,在表现形式上灵活多样、富于变化,常见的形式有号召式、风趣式、标题式、颂扬式等。

三、广告文案的写作要求及注意事项

1. 广告文案的写作要求

(1) 要讲求广告内容的真实性,不搞假大空,不欺骗和误导消费者。

(2) 语言要新鲜巧妙,幽默生动,通俗易懂,有启发性。

(3) 广告形式应活泼有新意,切忌俗气平淡。

2. 广告文案写作的注意事项

(1) 内容真实,文字精确;

(2) 主题突出,新颖别致;

(3) 形式多样,语言精妙。

【例文】

春光,茶

(统一奶茶诗歌)

五四余火堆砌成方块砖瓦

在北京胡同小径里百转千回

空气中弥漫诗一般的气息

隔着百十个日子重叠　络络活现

我聆听诗人温柔絮语

是徐志摩痴狂爱恋的书简

是郑愁予达达马蹄下美丽的错误

是歌德少年维特的烦恼

是泰戈尔浪漫主义下的冥想

静　当我心疲惫　让我心沉淀

饮一口茶

品啜杯里的余韵

品啜如诗一般的气息

不是乡愁不是殇

许是诗样的情愫迷惑了双目

在这样的古老的五四大街

在这样的斑驳的北京小茶馆

静　当我心疲惫　让我心沉淀

以诗歌和春光佐茶

思考与练习

请同学们为腾讯微信写一则广告推广文案。

第七节 招标书、投标书

一、招标书

1. 招标书的概念

招标是一方当事人通过对外公开交易的主要条件、要求以及有关材料,召请有意合作的企业和个人前来竞争,以便从中择优选定理想的合作伙伴的活动。招标书是用于招标活动的书面文件,是招标过程中介绍情况、指导工作、履行一定程序的一种实用性文书。

招标书是招标人召请而他人制作的文书,主要用来表达招标的意图以及招标的条件、招标的要求等内容。招标文书主要包括招标书、招标邀请通知书、招标人须知、合同条件、技术条件等。

2. 招标书的特点

(1)适用面广

招标书可适用于工程建筑、材料采购、科研攻关、规划设计、租赁承包等各个方面,遍及国内外,应用非常广泛。

(2)竞争力强

招标的动机是寻找和选择最理想的合作伙伴。招标单位通过招标可以引来众多竞标者,通过竞争,招标者可以达到降低成本、提高效益的目的。

(3)公开性

主要表现在招标书一般通过一定的媒体广泛传播,招标者将自己的标的物、招标意图、招标范围、招标条件、招标步骤等公布于众,投标者可参与公开竞争。此外,招标人要当众公开标的。

(4)保密性

保密性一是指标公开之前不得泄密,,二是指投标书在开标之前也要保密。

(5)约束性

招标书是招标单位以法人的名义向投标单位提出的约言,招标文书一经发出就不能更改,若违约就要承担法律责任,要赔偿由此给投标单位造成的损失。对于投标单位而言,要对投标书提出的条件和要求做出承诺,接受招标书的约束。投标书寄出后不能反悔或更改,如果违背承诺将承担法律责任。

3. 招标书的格式和写法

招标书通常有标题、正文、落款组成。

(1) 标题

标题一般由招标单位全称、招标事宜、文种组成,如《××大学教材招标书》。

(2) 正文

正文由引言、主体部分组成。引言部分要求写清楚招标依据、原因。主体部分要翔实交代招标方式(公开招标、内部招标、邀请招标)、招标范围、招标程序、招标内容的具体要求、双方订立的原则、招标过程中的权利和义务、组织领导、其他注意事项等内容。

(3) 落款

写清具体承办招标事宜的单位名称、地址、电话号码、传真号码、网址、联系人等,以便投标者参与。

4. 招标书的写作要求

(1) 招标方案应切实可行;

(2) 标准应当明确、表达必须清楚;

(3) 规格应当准确无误。

【例文】

北京××食品有限公司一次性刀叉类、纸餐盒类产品招标公告

北京××食品有限公司(BACL)是我国《中外合资经营企业法》颁布后的第一家中外合资企业,主业是为航班提供配餐和机上供应品服务,目前我公司的客户有 36 家外国航空公司和 8 家国内航空公司。此次招标项目:一次性刀叉类、纸餐盒类产品;合同有效期为一年。

1. 招标机构:北京××食品有限公司,北京市顺义区××街 47 号

2. 采购量(参考):详见报价单中的数据

3. 提供 17% 的增值税专用发票,月结 80 天账期;供应商需提供送货服务(地点:东/西区);

4. 符合《中华人民共和国食品安全法》;必须有"QS"标识;提供有效的企业营业执照、税务登记证、全国工业产品生产许可证以及产品检验报告等相关的官方资质证明文件的复印件;企业具有 ISO9001 体系认证;

5. 经销商需提供参标产品生产厂家的资质证明和认证证书;

6. 生产商需提供本企业的资质证明和认证证书;

7. 报价单不得涂改且加盖贵公司公章装入信袋密封后随附资质证明文件的复印件送至我司;

8. 标书和样品同期返还:时间:2014 年 7 月 29 日下午 3:30 分;每种最终定型包装样品 5 张且密封好并与密封的报价单等文件同期送达;

9. 如果贵公司中标,我公司会与您签订供货服务合同;如果贵公司未中标我公司

会发出未中标通知书表示感谢。

北京××食品有限公司采购部

电话:××××　　　　　　传真:××××　　邮编:101300

地址:顺义区××街47号　　　　联系人:×××　×××

报价单

请贵司按照以下品种及规格书面报价并于2014年7月29日下午3:30前密封好后送交北京××东区采购部招标管理室103室(报价有效期一年)

电话:××××　　　　　传真:××××

序号	货品名称	规格及标准	月参考用量	计价单位	产品报价
1	白色东航四件套(叉勺纸签)	1×2 000套/箱	238 000	套	
2	餐具三件套	1×2 400套/箱	30 800	套	
3	东方湿纸巾(2200EA/CS)		270 234	EA	
4	东方中纸餐盒 215×175×60×400EA		158 734	EA	
5	南航经济舱亚运大餐盒	240×150×50	51 667	个	
6	南航五件套	15包×100套/箱	145 000	套	
7	南航小餐盒	180×120×50	27 750	个	
8	七件套刀叉勺	10包×100套/箱	38 334	套	
9	深航4件套	1×1 200套/箱	56 200	套	
10	深航中纸餐盒	400EA/CS	20 000	个	
11	小餐盒	1 000个/箱	31 667	个	
12	一次性热饮纸水杯	40PK×50EA	333	包	
13	外航联体餐盒(400EA/CS)		1 267	EA	
14	一次性餐叉		51 667	个	
15	一次性餐刀		38 334	个	
16	一次性餐勺		87 250	个	

注:＊产品报价单内容不得涂改,否则视为无效;

＊如贵司需要对报价有关说明请另附纸张;

＊可以提供相应的增值税专用发票,执行月结80天账期;

＊产品应符合中华人民共和国食品卫生法要求;

＊敬请贵司将样品(每种样品20个)且密封好并与密封的报价单等文件同期送达。

＊样品与招标文件同期送达。

二、投标书

1. 投标书的概念

投标书是指投标者根据招标书提出的条件,对自身的条件进行审核后,向招标单位提出投标意向,供招标人备选的文本。投标书与招标书相对应,编制是否合适,直接关系到投标者能否中标。

2. 投标书的特点

(1) 针对性

主要表现在两方面:一是必须针对招标项目和招标条件、要求来写;二是必须针对投标单位自身的条件来写。

(2) 求实性

对投标的内容实事求是地写,不夸大也不缩小,一切承诺都要建立在自己实力的基础上,否则要承担法律责任。

(3) 竞争性

体现在投标的内容和语言上,尽可能显出投标者所具有的某些优势条件,以击败其他竞争者。

3. 投标书的格式和写法

投标书的格式并无统一要求,可以使用表格式,也可以使用文字叙述式,或者综合运用上述两种方式。

(1) 标题

标题有两种写法:

① 公文式标题。由投标方、投标目标、事由和文种构成。

② 新闻式标题。分主题和副题两种,如"有实力,讲信誉——我的投标书"。

(2) 主送单位

也叫抬头,指投标书的受文单位,即招标单位名称或评标机构名称。

(3) 正文

一般由前言、主体、两部分组成。前言部分简要交待投标目的和依据,点明投标的项目和内容;主体部分主要有现状分析,并确定投标期限及投标形式;充分提供依据,制定具体标的、经营措施并提出配合与支持的请求。

(4) 结尾

签署投标单位及其法人代表名称或姓名,并写明日期。

4. 投标书的写作要求

要有针对性,态度明确,具体可行,行文迅速,文字简洁。

【例文】

××大学投标书

××大学:

根据贵校财招××××投标邀请,签字代表_____(全名、职务)经正式授权并代表投标方_____(投标方名称、地址)提交下述文件正本一份和副本五份。

(1) 投标书、开标报价表。

（2）投标资格证明文件：营业执照、税务登记证"二证"加盖单位印章的复印件、产品代理协议复印件或厂商授权书。

（3）提供该厂家产品北京地区高校五个以上的大型网络工程案例（其中必须有211学校），并提供用户在本年度提供的反馈证明原件。

（4）自主产品及证明。

（5）取得相关部门颁发的荣誉证书复印件。

（6）公司员工构成情况：并提供本项目项目经理及主要技术人员的相关学历证明、网络工程师或安装资格认证等的复印件。

（7）产品厂商ISO9000系列认证书。

（8）投标方认为有必要提出的合理化建议。

（9）出具投标单位基本情况和经营情况报告：中介机构审核后的××、××年二年的审计报告、资产负债表、损益表。

（10）服务承诺及对本项目的优惠条款。

（11）供应商资格声明。

（12）由＿＿＿＿＿＿＿＿＿＿（银行名称）出具的投标保证金汇票（或现金支票、现金），金额为＿＿＿＿＿。

据此函，签字代表宣布同意如下：

1. 所附报价表中投标总价为＿＿＿＿（注明币种），即＿＿＿＿＿＿＿＿＿＿＿＿＿
＿＿＿＿（文字表述）。

2. 投标方将按招标文件的规定履行合同责任和义务。

3. 投标方同意提供按贵方可能要求的与投标有关的一切数据或资料，理解贵方不一定要接受最低价的投标。

4. 与本投标有关的一切正式通讯地址：

地址：　　　　　　　邮政编码：

电话：　　　　　　　传真：

投标方代表名称、职务：

投标方名称：

（公章）：

日期：　年　月　日

全权代表签字：

思考与练习

1. 西安市第一人民医院检验科要采购一台彩色超声波仪器，请代拟一份招标书。

2. 西门子医疗器械公司沈阳代理处准备竞标，请代为写一份投标书。

第七章　诉讼文书

第一节　诉讼文书概述

一、诉讼文书的概念和特点

在社会活动中,当事人之间由于不同原因会发生种种不同的纠纷,诸如合同纠纷、商标使用纠纷、保险纠纷、财产权益纠纷、债权债务纠纷、专利侵权纠纷等。这些纠纷不仅直接关系到当事人的权益和义务,而且有碍于企业经营活动的正常进行和社会经济秩序的维护。因此,事前尽力防止,事后妥善解决,应该受到当事人双方的重视。

解决纠纷的途径:一是协商,二是诉讼。当纠纷发生之初,当事人双方应先进行协商,力求取得共识,分清责任,找出都能接受的解决办法。只有在协商不成的情况下,才进行诉讼,提请法院审理裁决。

所谓诉讼文书是指诉讼当事人及其合法代理人,为了维护合法权益,依照法定的诉讼程序向人民法院提出请求、答辩、上诉等诉求的各种诉讼文书。根据诉讼的性质不同,诉讼文书可以分为民事诉讼文书、刑事诉讼文书、行政诉讼文书等。其中,经常使用的有民事起诉状、刑事自诉状、行政起诉状、民事上诉状、刑事上诉状、行政上诉状、民事答辩状、刑事答辩状、行政答辩状、反诉状和申诉书等十一种。它们是民事、刑事、行政等常见诉讼程序中必不可少的材料。

诉讼文书的特点如下:

(1) 合法性

诉讼文书的合法性主要体现在两个方面:一是诉讼文书的制作主体应符合法律规定,即诉讼当事人必须是公民、法人、国家机关及其他组织等主体;二是诉讼文书的内容必须符合法律规定,即合法表达各种诉讼要求。

(2) 规范性

诉讼文书的规范性主要体现在以下方面:首先,当事人的称谓要与法律、法规的有关规定相一致;其次,诉讼文书的格式要求规范化;再次,诉讼文书的措辞要求严谨、规范,必须使用一些固定的程序化用语。

(3) 时效性

法律对起诉、审判等几个诉讼阶段都有严格的时限规定,所以诉讼文书在制作时必须遵循时限要求,在规定时限内制作,不允许拖延时间。

二、诉讼文书的种类和作用

经济诉讼文书是经济诉讼程序中所使用的文书的总称,是维护当事人的合法权益,借以表达当事人的观点和理由、要求和希望的重要工具,是引起一定诉讼程序发生的根据。由当事人制作的主要为起诉状、上诉状、申诉状和答辩状等四种诉讼文书,它们各有特定的含义和作用,在制作和使用时要严加区别。

1. 起诉状

起诉状是指纠纷案件的当事人一方,在自己合法权益受到损害或与当事人的另一方对有关权利和义务问题发生争执而未能协商解决时,向人民法院起诉,要求依法审理、裁决所制作的诉讼文书。

起诉状中的当事人,起诉的一方称为原告,被诉的一方称为被告。原告或被告可以是企事业单位、机关、团体或个人,根据需要,各自都可授权委托一至两人作为诉讼代理人。原告向法院提出诉讼是受到法律保护的诉讼权利。

在纠纷案件的诉讼过程中,起诉状有着重要意义,它既是原告用以陈述产生纠纷的事实,表明诉讼的请求和理由,以维护自己合法权益的手段,又是法院对案件进行审理的依据和基础。没有起诉状,一审诉讼程序就无从开始。

关于合同纠纷案件,原告既可以直接向人民法院提交起诉状,请求审理和裁决,也可以向合同管理机关提交《仲裁申请书》,请求调解和裁决。合同纠纷案件的《仲裁申请书》与起诉状相当,除名称和提交审理的机关不同外,两者的目的、作用、内容和形式基本相同。

2. 上诉状

上诉状是原审当事人,因不服一审法院作出的、尚未发生法律效力的判决或裁定,向上一级法院提起上诉,请求撤销、变更或重审所制作的诉讼文书。

上诉状中的当事人双方称为上诉人和被上诉人,可以是一审程序中的原告或被告。上诉人如为一审原告,被上诉人则为一审被告;相反,上诉人如为一审被告,被上诉人则为一审原告,都应在上诉状中注明。

诉讼当事人行使上诉权,也是受到法律保护的,但须受两方面的限制:

(1)上诉范围限于对尚未发生法律效力的一审判决或裁定,在一审判决或裁定依法生效后,就不能提出上诉。二审判决或裁定依法为终审裁决,一经宣判就发生法律效力,也不能提出上诉。

(2)上诉的时间有严格限制。对判决的上诉期限为15日,对裁定的上诉期限为10日,上诉期限都自第一审判决书或裁定书送达当事人之时起算,超过期限,法院不予受理。

上诉状的作用主要在于引起第二审程序的发生,上一级人民法院只有在收到符合条件的上诉状后,才组织合议庭开始二审程序的审理,对一审的裁决作进一步审查,而后根据实际情况,分别作出二审裁决:原审正确的,就驳回上诉;原审有错判的,则予以改判或发还原审法院重审,从而保证审判的质量,使当事人的合法权益得到切实的保障。

3. 答辩状

答辩状是经济纠纷案件中的被告或被上诉人,对起诉状或上诉状陈述的事实、理由和请求进行答复、辩驳所制作的应诉性诉讼文书。

在答辩状中,提出答辩的一方称为答辩人,另一方则称为被答辩人,后者在诉状中可以省略不写。

答辩状分一审程序上的答辩状和二审程序上的答辩状两种。前者指被告针对原告的起诉状而提出的答辩;后者是指被上诉人针对上诉人的上诉状而提出的答辩。区别这两种程序的答辩状,有助于明确答辩的针对性和答辩内容的重点。

答辩状的提出也应在法定期限之内。人民法院对经济纠纷案件的起诉状或上诉状应当在立案受理后5日内,分别将其副本送交给对方当事人,对方当事人收到副本后,一般应在10日内提出答辩状。

答辩状在经济纠纷诉讼中有着重要意义:一是有利于维护被告或被上诉人的合法权益,在答辩状中,他们可以运用摆事实、讲道理的方法,有针对性地反驳起诉状或上诉状中的不实之词和无理的要求,正面提出自己的请求和理由,力求在诉讼中成为胜诉的一方;二是有助于法院兼听则明,客观公正地办案,通过起诉状、上诉状和相应的答辩状,法院得以了解当事人双方的不同意见,便于全面查明案情,分清是非,从而作出正确的判决或裁定。

4. 申诉状

申诉状是指诉讼当事人对已经发生法律效力的判决或裁定认为确有错误,要求法院复查纠正所制作的诉讼文书。

在申诉状中当事人双方,提出申诉的一方称为申诉人,另一方称为被申诉人,后者在诉状中也可略去不写。

申诉状与上诉状的区别如下:

(1) 范围不同:申诉的范围不仅包括已经发生法律效力的一审判决或裁定,还包括二审判决或裁定,甚至正在执行和已经执行完毕的判决或裁定,也在申诉范围之内。上诉状则不然,只限于尚未发生法律效力的一审判决或裁定。

(2) 时限不同:申诉无时限规定,只要在判决或裁定已经生效以后,无论什么时间都可以提出申诉,上诉则有时限规定。

(3) 条件不同:申诉的提出和能否引起审判监督程序的发生,是有条件的。原审的判决或裁定确有错误,才可提出申诉;经法院审查确有理由的,才予受理,无理由的则不受理。也就是说,申诉可以引起审判监督程序的发生,对案件进行复审,也可以不引起审判监督程序的发生,对案件不进行复查。而上诉的提出和能否引起二审程序的发生则是无条件的,只要上诉人对原审的判决或裁定不服,在上诉期限内提交上诉状,不论其理由正确与否,法院都应受理。

申诉状在经济诉讼中有其特殊作用,主要在于它是引起审判监督程序发生的依据,如果申诉确属合法合理,法院就可以进行再审,本着有错必纠的原则,纠正或撤销原审的判决或裁定,使案件得到实事求是的处理,这对于提高审判工作的质量、维护法律的尊严和当事人的合法权益都有着重要的意义。

第二节　诉讼文书的内容和结构

不同的诉讼文书,名称不同,含义和作用也各不相当,但篇章结构及其组成部分的内容,也都有大体的规范。总的来说,都可分为首部、正文和尾部三个部分。但正文部分不同的诉状也有细微的差别。

一、起诉状

1. 起诉状的内容和要求

起诉状的内容包括首部、诉讼请求、事实和理由、尾部四个部分。

（1）首部

首部主要写明以下两项内容:

① 标题。标题是诉讼文书的题目,一般只需写明"起诉状、诉状",也有冠以简明的限制词,如"民事起诉状、经济纠纷起诉状、合同纠纷起诉状"等。

② 当事人的基本情况。当事人双方的称呼,不同的诉状文书称呼也各不相同,不能混淆误用。如原告和被告、上诉人和被上诉人、申诉人、答辩人等,在起诉状中就使用"原告和被告"。当事人可以是单位,也可以是个人,填写的要求也不相同。如果当事人是单位或其他组织,要写明单位全称和地址,法定代表人姓名、职务,企业性质、工商登记核准号、经营范围和方式、开户银行以及账号;如果当事人是个人,要写明姓名、性别、年龄、民族、籍贯、职业（工作单位和职务）、住址。双方有诉讼代理人的,要分别写出代理人的姓名、工作单位和职务,并向法院提交委托代理书。

当事人的书写顺序:原告,如有代理人,写明是法定代理人、指定代理人、委托代理人;被告。

（2）诉讼请求

诉讼请求是原告在诉讼中提出的要求和意见,并请法院予以解决的事项。诉讼请求要写得明确、具体、概括、扼要,不必写事实。因为事实也写在诉讼请求之内,势必和下面的事实与理由部分重复。有的写得过于简单,只写"赔偿",这也不符合要求。

一般一个事项用一句话列为一条表述。如:"请求事项:1. 判令被告支付医疗费×元;2. 判令被告支付残疾赔偿金×元;3. 判令被告支付护理费×元;4. 判令被告支付住院伙食补助费×元;5. 判令被告支付必要的营养费×元;6. 判令被告支付后续治疗费×元;7. 判令被告支付住宿费×元;8. 判令被告支付交通费×元;9. 判令被告赔偿原告精神损失费×元;10. 判令被告支付伤残鉴定费×元;以上各项费用合计人民币×

×元,判令由三被告承担连带清偿责任;11. 判令由被告承担本案诉讼费。"

(3) 事实和理由

事实和理由是诉状的核心部分,是请求法院受理案件或裁决当事人之间的权益纠纷的重要依据。案件能否为法院所受理,与这部分内容是否写得符合要求有直接关系,所以这部分必须认真写好。

事实部分,要写明被告侵犯原告民事权益的具体事实或双方发生权益纠纷的具体内容,要把发生的时间、地点、原因、情节、事实经过以及被告应承担的责任写清楚,特别是要把争议的焦点、实质性的分歧以及各自的过错和应负的责任实事求是地交代清楚。

在诉状中叙述纠纷事实时,必须注意叙述事实和列举证据的紧密联系,以期证明原告所提供的事实是证据确凿的、无可辩驳的。这样,就便于为法院受理案件提供根据,因为法院在受理诉状时,还不可能去查证当事人提供的事实,如能在诉状中列举出必要的证据,则便于法院考虑是否受理该案,也便于法院正确地、全面地了解事实真相,作出合理的裁决。因此,代写诉状的律师应该要求当事人在叙述事实时提供必要的证据,并在书写诉状时予以充分反映,而证据和证据来源,证人姓名、住址,要在事实和理由之后写明。

理由部分,要在叙述事实、列举证据的基础上,分析认定被告违约或侵权行为的性质、所造成的后果以及应承担的责任。也就是说,阐明理由必须遵循"以事实为根据,以法律为准绳"的原则,要援引有关的法律规定作为诉讼请求的法律根据,以确定当事人诉讼请求的合法性和正确性。如果当事人提出非法的诉讼要求,律师应当予以批评规劝;如果当事人的诉讼要求是合法合理的,律师在代写书状时,应加强论证,以期法庭考虑当事人的合法请求,进而作出公正的处理。

在行文方法上,案情事实较为复杂的,一般应先写明纠纷事实,然后再用专门的段落阐述理由。案情简单、法律事实比较明显的案件,以阐述诉讼理由为主线,结合着说明事实情况。

另外,要注意人称的一致性。目前诉状的人称写法有两种:一是以第三人称的写法,即原告如何如何;一是以第一人称的写法,即"我"如何如何。但不能在一份诉状中,同时使用两种人称。

(4) 尾部。尾部包括四项内容:

① 起诉所提交的人民法院的名称。"此致××人民法院"

② 具状人签名盖章。

③ 诉状的日期(年月日)。由律师代写的应该在日期的下一行写明"代书人:××,单位,职业"。

④ 附项。诉状副本、物证、书证、人证等。

2. 起诉状的格式

民事起诉状
(适用公民提起民事诉讼使用)

原告:姓名、性别,出生年月日、民族、籍贯、职业或工作单位和职务、住址、电话等。

委托代理人:姓名、性别,××律师事务所律师。

被告:姓名、性别,出生年月日、民族、籍贯、职业或工作单位和职务、住址、电话等。

诉讼请求:

事实与理由:

　　此致

××人民法院

起诉人:×××

××××年×月×日

附:1. 本状副本:份

2. 证据、证人证言×份

【例文】

民事起诉状

原告:何×,男,汉族,1971年11月19日出生,身份证号:×××,地址:××229号3单元602号;

范×,男,汉族,1964年02月03日出生,身份证号:×××,地址:××村6组17号;

彭×,男,汉族,1962年04月02日出生,身份证号:×××,地址:×开发区45号。

被告:×实业投资有限公司,法定代表人:××,地址:×工业厂区。

诉讼请求:

1. 依法判定×市××实业投资有限公司双倍返还原告押金及赔偿原告投资损失合计人民币500万元;

2. 本案诉讼费用全由被告自行承担。

事实与理由:

原告(原告三人之间的关系为自然合伙人,合伙人略有变动,有相关合法变更手续证明)于2009年06月10日与被告签订了《××客运站租赁合同》。截至今日这段时期内,原告屡次强烈要求被告严格按合约履行自身的职责和义务,被告却充耳不闻、视而不见,完全视合约为一纸空文,严重违反了合同的各项约定,亦严重损害了原告的经济利益,被告的行为已属严重违约。原告不得不向人民法院陈述事实,主张自身的合法权益,其中,被告严重违约事实主要体现在如下几方面:

1. 交付的建筑物及附属物问题重重。根据合同法诚实信用、等价有偿的原则,被告交付给原告经营使用的建筑物应该是合法合规合标的。时至今日,被告交付原告使用的建筑物主体工程及附属物都未合格验收,主体工程合格验收证仍迟迟未见下达。车站在原告连续经营长达一年后,被告的施工人员依然驻守在车站,还隔三差五地进行相关项目的施工和整修,就连消防许可证亦是不久前才审批下来。与此同时,被告拥有车站物业相关的资料和手续只有部分与原告沟通或移交过。截至目前,原告全然不知车站的建筑物及附属物究竟还有多少手续仍未办理完毕或合格验收。

2. 协助办理的营业执照与合同约定大相径庭。"××汽车客运站"与事实上由被告协助办理的"××市××汽车客运站有限公司"完全是两码事。根据《中华人民共和国道路运输条例》、《道路旅客运输及客运站管理规定》、《广东省交通厅实施〈道路旅客运输及客运站管理规定〉办法》相关规定，等级、简易站的站名为"地名＋标志名＋(汽车)客运站"，如"广州汽车客运站"，配客点的站名为"地名＋配客点名称＋(汽车)客运配客点"，如"广州××汽车客运配客点"，而以范才云为法人注册的"××市××汽车客运站有限公司"营业执照，其经营范围为客运站(配客点)，而合约上所签约的"××汽车客运站"，只有等级和简易站才能配有该名，而目前经营范围上明确规定为(配客点)的××客运站，按照法律规定只能配用"××市××汽车客运配客点"这一名称，而不是现注册的"××市××汽车客运站有限公司"这一名称。显现，合约上所签署的"××汽车客运站"跟实际营运的"××市××汽车客运站有限公司"在法律规定和实际经营范围方面完全是南辕北辙、极不吻合。

3. 核心经营租赁物迟迟未实际履行。《××客运站租赁合同》明确提出："乙方承包甲方出资成立的××客运站及××市××镇公共汽车有限公司、××市××客运有限公司"。而事实上，原告现经营的"××市××汽车客运站有限公司"是由原告出资成立(法人代表为范才云)的，被告只是充当一个协助办理的角色。可想而知，就连原告租赁的核心经营标的物，被告从一开始就未交付，也未交付任何由其出资成立的公司给原告实际经营使用，难道不是蓄意欺诈和有意违约吗？同时租赁期间，合同约定由被告出资成立的××市××客运有限公司，虽未明确什么时间成立、如何成立等问题，但原告经营车站长达一年之久后，被告对××市××客运有限公司的成立没有任何反应和作为，甚至避而不谈或虚与委蛇。而××客运站实际经营的需要，客运有限公司的成立便显得迫在眉睫、箭在弦上。如果客运有限公司成立不了，原告根本就无法以客运公司的名义向政府部门申请相关营运线路的经营权，也就是说在客运有限公司未成立之前，原告根本无法正常开展自身的线路业务，致使原告进驻车站长达一年之久依然连续巨额亏损、债台高筑，蒙受了巨大的经营压力和经济损失。被告的不作为和违约行径，严重有悖原告承包车站经营的初衷，原告就连一个核心业务的客运有限公司都没有，拿什么去谈车站实际性的经营和润利呢？

4. 其他违约事实。《××客运站租赁合同》中的第十三条"其他约定"中的第四款："该客运站可先以临时配合点名义进行营运，并开始报验，一年后，政府部门方可按客运站的营运情况进行验收，达到标准后，方授予三级站的资格"。其文字中的'配合点'按规定应为'配客点'，不知被告是有意为之，还是故意混淆视听，以此来逃避法律事实。同时，一年之后，××汽车客运站虽经相关部门验收后，但因主体工程未合格验收和消防资料不齐等原因，三级站资质亦迟迟未见授予下来，被告完全对这一约定视而不见、置若罔闻；《××客运站租赁合同》中的第十三条"其他约定"中的第八款："甲方应负责与××镇政府沟通，确保所有途径××、并在××境内经营客运的车辆务必进入××汽车客运站，由乙方统一管理"。合约规定被告必须履行义务，商请××镇政府及相关部门进行协调等。而事实上，被告对这一约定没有任何积极作为的表现，直至2010年07月15日，在原告自身费了九牛二虎之力投诉和上访政府各主管部门后，才有了目前车

应用文写作教程

辆初步进站的事实。

5. 实际损失金额。原告实际投资和经济损失折合人民币 500 万元(见损失清单)。

综上所述,被告已严重违反合同多项约定、损害了原告的切身利益,致使原告蒙受了巨大的经济损失。根据《民法通则》和《中华人民共和国合同法》的宗旨原则和相关规定,被告行为已属严重违约,同时,被告的违约事实确凿清楚,证据充分肯定,原告现依法向××市人民法院提请民事诉状,请求××市人民法院秉公依法办理和审判。

此致
××市人民法院

具状人:××
×年×月×日

二、上诉状

1. 上诉状的内容和要求

上诉状的内容包括首部、诉讼请求、事实和理由、尾部。

(1) 首部

上诉状的首部,标题为"上诉状"或"民事上诉状";当事人的基本情况:上诉人(原审×告)、被上诉人(原审×告)等。

在首部的当事人的身份事项之后,下一行有一段程式化的语言,即案由,如:

"上诉人因张××诉刘××赔偿经济损失一案,不服××市××区人民法院某年某月某日××字第××号的民事判决(或裁定),现提出上诉。"

(2) 诉讼请求

上诉请求是针对一审人民法院的裁决,写作时注意几点:

① 简要综述案情全貌,写出原审裁决的结论内容。

② 表明对原审裁决结论是全部不服,还是部分不服。如:认定的事实不清? 证据不确凿? 适用法律不当? 诉讼程序不合法?

③ 说明具体的诉讼请求,如要求撤销原审裁决? 全部改变原审的处理结果? 要求对原审裁决作部分变更。

上诉请求应具体、明确,不能含糊其辞、模棱两可。

(3) 事实和理由

上诉理由是针对原审裁决,依照事实和法律,从以下几个方面进行论证和辩驳。

① 原审认定事实错误,提出纠正或否定的事实和证据。

② 原审确定性质不当,重新确定案由;

③ 原裁决适用法律不当,提出应引用的法律条款。

④ 原审适用程序不当,提出纠正的法律根据。

写完上诉理由,通常写:"为此,特向你院上诉,请依法撤销原判决(裁定),给予改判(或重新审理)。"

（4）尾部

尾部包括四项内容：

① 上诉所提交的人民法院的名称，"此致××人民法院"。此处法院应是处理起诉状等一审法院的上一级法院。如果起诉状递交的是市级法院，上诉状则要递交到省级法院。

② 具状人签名盖章。

③ 诉状的日期（年月日）。由律师代写的应该在日期的下一行写明"代书人：××，单位，职业"。

④ 附项。诉状副本、物证、书证、人证等。

2. 上诉状的格式

××上诉状

上诉人（原审×告或第三人）：姓名、性别、年龄、民族、职业或工作单位和职务、住所（或常住地），上诉人如为单位，应写明单位名称、法定代表人姓名及职务、单位地址。

法定代理人：姓名、性别、职业或工作单位和职务、住所，与上诉人关系。

被上诉人（原审×告）：姓名、性别、年龄、民族、职业或工作单位和职务、住所（或常住地）。

上诉人因×××（写明案由，即纠纷的性质）一案不服×××人民法院（写明一审法院名称）××××年×月×日×字第×号民事（刑事或行政）判决（裁定），现提出上诉。上诉请求及理由如下：

上诉请求：

1. 撤销原判决，裁定发回重审或者依法改判为×××××××；

2. 判令被上诉人承担本案诉讼费用。

上诉理由：

综上所述，上诉人认为，一审判决中事实认定不清，证据不足，且缺乏必要的法律依据和根据。为此，特向贵院提起上诉，请依法作出公正裁判。

此致

×××人民法院

上诉人：×××（签名或盖章）

××××年×月×日

附：

上诉状副本×份

【例文】

民事上诉状

上诉人（一审原告）：王某，男，生于 1960 年 12 月 8 日，汉族，济南××科技发展有限公司经理，住济南市二环东路××号 D 座 2204 室

被上诉人（一审被告）：山东某房地产公司

住所地:济南市历下区××村33号

法定代表人:邓某某。职务:董事长

上诉人王某不服济南市历城区人民法院2008年10月21日作出的历城民商初字〔2008〕第1150号民事判决书,现提出上诉。

上诉请求:

1. 请求人民法院撤销一审判决,依法改判。

2. 本案的诉讼费用由被上诉人承担。

事实与理由:

一、一审法院以因原、被告在合同中仅约定逾期办证退房退款,而未约定支付违约金为由,认定上诉人要求被上诉人支付违约金、增加违约金的诉求无法无据,属于适用法律错误,涉嫌枉法裁判。

本案毋庸置疑的事实是被上诉人在履行与上诉人之间的商品房买卖合同中严重违约,在商品房交付使用后360个工作日内没有将办理权属登记需由出卖人提供的资料报产权登记机关备案,致使上诉人的房产证无法在约定期限内正常办理,对此被上诉人应当承担逾期办理房产证的违约责任。

上诉人和被上诉人在2005年5月26日签订的商品房买卖合同第十五条约定,出卖人应当在商品房交付使用后的360个工作日内,将办理权属登记需由出卖人提供的资料报产权登记机关备案,如因出卖人的责任,买受人不能再在规定期限内取得房地产权属证书的,双方同意按以下第1项处理:

1. 买受人退房,出卖人在买受人提出退房要求之日起30日内将买受人已付房价款退还给买受人,并按已付房价款的0.5%赔偿买受人损失。

2. 买受人不退房,出卖人按已付房价款的0.5%向买受人支付违约金。

依据合同的此款约定,在被上诉人办证期限违约的情况下,上诉人有选择退房的权利,但不能认为此条款是赋予了违约方在违约后有收回房屋的权利。

也就是说,在被上诉人违约而上诉人又不想行使退房的权利时,对于违约方如何承担违约责任的问题在合同中没有约定。正是没有合同双方的约定才能按法定,《最高人民法院关于审理商品房买卖合同纠纷案件司法解释》第十八条合同没有约定违约金或者损失数额难以确定的,可以按照已付购房款总额,参照中国人民银行规定的金融机构计收逾期贷款利息的标准计算。根据上述法律规定,在上诉人选择不退房的情况下,主张参照合同第15条第2款关于不退房时的违约金计算标准并要求增加违约金有明确的法律依据。一审法院以合同仅约定退房而未约定支付违约金驳回起诉显然是判决错误,明显违反了《中华人民共和国合同法》和《最高人民法院关于审理商品房买卖合同纠纷案件司法解释》的相关规定。

二、一审法院对本案部分主要事实没有查清。

1. 对双方有争议的房屋交付时间没有查清。

2. 对双方有争议的住房公共维修基金缴纳时间没有查清。

3. 对双方有争议的被上诉人开发建设的济南市东环国际广场房产证大证的办理

时间没有查清。

三、一审法院在判决书第 5 页第 4 行关于"证实被告于 2007 年 7 月 196 才将该基金予以缴纳。"的表述令人费解。如果是笔误，则应及时修正，以维护法律文书的严肃性。

四、上诉人诉求的是请求法院判令被上诉人在 30 日内为上诉人办理济南市二环东路 3966 号 D 座 2201～2204 号房屋产权过户手续，而一审法院判决结果却是限被上诉人于判决生效 90 日内协助办理。既然被上诉人已经具备了办证条件，为何不判决其在 30 日内协助办理呢？

综上所述，被上诉人存在明显违约的过错行为，极大地损害了上诉人的合同权益，而在这种情况下一审法院却判决被上诉人不承担任何违约责任，放纵违约方，漠视弱者的合法民事权益，明显违反了法律的公平原则以及诚实信用原则，损害了当事人的合法权益。为了正确适用法律，依法维护法律的尊严，维护上诉人的合法权益，请二审法院对本案依法改判。

此致
济南市中级人民法院

上诉人：王某（签字按手印）
2008 年 11 月 3 日

三、申诉状

1. 申诉状的内容和要求

申诉状的内容包括首部、诉讼请求、事实与理由、尾部等。

（1）首部

申诉状的首部，标题为"申诉状"或"民事申诉状"；当事人的基本情况：申诉人（原审×告）、被申诉人（原审×告）等。

在首部的当事人的身份事项之后，下一行有一段程式化的语言，即案由，如：

"申诉人因张××诉刘××赔偿经济损失一案，不服××市××区人民法院某年某月某日××字××第号的民事判决（或裁定），现提出申诉。"

（2）诉讼请求

明确表明申诉人通过申诉所要达到的目的，请求撤销原裁判，或对原裁判进行改判，或对原调解协议重新处理等。

（3）事实与理由

先简明归纳案件事实、原来的处理经过和最后的处理结果，然后针对原裁判或决定中的错误之处，运用相关的事实和证据，结合相关的法律条文，说明原判决或裁定事实不清或违反法律程序，从而说明提出申诉的充分理由，支持申诉请求。

（4）尾部

申诉状的尾部格式同起诉状。

2. 申诉状的格式

××申诉状

申诉人：姓名、性别、出生年月、民族、文化程度、职业或工作单位和职务、住址。（申诉人如为单位，应写明单位名称、法定代表人姓名及职务、单位地址）

被申诉人：姓名、性别、出生年月、民族、文化程度、职业或工作单位和职务、住址。（被申诉人如为单位，应写明单位名称、法定代表人姓名及职务、单位地址）

申诉人因×××（写明案由，即纠纷的性质）一案不服××××人民法院（写明原终审法院名称）×××××××第×××号××判决，现提出申诉。申诉请求及理由如下：

请求事项：（写明提出申诉所要达到的目的）

事实和理由：（写明申诉的事实依据和法律依据，应针对原终审判决认定事实、适用法律或审判程序上存在的问题和错误陈述理由）

此致
××人民法院

申诉人：（签名或盖章）
××××年××月××日

附：本申诉状副本×份。

（注：民事、行政、刑事自诉各类案件申诉状的格式基本相同）

【例文】

民事申诉状

申诉人（一审被告、二审上诉人）：合江县飞通广播电视网络有限责任公司，所在地：四川省合江县广电大楼。

法定代表人：宋××，总经理。

申诉人因触电人身损害赔偿纠纷一案，不服四川省合江县人民法院于2006年6月22日作出的合江民初字〔2006〕第92号民事判决和四川省泸州市中级人民法院于2006年11月8日作出的泸民终字〔2006〕第456号民事判决，特依法提起申诉。

申诉事项：

按照审判监督程序对上述两级法院作出的一、二审判决提出抗诉。

申诉的事实和理由：

两级法院一、二审判决以"飞通广电网络公司有责任对闭路电视线和闭路承载线与电力线同杆架设的问题进行整改，而未及时整改，同时在闭路电视线和闭路承载线被他人移动后未及时维护管理，形成重大安全隐患，对事故的发生较之玉宇电力公司的责任更大些"为由，判令上诉人承担30%的赔偿责任，并承担连带责任，其认定事实的主要证据不足，适用法律确有错误。

具体理由如下：

首先，一、二审判决以同杆架设形成重大安全隐患和未对同杆架设进行限期或及时整改为由要飞通公司担责,其认定事实的主要证据不足,适用法律确有错误。

1. 就法律适用来说,对同杆架设问题,是否构成违章形成重大安全隐患,应具体情况具体分析。本案田坝村是 1983 年自建的低压电力线路的产权人,其于 1999 年自行将闭路电视线及承载线同杆架设在自己的低压电力线路上,属该电力设施所有者的自主行为,不违反《四川省电力设施保护实施办法》第二十三条关于"未经电力企业或电力设施所有者、管理者同意,不得同杆架设电力线、通信线、广播线、电视接收线、安装广播喇叭或悬挂广告牌"的规定,依法不属违章,不构成重大安全隐患。而一、二审判决依据哪部法律的哪条哪款认定本案中的同杆架设是违章而形成重大安全隐患并需进行限期或及时整改? 事实上,一、二审判决对此既没有也无法引用相应的法律依据。显然,一、二审判决认定本案中的"同杆架设形成重大安全隐患需进行限期或及时整改"属适用法律确有错误。

2. 就事实认定来说一对同杆架设问题,一、二审判决仅凭部分当事人的口说,并无上级有关部门勒令飞通公司限期或及时整改的文件或通知作为判决的依据,就牵强附会地认定同杆枷访需要限期或及时整改,显然其认定的"对同杆架设需要限期或及时整改"这一事实的主要证据不足。而从二审中飞通公司主动举出的新证据的来源看,该证据是一审庭审期间,合江县安监局应县政府要求,对电力公司请求撤除同杆架设问题的答复。从该证据的内容可知,即使排除了电力设施所有者同意的同杆架设的情形,原有的同杆架设即电力设施所有者等所不同意的同杆架设也系历史遗留问题,需逐步改造,但在未经相关部门联合普查并认定为严重威胁生命财产安全的情况下,此类同杆架设也同样不属"限期整改"的对象。何况,本案的同杆架设还不属于此类需要逐步改造的同杆架设。

其次,一、二审判决以闭路电视线和闭路承载线被他人移动后未及时维护管理形成重大安全隐患为由要飞通公司担责,其适用法律确有错误。根据《广播电视设施保护条例》第七条第二款关于"禁止危及广播电视信号专用传输设施的安全和损害其使用效能的下列行为:(二) 移动、损坏传输线路、终端杆、塔桅(杆)及其附属设备、标志物"的规定,本案中,他人在未告知飞通公司更未经其同意的情况下,私自移动广电传输线路即闭路电视线和承载线,依法属危及广播电视信号专用传输设施的行为,飞通公司本身作为被侵权方,其有权诉诸法律以维护自身的合法权益。至于飞通公司何时发现被自己被侵权以及该线路被他人擅自非法移动后是否又造成第三人损害,与飞通公司何干? 显然,飞通公司对此不应承担任何责任。而一、二审判决以"你的权利被侵犯了,未及时发现进行检查处理,你就有责任"的不合理逻辑,让被侵权的飞通公司担责,是不能成立的,因为权利被侵犯这一事实决不能反过来成为被侵权者担责的理由。退一步说,闭路电视线本身并不带电,不属高危作业,除非用户投诉闭路电视信号中断,否则飞通公司就不应负有及时发现进行检查处理的职责和义务。

第三,对本案的主要责任人之一泸州玉宇电力公司,一、二审判决均回避了其存在的另两项违章行为及其一连串违章行为在本案中所起的关键作用,反而认定"飞通公司对事故的发生较之玉宇电力公司的责任更大些",其认定事实的主要证据不足;一、二审

判决要飞通公司承担 30％的赔偿责任,仅判令玉宇电力公司承担 20％的赔偿责任,其适用法律确有错误,且明显有袒护玉宇电力公司之嫌。根据合江县安办签发的《批复》所查明的事故原因:"电力公司要求村、社组织危改,且施工中,使用无证人员上岗作业违反技术操作规范,将电杆固定线与闭路承重线(注:实际为铁丝线)重合并接,且将电杆固定线选址于大路中间,又无绝缘设施,致王世清路过时触电身亡。这是电击死亡的第一间接原因。"从上可知,玉宇电力有限责任公司的违章行为至少有三:其一是电杆固定线与铁丝线重合并接,并未错开;其二是将电杆固定线选址于道路中间,而非路侧,由于现场路窄,造成过往行人与该电杆固定线必然进行接触;其三是未设置绝缘设施,即未按照规定加装隔电子。上述三项违章行为共同作用,严重危及他人人身安全,使人性命攸关。也就是说,上述三项违章行为若能避免一项,则本案悲剧即可避免。而一、二审判决仅认定了其第一项违章行为,回避了第二项和第三项违章行为,更回避了上述违章行为在致死王世清过程中所起的关键作用,反而认定"飞通公司对事故的发生较之玉宇电力公司的责任更大些",其认定事实的主要证据不足。鉴于本案被害人王世清是被电击致死的,又鉴于玉宇电力公司存在多项违章行为(侵害行为)以及上述违章行为在致死王世清过程中所起的关键作用,一、二审判决却仅仅判令玉宇电力公司承担 20％的赔偿责任;而一、二审判决认定飞通公司有两项"不作为"(注:尚不成立),就要承担 30％的赔偿责任;二者对比,一、二审判决显失公正。显然,一、二审判决适用法律确有错误,且明显有袒护玉宇电力公司之嫌。

综上所述,一、二审判决认定事实的主要证据不足,适用法律确有错误,对飞通公司作出了错误的裁决。为此,特根据《民事诉讼法》第 14 条和第 185 条之规定提起申诉,请求贵院依法提出抗诉,实施法律监督。

此致

泸州市人民检察院

申请人:合江县飞通广播电视网络有限责任公司

二〇〇六年十二月一日

附件:

合江民初字〔2006〕第 92 号民事判决书一份。

泸民终字〔2006〕第 456 号民事判决一份。

四、答辩状

1. 答辩状的内容和要求

答辩状内容包括首部、答辩理由和尾部。

（1）首部

答辩状首部包括标题、答辩人基本情况和案由三部分。

答辩状的标题和答辩人基本情况之后,下一行,是一段程式化的文字,即案由:"答辩人因……一案,现提出答辩如下:"或者:"因×××诉我……一案,提出答辩如下:"这样引出答辩的内容。

（2）答辩理由

答辩的内容以写答辩理由为主，主要是针对原告或上诉人指控的理由，进行申辩说理。如果对方当事人的指控是真实的，但只是全部纠纷事实中的一部分，而对原告或上诉人不利的一部分未写，那么答辩人应补充提出这部分事实，分析对方隐瞒或歪曲事实的意图，从而反驳对方的诉讼请求；如果对方提出的事实和理由部分虚假，答辩人应运用新的、真实的事实和证据，反驳对方的诉讼请求；如果对方提出的事实没有出入，但对法律条文理解错误，而提出不合法的请求，答辩人可据理反驳。

总之，答辩状主要运用反驳的方法，先抓住对方所陈述的事实错误和适用法律的错误之处，作为反驳的论点；然后列举客观真实的事实和证据材料，作为反驳的论据；再运用逻辑推理进行论证。

答辩人在提出事实、法律方面的答辩后，使用立论的方法，对案件的处理依法提出自己的主张，请求法院裁决时予以考虑。

（3）尾部

尾部包括四项内容：

① 起诉所提交的人民法院的名称。"此致　××人民法院"

② 具状人签名盖章。

③ 诉状的日期（年月日）。由律师代写的应该在日期的下一行写明"代书人：××，单位，职业"

④ 附项。诉状副本、物证、书证、人证等。附项中，如果没有新的证据，则可不列证据。

2. 答辩状格式

××答辩状

答辩人：姓名、性别、出生年月、民族、文化程度、职业或工作单位和职务、住址。（答辩人如为单位，应写明单位名称、法定代表人姓名及职务、单位地址）

答辩人因（写明案由，即纠纷的性质）一案，进行答辩如下：

请求事项：（写明答辩所要达到的目的）

事实和理由：（写明答辩的事实依据和法律依据，应针对原告、上诉人、申诉人，即被答辩人提出起诉、上诉、申诉所依据的事实、法律和所提出的主张陈述其不能成立的理由）

此致
××人民法院

答辩人：（签名或盖章）
××××年×月×日

附：本答辩状副本×份。（按被答辩人人数确定份数）。

【例文】

答辩状

答辩人：××，女，出生年月，汉族，无业，住××路××新村××幢××室

答辩人就张×诉我离婚一案,提出答辩如下:

一、同意解除与张×的婚姻关系

我与张×感情确已破裂,无和好的可能,之前,张×已经起诉过一次离婚,法院判不离后,两人一直分居至今,因此,同意解除与张×的婚姻关系。

二、女儿由张×抚养

我与张×的女儿由张×抚养,但是张×应保证女儿由其亲自抚养,不能送交其父母抚养;保证使其接受良好的教育;保证给予足够的关心与呵护,使其身心都能得到健康的成长与发展,否则我有权变更抚养关系。孩子年幼,之前一直由我照顾和看管,张×对孩子又不管不问,我一直不能参加工作,生活基本上全靠我父母、哥哥及朋友资助,目前我没有太多的经济能力支付女儿的抚养费,因此,我只能保证支付女儿每月××元抚养费。

三、夫妻共同财产依法分割

1. 结婚后夫妻共同购置房屋一处,面积××平方米,市场价值××万元,房屋归张×所有,张×应支付我一半的房款计××万元。2. 张×自孩子出生后就没有向家里交过一分钱,至今已有两年零七个月的时间,其2003年前四个月的平均工资为××元,那么,应有××元的工资收入,这部分收入应为夫妻共同财产,我要求分得一半。3. 银行存款为夫妻共同财产,我业已申请法院调取婚后张×在银行的存款,存款数额的一半归我所有。4. 其他家庭共同财产约一万余元,因房屋归张×所有,这些财产也归其所有,由张×支付五千元给我。

四、夫妻共同债务由双方负担。为维持生活,我先后两次借款一万元,用于家庭生活开支和孩子的抚养,这些属于夫妻共同债务,已为法院有效判决所确认,应由双方共同负担。

上述答辩意见,请法院采纳。

　　此致
××人民法院

　　　　　　　　　　　　　　　　　　　答辩人:×××
　　　　　　　　　　　　　　　　　　　××××年×月×日

本答辩书副本×份。

思考与练习

××出版社于2012年1月8日与××新华书店签订合同一份,出版社给新华书店60种图书计12万册,扣除折扣等,新华书店应支付书款98 250元给出版社,合同规定六个月后结账付款,但拖至2014年3月,新华书店仍不付款,出版社几经交涉未有结果,不得已准备起诉。请你代出版社写一份起诉状,再代新华书店写一份答辩状。

第八章　科技文书

第一节　科技文书概述

一、科技文书的概念和特点

科技文书是科技领域把科学技术作为研究表述对象,记载和传播科技信息、描述和反映科技研究成果、交流和沟通科技活动意见的应用文章。

科技文书包括学术论文、毕业论文、毕业设计报告、科技报告、科技情报、科技论文、技术文书等。

科技性论文包括理论性论文、实验性论文、描述性论文、评论性论文。

依照《中华人民共和国国家标准科学技术报告、学位论文和学术论文的编写格式》要求,科技论文写作由以下几部分组成:

(1) 前置部分:封面、题名页、序和前言、摘要、关键词、插图和附表清单、符号、标志、单位、术语等。

(2) 主体部分:引言、正文(一般包括实验和理论分析,结果和讨论)以及相应的图和表、结论、致谢、参考文献等。

(3) 结尾部分:可供参考的文献著录、索引、封底等。

科技文书的特点主要有三点:① 内容上具有科学性;②表达上具有论说性;③ 体式上具有一定的规范性。

二、科技文书的作用

科技文书的作用主要体现在以下三点:

1. 总结科技成果

公开发表的科技文书是科技成果的总结,是确认科技工作者取得某项创造发明权的依据,也是衡量个人、单位、国家科技水平的标志。特别是在今天,科技发展迅速,竞争激烈,如果一项科技成果不能及早地写成文章发表,得到社会的承认,就不能实现科技成果与社会生产建设的转化,知识产权也可能归他人所有,这将对国家和个人造成损失。

2. 交流科技信息

现代科学技术工作已经趋于综合化、社会化。科技工作与社会各方面的联系也十

分密切,没有这些联系,科技工作就寸步难行;在某一科学技术领域中往往是一群人在进行各个不同方向(或相同方向、相同课题)的研究,这就需要彼此联系、交流和借鉴。这种联系、交流和借鉴主要是通过科技工作者发表科技文章的形式下进行的。科技发展史告诉我们,许多重大发明、发现都是从继承和交流开始的,因此,可以认为,科技文书写作几乎是一切科技交流的基础。

3. 推动生产建设

科技是生产力。科学技术要转化为现实生产力,推动生产建设,就必须为生产者掌握,直接进入生产过程。科技文章就是向社会传播、推广和普及科学技术的重要手段,是将先进的科学技术转化为生产力的重要媒介。因此,科研文章是传输科学技术的重要桥梁和纽带。

可见,科技文书在科技工作和生产建设中具有重要作用。科技工作者学习并掌握科技文章的写作,是社会的需要,也是当代科技人才必备的一项基本功。

第二节 学术论文

一、学术论文的含义和特点

学术论文就是在一定的科学领域内,人们思维轨迹及综合研究活动的科学记录和最新科研成果或新见解的表述。学术论文反应学科领域最新的、最前沿的科学技术水平和发展动向,对科学技术事业的发展起着重要的推动作用。

学术论文的特点如下:

(1)独创性。独创性是衡量学术论文学术价值的基本尺度,是学术论文的生命。所谓独创性,简言之,就是作者的论文能够提出新理论、新见解或新假说,自成一家之言。

(2)学术性。学术性其实就是科学性,是指学术论文所体现的专门的、系统的学问,是建立在深厚的学理和实践的基础上的理论。学术论文的学术性要求作者必须从客观实际出发,对客体进行认真、仔细、周密的观察和分析,以获取大量的材料作为立论的依据,从中找出规律,揭示其本质或得出符合客观实际的结论。

(3)理论性。学术论文要求作者站在一定的理论高度观察和分析研究问题,其研究过程及其内容都体现了理论应用和立论构建的特点,具有较浓的理论色彩。

(4)专业性。一般说来,一篇学术论文只反应它对某一学种的某一问题(或几个问题)进行研究和探讨。论文的成果,或供专业考核,或供学术交流,或供专门刊物发表等,都有明显的专业性。

(5)客观性。客观性与科学性是密切相关的。科学性还应实事求是,客观性要求一切从实际出发。要坚持唯物主义的态度,不能凭空捏造,主观臆想,要从实际中去粗取精、去伪存真,得出结论,决不仅凭自己的好恶去捕捉。

（6）平易性。学术论文是宣传科学真理的文章,因此它要求容易理解。要尽量做到不仅专家看了能懂,就是具有一定文化知识的人看了也能懂。做到这一点也并不容易,要将深奥的理论化为浅显的语言。

二、学术论文的主要类型

按研究范围可分为宏观学术论文和微观学术论文。

按研究对象的性质可分为理论型学术论文和应用型学术论文。

按内容和写法可分为论证型学术论文、注释型学术论文、考证型学术论文、调研型学术论文、述评型学术论文、争辩型学术论文等。

三、学术论文的写作格式和注意事项

1. 学术论文写作格式

学术论文包括标题、单位姓名、摘要、关键词、正文、注释或参考文献等几个基本组成部分。

（1）标题。标题是以最恰当、最简明的词语反映论文最重要的特定内容的逻辑组合。论文标题是一篇论文给出的涉及论文范围与水平的第一个重要信息,因此论文标题十分重要,必须仔细斟酌选定。论文的标题要准确表达论文的内容,恰当反映所研究的范围和深度,力求标题的字数少,精选用词。并且在命题时,要考虑逻辑上有关外延和内涵的恰当运用,否则会出现谬误。

论文题目涉及论文范围与水平的重要信息,决定着论文的写作方向和内容的取舍等问题,选择适当的论文标题尤其重要。标题有正标题、副标题之分。正标题是文章总体内容的概况,副标题主要为了点明论文的研究对象、研究内容、研究目的,对正标题加以补充、解说,或者强调论文研究的某个侧重面等。一般单列一行,居中写明正标题的内容,如有副标题,应一并写出。

（2）单位、姓名。依次写明作者的姓名作者单位所在地、邮政编码。如有两个以上作者,按第一、第二作者先后标出。

（3）摘要。摘要又称内容提要,是对论文内容作简短陈述,阅读者仅阅读摘要而无需阅读全文即能获得学术论文中的必要信息。论文摘要要求文字简练、内容概括,篇幅短小。内容多为:① 从事这一研究的目的和重要性;② 研究的主要内容,指明完成了哪些工作;③ 获得的基本结论和研究成果,突出论文的新见解;④ 结论或结果的意义。例如:

内容摘要:跨入新千年的中国资产评估业机遇和挑战共存,如何抓住机遇促进发展是关系评估行业生存和发展的重大课题,开拓新市场、发展新局面是评估行业未来的主要任务,本文对今后资产评估市场多元化变化的趋势做了分析和预测,对评估机构所面临的问题及应对措施进行了阐述。我国经济的市场化步伐的加快,为资产评估行业的发展提供了越来越多的发展空间,特别是加入 WTO 后,我国经济将发生产业结构和企

业制度的重大调整,这种调整意味着产权交易市场将更为活跃和规范,为资产评估行业的发展提供了更多的发展机遇。同时国内中介市场的对外开放也使得资产评估行业面临着前所未有的挑战。

摘自《浅析资产评估工作面临的机遇和挑战》

该摘要内容简短、概括性强,基本上达到了读者通过阅读摘要部分就能了解论文内容的目的,是一个成功的内容摘要。

(4)关键词。关键词是为了文献标引工作,从论文中选取出来,用以表示全文主要内容信息的单词或术语。选取关键词的方法是由作者在完成论文写作后,从论文标题或论文内容中选择能表示论文主要内容的信息或词汇,一篇论文可选取 3～8 个词作为关键词。如:

关键词:资产评估　资产评估的发展　资产评估的机遇　资产评估的挑战

摘自《浅析资产评估工作面临的机遇和挑战》

这些关键词充分表示文章内容信息,体现文章的写作思路,因此这几个关键词的选择非常恰当。

(5)正文。正文是论文的本体部分,占据论文的最大篇幅。作者的创造性成果或新的研究结果都将在这一部分得到充分的反映。因此,这部分要内容充实,论据可靠,论证有力,主题明确。为此,可将正文部分分成几个大的段落,每一段落均可冠以适当标题或用数字序号标出,然后围绕该标题进行论述。例如:

1　中国资产评估业概述
1.1　中国资产评估业的产生与发展(略)
1.2　资产评估行业必须实行统一管理(略)
1.3　资产评估行业如何实行统一管理(略)
2　中国资产评估业的现状分析和若干问题的思考
2.1　中国资产评估业当前存在的问题
2.1.1　资产评估基本理论不成熟,理论体系不完善

在中国资产评估业的发展初期,中国的经济体制尚处在由计划经济向市场经济转变的过程中,所经历的各种评估案例、遇到的评估难题比国外要复杂得多,虽然已经解决了很多实践操作上的难题,但是,仍存在很多争论;随着中国市场经济的不断发育成熟,评估理论、尤其是基础理论薄弱这一问题越来越突出,在一定程度上限制了中国资产评估业发展,甚至会动摇资产评估业的地位,制约其作用的发挥。

2.2.2　行业管理管理存在严重的多头管理和部门垄断现象

政府主导型的行业管理模式虽然有其历史的必要性,却没有充分体现出评估业独立的市场化地位,造成了甚至在当前都很棘手的问题:多头管理和部门干预。一方面,多头管理的突出表现是,各个行业主管部门瓜分资产评估的管理大权,建立本行业内的资产评估管理体系和资格认证,并且形成行业垄断。从国际经验来看,资产评估应该包括不同专业领域中的评估业务,但是作为一个完整的行业,各个专业领域的管理应该是

统一的。

2.2.3　资产评估机构和评估人员市场化程度不高

一方面,政府干预和多头管理,影响到评估机构独立的市场化地位。评估机构挂靠在行政事业单位,在人事、财务、名称、内部利益分配等方面均受制于主管部门,很难独立、客观、公正地开展评估工作;由于有主管部门作后台,评估机构和评估人员缺乏市场竞争意识和风险意识,不能真正适应市场经济的需要成为自负盈亏、自己承担风险的执业主体。另一方面,国内评估机构和评估人员的执业质量和职业道德水平,也严重限制了资产评估在社会公众、管理层心目中的地位,从而影响了其必要作用的发挥。

2.2.4　资产评估行业法律法规不完善

主要表现为缺乏统一、规范的资产评估准则,没有资产评估法来保障资产评估业的基本法律地位和利益。一方面,由于多头管理的影响,资产评估行业中存在着多种技术标准,不同的技术标准和行为准则往往是从本部门的利益出发,忽略了整个资产评估行业的共同需要。在实际操作过程中,技术标准的透明性很低成为阻止其他部门评估机构进入市场的一个重要手段,由此造成整个行业的准则不统一且不规范。另一方面,准则对于实际操作中的评估行为的规范缺乏力度,对评估中的风险约束软化,并且由于缺乏明确的评估准则保障,评估人员在法律诉讼中很难找到回避风险的法规依据。

2.2　关于评估行业管理体制创新的思考(略)

摘自《浅析资产评估工作面临的机遇和挑战》

(6)注释或参考文献。在学术论文后一般应列出参考文献,目的是反映出真实的科学依据、体现严肃的科学态度和对表示他人的科学成果尊重,同时也为了指明引用资料出处,便于检索。学术论文的撰写应本着严谨、求实的科学态度,凡有引用他人成果之处,均应按论文中所出现的先后次序列于参考文献中,并且只列出正文中以标注形式引用或参考的有关著作和论文,参考文献应按正文中出现的顺序列出直接引用的主要参考文献。如:

参考文献
[1]王龙:《探索高校宿舍文化建设的新途径》,中国青年研究,2008年第2期。
[2]潘艳纯、王凤:《创建宿舍特色文化的思考》,黄石理工学院学报,2008年第8期。
[3]黄成茂、陈勇:《大学生宿舍文化建设的探讨》,福建农林大学学报(哲学社会科学版),2008年第1期。
[4]畅军亮:《浅析大学生宿舍文化的隐形思想政治教育功效》,牡丹江教育学院学报,2007年第5期。
[5]梁鹏:《论高校宿舍文化建设》,咸阳师范学院学报,2008年第4期。
[6]李为举:《关于加强大学生宿舍文化建设的思考》,新校园(理论版),2008第4期。
[7]宁敏:《论大学生宿舍文化中的排他性》,中共郑州市委党校学报,2008第4期。

[8] Alexander, Jeffrey C. (ed.), New functionalism. Beverly Hills, CA: Sage Publications, June 1985.

[9] Bryant, Christopher G., Positivism in Social Theory and Research. London: Macmillan, May 1985.

[10] Skinner, Quentin (ed.), The Return of Grand Theory in the Human Sciences, Cambridge: Cambridge University Press, January 1985.

摘自《社会学视角下的高校宿舍文化建设》

2. 学术论文写作应注意的事项

(1) 选择恰当的题目

选题在学术论文写作中具有头等重要的意义。因为,只有研究有意义的课题才能获得好的效果,才对科学事业和现实生活有益处;而一项毫无意义的研究,即使研究得再好,论文写作得再完美,也是没有科学价值的。因此,我们要选择有科学价值的课题进行研究和写作。

学术论文题目的要求如下:

① 具有科学性。它包括亟待解决的课题,科学上的新发现、新创造,学科上短缺或空白的填补,通常说法的纠正,前人理论的补充等。

② 有利于展开。指的是:要有浓厚的兴趣,能发挥业务专长,先易后难,大小适中,已占有一定的资料;能得到导师的指导,在一定时间内能完成。

(2) 积累材料

写作论文,要搜集能够反映研究对象本身各种具体特征的与课题相关的资料。搜集资料要多多益善。资料越丰富,对论题所处的领域的历史、现状就越清楚,对他人的研究成果以及存在的争议也越清楚,从而就容易得出一己之见。而且,资料占有越丰富,一般来说论证就越充分。

(3) 拟订提纲

提纲是写作学术论文时构思的书面记录,它为撰写论文提供基础。拟订提纲时,一要从全局出发,权衡好各个部分;二要项目齐全,能初步构成论文的轮廓。

(4) 修改定稿

学术论文要经过反复修改才能定稿。修改要从思想内容和表现形式两个方面进行。修改论文应先内容后形式,由全局到枝节,仔细认真,精益求精,尽量让文章语言准确生动,甚至不放过每一个标点符号。

【例文】

关于我国高校学术论文评价标准的探讨

摘　要:随着科学技术的不断进步,国内高校为了增强学校的科研综合实力、提高学校的学术地位,纷纷出台了一系列关于学术论文的评价标准。本文阐述了该类评价标准的现状,并对其今后改革的方向进行了较为深入的探讨。

关键词:高校;学术论文;评价标准

　　科研是各类教育形态必须开展的重要活动。学术论文作为科研成果的内涵,既体现科研工作者的专业水平和创新能力,也反映高等学校的教学力量,是衡量高等学校办学质量的重要指标。为激励广大教职工从事科学研究的积极性、增强学校的科研综合实力、提高学校的学术地位、促进学校科技事业的发展,国内各高校相继出台了一系列针对学校教职员工发表学术论文的评价标准,以此对其进行奖励,并取得了一定的成效。但由于不同学科的自身特点,造成发表论文的难易程度不同,以及在实际操作过程中存在一些值得商榷的认识甚至是误区,如何把评价标准做到公平、公正,对于学校科研工作的正常运转是个至关重要的问题。

　　1. 学术论文评价标准的现状

　　目前,我国学术评价体系仍采用量化(等级化)考评制度,主要看所发表论文的数量及发表刊物的等级,却忽视了对论文本身质量的评价。这种制度既是自动认可学术垃圾和学术腐败的制度,也是自动缓慢降低中国科学技术水平和鉴别力的制度,必然会导致许多科研工作者为了达到评职称、完成科研任务等目的,而尽量多做达到最低要求水平的研究和多发表达到学术刊物最低要求水平的论文。例如在评价标准中突出"SCI论文",目的是鼓励中国学者到国际期刊上发表论文,加强与外国同行的交流,其初衷不可谓不好,但是一旦把发表 SCI 论文的数量作为获得学位、评职称、评院士、申请科研基金、评价学校学术成绩等的一项重要指标,甚至因为发表一篇 SCI 论文而获得数千、上万元的物质奖励。这种过于简单化的评价方法使得国内一大部分高校盲目追求论文的数量,许多中国科研人员挖空心思地增加自己的 SCI 论文数,或一稿多发,或专门找一些被 SCI 收录、但是发表门槛很低的期刊投稿。甚至有些科研人员为了增加论文数量,把一篇本来可以发在高级别期刊的论文拆分为多篇,发在低档次的期刊上。这些行为必然会导致"垃圾"论文众多,水平普遍低下,其结果将影响我国在国际学术界上的声誉和地位,使我国学者在国际上的形象受损。在王绶官等 35 位院士联合署名发表的文章《正确评价基础研究成果》一文中也明确提出,"对研究论文或著作的评价有质和量两方面的问题,总体说来,首先应考虑的是质,其次才是量"。

　　国内对论文评价还存在一个误区,认为论文评价就是期刊评价,只要发表在高水平期刊上的论文质量就高;相反,在低级刊物中的论文就一无是处。这是一种本末倒置的想法,不能简单地把论文评价等同于期刊评价,虽然两者有着极为密切的联系,按照科学的方法和指标评选出的学术质量高的期刊对发表的论文具有一定的评价功能,但并不能完全代替对论文本身的评价。

　　学术论文评价标准的研究是保证论文管理规范化的重要措施,但是论文评价中存在的不确定性使得评价工作不可能是精准无误的,关键问题是要寻求一种能够被普遍接受的、权威性的评价途径,一个可量化又不僵化的评价准则,在这方面还有很多课题等待着人们去研究和尝试.因而建立一种合理的科研论文评价标准势在必行。

　　2. 有关学术论文评价标准改革的一些想法

　　随着科研水平的提高,长期与外界交流,人们已经对学术论文转向理性看待,不再一味地追求数量,而更看重质量,因而现有的论文评价标准亟待改革,以更好地达到公

平、公正的目的。

（1）学术期刊

期刊是学术论文的载体，根据地域可将学术期刊分为国内和国外两种。国内期刊又存在核心与非核心之分。所谓核心期刊是指那些刊载某学科文献密度大，文摘率、引文率及利用率相对较高，代表该学科现有水平和发展方向的期刊，学科性、集中性和代表性是它的三大特点，因而目前很多高校比较看重在核心期刊上发表的论文。但其管理尚存在一些问题，例如一些刊物一旦被评为核心刊物后，便不思进取，到处打着核心刊物的招牌，扩大其影响力，而不是思考该如何进一步提升刊物的质量，甚至出现大量的"人情稿"，导致其办刊水平急剧下降，最终沦落为"垃圾刊物"。由美国《科学引文索引》(science citation ln. dex, SCI) 收录的期刊同样也存在着良莠不齐的问题。

虽然期刊评价可以建立期刊品牌，使其具有评价论文学术水平的部分作用，但是，由于各学科发展程度不同、各学科期刊的学术市场的完备性不一，因此对有些学科和有些期刊来说，完全依靠品牌期刊来评价论文的质量仍有不足。我们只能将期刊作为评价论文水平的一个指标，而不能简单地把期刊水平等同于论文水平。

（2）影响因子

影响因子是美国 ISI（科学信息研究所）的 JCR（Journal Citation Reports，期刊引证报告）中的一项数据，它是一个相对统计量，指该刊两年发表的论文在即年的被引次数除以该刊在此两年发表的论文总数，是国际上评价期刊的重要指标。目前国内高校也将其作为论文评价的硬性指标，以鼓励科研工作者能在高水平期刊上发表论文。这一出发点是好的，但显得略于刻板，因为针对不同学科，SCI 期刊的影响因子必然存在差异，有些学科如生命科学类期刊影响因子都比较高，而数学、制造工程类 IF>1.0 的期刊已经算是该学科的顶级刊物了。如果只根据影响因子的高低来作为评价指标，必然造成不公平的现象发生。因此，改变以往不分学科单纯以影响因子大小评价科技论文的模式，制定一种科学的评价标准刻不容缓。

美国的期刊引证报告（JCR）按照不同学科将 SCI 收录的 3 500 种期刊在内的 5 000余种期刊分类、统计，让人们清楚地了解到在某种学科内何种期刊的影响力最大，在学科范围内进行影响因子高低的比较更具有可操作性和实际意义，这也为我们制定新的论文评价方案提供了思路。能否根据 JCR 的排名，来确定不同学科高影响区的期刊。在实施论文评价的措施过程中，我们暂且规定影响因子排在学科前 10% 的期刊为高影响区期刊，而其他的则为一般期刊即低影响区期刊，例如：生物化学与分子生物学，共有261 种刊物被 JCR 收录，排在前 26 位的期刊则是高影响区期刊。评价指标力度的差别也应当有所体现、拉大差距，鼓励在高水平期刊上发表论文。期刊的排名每年都在不断变化，因此制定的高影响区期刊不是一成不变的，每年都要根据实际情况进行调整、更新。另外，各个高校可以根据本校的学科分布特点，以排在学科前 10% 的期刊为基数来规定符合自身特点的高影响区期刊，从而制定出更灵活、更切合实际的评价标准，能够最大限度地做到公平、合理。

（3）引用次数

一篇高水平的学术文章如果"不幸"发表在影响力较低的期刊上（这种现象也是比较常见的），就该否定这篇论文的质量吗？断定一篇学术论文是否高水平，不能只根据发表刊物的等级给予判断。制定论文评价标准的宗旨是鼓励发表高质量的学术论文，是奖励论文质量而不是奖励学术刊名。这一点一定要把握好，不能本末倒置！高水平的文章即使发表在影响因子较低的刊物上，只要质量高，其被同行引用的次数依然会很高，所以评判一篇论文水平的高低不能光从刊登在何种刊物上来判断，还应当注重其被引用的次数。当然，在针对某篇论文的引用次数上，要考虑自引和他引的问题，自引就是自己引用自己的文章，而他引则是别人引用，国内有不少学者为提高自身文章的引用率，大量地引用自己曾经发表的论文，但被别人引用的次数确很少，造成其论文水平较高的假象，这一点也逐渐引起学术界的关注。有必要采取措施来解决此类问题，以避免在根据评价标准制定的奖励政策中出现不公平的现象。

可初步设想：在限定的时段内当他引次数大与或等于自引次数时，能够获得根据引文次数设置的全额奖金；而当他引次数小于自引次数时，可以设立一个系数，该系数暂定为他引次数/自引次数，例如：一篇文章如果他引次数为 0，自引次数即使再高，系数仍然为 0，即该文作者获取不到根据引文次数设置的奖金。当然，具体的操作方案各个高校可以在实践中不断优化，使其更趋于合理化。通过论文的引用次数，希望能建立一套有效的评价科研人员学术成就的体系。在 2005 年就提出了一种定量评价科研人员的学术成就的新方法——指数，即高引用次数指数（high citations index），指一个人至多有篇论文分别被引用了至少次，例如，某教授的指数是 40，这表示他已发表的论文中，每篇被引用了至少 40 次的论文总共有 40 篇。但该指数也存在一定的局限性，如：并没有考虑到自引和他引的因素，可对指数的定义稍加改变，即指一个人至多有篇论文分别被他引了至少次，希望以此避免出现通过大量自引来提高个人指数的不良现象发生，从而能够更准确地反映科研工作者的学术成就。

借鉴国外引文索引的统计方法，我国也逐步建立起科学引文指标体系，如：CSCD（Chinese Science Citation Database，中国自然科学引文数据库）收入我国数学、物理、化学、天文学、地学、生物学、农林科学、医药卫生、工程技术、环境科学和管理科学等领域出版的中英文科技核心期刊和优秀期刊近千种，被誉为"中国的 SCI"；由南京大学中国社会科学研究中心开发的 CSSCI（Chinese Social Sciences Citation Index，中文社会科学引文索引）则收录了人文社会科学领域的优秀期刊，作为我国社会人文科学主要文献信息杳询与评价的重要工具。这两种科学引文指标体系的建立将使国内期刊的管理更加规范化，同时也为评价国内论文的学术水平提供了一个重要的指标。

这里提出两个概念：高被引论文和热门论文，前者是美国基本科学指标（Essential Science Indicator，ESI）根据论文在相应学科领域和年代中的被引频次排在前 1% 以内的论文，从一定程度上能够体现高校的科研影响力；后者是某学科领域发表在最近两年间的论文在最近两个月内被引次数排在 0.1% 以内的论文，是衡量科研创新力的指标。热门论文的产生必然说明此论文是适应学科和社会发展要求，具有很强的创新性，这是

应用文 写作教程

一所高校富有朝气的原动力。对于这两类论文,高校应高度重视,大力扶持,在相关的评价标准中应当有所体现,这样才能激励广大科研工作者从事尖端科学研究的积极性,从而提高学校在国际学术界的影响力和知名度。

3. 结语

评价是一种高层次的学术规范,它对学术系统的运行起着关键性的控制和指挥的作用。论文评价是目前学术界和教育界普遍关心的课题,在此过程中能否做到公正、客观是整个评价工作是否有价值的最基本的要素,它关系到广大专业人员的切身利益和学术的健康发展,如果在这方面不能使人信服,那么就不能达到评价的目的、发挥评价的作用,甚至还有相当大的负面作用。我们既然要制定学术论文评价标准,就应当紧跟时代潮流,把握公平、公正的宗旨,使其科学化、合理化,达到激励科研工作者从事科学研究的积极性、增强学校的科研综合实力、提高学校学术地位的真正目的。任何评价都是相对的,本文的出发点就是希望能为广大科技管理人员提供一个改进学术论文评价标准的思路,起到抛砖引玉的作用,集思广益,为我国的科技管理工作做出微薄的贡献。

参考文献:(略)

思考与练习

运用自己所学过的文体写作知识,评析下面这篇学术论文。

提示:(1) 既可以从学术论文的特点、选题、取材以及结构程序等几个角度进行综合分析,也可以只从一个角度,就其一个方面,进行比较深入的分析;

(2) 既要注意运用自己所学过的文体写作知识,又要注意结合文章实际;

(3) 分析要有条理,要能自圆其说。

论大学自治与学术自由之关系

摘 要:同权论认为大学自治与学术自由同属于宪法上的基本权利,而制度保障说则将大学自治视为对学术自由的保护。制度保障说准确界定了大学自治与学术自由的关系,对我国大学法治的建设具有重要借鉴意义。

关键词:大学自治;学术自由;同权论;制度保障论

大学自治和学术自由是两个关系密切而又容易混淆的概念。一项对二战后美国高等教育的分析认为,如果被法律或公共观点支持,学术自由可以在大学自治缺失的情况下存在。但是又有情况显示,有些外部干预会或明或暗地侵蚀学术自由,大学自治有助于维护学术自由的精神和保护这种自由免于外部的攻击。大学自治与学术自由都是建立在"传播和创造高深学问"这一大学内在逻辑的基础上的,但二者之间具有何种内在关系却一直存在争论,二者同权论和制度保障论就是两种有代表性的看法。本文试图在分析上述两种观点的基础上澄清大学自治与学术自由之间的关系。

一、大学自治和学术自由的渊源

"自治是高深学问的最悠久的传统之一",大学争取自治是从建校时开始的,在中世纪产生之初,大学就产生了自治的诉求。大学具有国际性,其成员来自世界,主张普遍

教学的自由，它的领域是基督教世界，而且冲破了城市的范围。大学的发展过程就是一个不断与教会、王室甚至是普通市民进行斗争的过程，斗争的手段是罢课和迁校，斗争的结果是大学有了自己的特权。

而学术自由概念的产生则要晚得多，作为大学探索真理的原则——学术自由首先被德国大学接受，其思想奠基者是洪堡、施莱尔·马赫和费希特等人，认为大学必须将研究提升到与知识传授同等重要的地位，而要开展学术研究就需要确立学术自由的制度保障。这一思想逐渐形成经典大学的基本理念并被欧美大学普遍认同。学术自由在最初仅仅限于学校内部，是学校自身的行为，却无法防止来自外部力量的侵害，因此需要国家法律的认可和保障。到了20世纪初期，则上升为宪法基本权利，许多国家的宪法和教育基本法开始明确保障学术自由。因此，从历史上看，大学自治的理念和制度先于学术自由而产生。

二、二者同权论

二者同权论把学术自由视为大学的基本权利。大学是学术自由的组织体，大学自治是一种团体性的学术自由，是学术自由的合理延伸和当然结果。确实，随着学术自由权内涵的发展，权利主体已经实现了从学者向普通公民、从个体向组织转化的过程，许多国家将学术自由的主体扩展到了包括大学在内的机构，把学术自由视为大学的基本权利自在情理之中。同时，这种观点立足于自由主义的精神，为大学自治提供一种自然法上的正当性，使学校在国家-社会的二元结构中能够形成一种对峙而又互动的良性格局，更易于直接明确地论证大学自治的合法性依据。不过，把大学自治权直接等同于宪法学术自由权，存在许多不足：

首先，掩盖了学术自由和大学自治之间的内在关系。大学自治以实现学术自由为旨归，具有手段性价值。与学术自由权的实现之间是一种手段与目的的关系，而并非等同关系。相反，如果一所大学自治的主体是学校的行政系统，反而可能会带来对学术自由的伤害。事实上，学术自由并不必然产生于大学自治，大学自治也不必然以学术自由为最终目的。大学自治不包含学者个人的学术自由等权力诉求的意义，而是指大学作为一个学术组织为避免外界干扰而提出的属于大学整体需要的自我决策、自我管理的权力诉求。大学自治有可能损害学者个体的学术自由。正像有学者所指出的，知识分子进入学院化的大学校园后，大学里烦琐的规定成为最麻烦的学术障碍，大大限制了学者的独立人格和学术自由。因此，当大学自治行为损害到了教师和学生的学术自由时，应该受到限制，大学自治作为手段并不是无限的。大学自治要受到国家合法性的监督，使得大学自治在保护学术自由、学习自由以及大学成员其他宪法性权利前提下展开。

其次，大学自治和学术自由二者的内容并非完全等同。一般认为，学术自由的内容包括学术思想自由、学术研究自由以及研究成果的传授、交流与发表自由等三个方面。而大学自治则是指大学必须由自己的机关独自负责并且不受国家之指示以完成事务之意，亦即大学之管理、运营系委诸于大学内部之自主性决定。大学自治内容上则要丰富的多，从实体和程序角度来看，大学自治分为实质性自治和程序性自治；从自治权的分立和运行来看，又可以分为立法权、行政权和监督权；从具体内容来看，大学的自治权包

应用文 写作教程

括人事的自治、学生选择的自治、教育课程决定的自治、研究计划决定的自治、财源分配的自治等。

再次,大学自治和学术自由二者的主体不完全相同。学术自由权的主体一般适用于全体国民,但大学自治的主体却有很大差异。德国大学自治权的主体主要是教授,形成了教授治校的大学自治模式;而美国则形成了董事会领导下的大学自治模式。我国教育法规定办学自主权的主体是大学,高等教育法中主体是大学和校长,而没有作为大学重要构成人员的教师和学生,特别忽视了学生的权利,但在大陆法系许多地区,学生一直处于大学构成主体的地位。可见,在学校这一集体之内,仍然存在着自治权主体的差别,而这一差别可能使之对学术自由的保障功能有所不同。

三、制度保障论制度性保障理论

最初由德国威玛宪法时期学者施密特将其体系化,意指在宪法规范之下,某些具有特定范畴、任务及目的的制度应为国家宪法所承认,受到宪法的特别保护,立法者不能通过立法而将其废弃。制度性保障的功能在于避免某些先存性法律制度免受立法者废弃,这是一种消极的制度性保障。制度性保障理论的内涵可归纳为如下几个方面:其一,制度性保障的目的在于保障特定的法律制度,而非保障宪法所规定的基本权利。制度性保障是以一定法律制度的存在为前提的,其所保障的乃是一种管理与评价被形构、组织乃至被界分的具体法律制度。制度有别于自由权利本身,制度对于个人自由的保护与强化则具有补充的功能,因此制度性保障的结果可形成对某些自由权利的连接性、补充性的保障。其二,制度性保障的客体是既存的法律制度,是现行宪法制定之前即已存在的法律制度。这些制度是历史的产物,是人类制度文明建设的结晶,运行多年,且有组织、结构上的表征,并得到某种程度上的法律保障,其核心部分必须予以尊重。其三,制度性保障的前提是相关法律制度必须有宪法连接点。传统的法律制度只有被宪法纳入时才能获得制度性保障。"经由宪法法律的规范,特定制度可以获得特殊的保护。此种规范的目的在于使立法者无法以单纯法律的方式废除此等制度。"其四,制度性保障的内容是立法者不能对已经纳入宪法范畴的法律制度的典型特征加以侵害。立法者在对某一法律制度进行改革时,必须尊重现存法律制度的核心价值,如需废弃该法律制度,则必须启动修宪程序。

当然,宪法对该类制度的保障并非保障这些制度的现状,而是保障这些制度的本质内容,国家可根据立法对这些制度的周边部分进行界定和变更,但不可侵害其核心部分。

依据制度性保障理论,大学自治在作为传统制度受到宪法保护的同时,又成为宪法基本权利,从而得到宪法的双重保护:在消极层面,防御立法者创设法律侵害大学依据学术本质需要而应享有的自治制度的核心部分;在积极层面,则可以要求立法者积极创设法律对大学自治进行确认,并通过具体的制度去实现和保护大学自治。基于学术自由的制度性保障理论。德国传统的大学自治制度与作为基本权利的学术自由建立了紧密的连结。按照积极性制度保障理论,一方面要求立法机关创设的法律不得侵害大学依学术本质需要而应享有的自治权利,另一方面则要求立法机关积极创设法律对大学自治进行确认,并通过具体的制度去实现和保护大学自治。

　　还需要指出的是,作为一种制度性保障,大学自治不仅是对大学构成人员学术自由的保护,而且是对大学作为一个独立主体的学术自由的保障。学术自由为基本权之一,其权利主体除从事学术研究之个人外,还包括大学本身。倘使只有从事研究个人享有学术自由基本权,而大学并不拥有此项权利,则国家对于大学干预,例如限制大学图书馆收藏图书种类。仅能当其直接影响个人研究活动时,个人才可以主张学术自由的保护,而大学本身并不能直接、立即地援用基本权防御功能,不啻为国家提供一个间接、但是极为有效干预学术研究自由的途径,显然悖离宪法保障学术自由精神。而且由于现代学术研究工作早已非研究者凭借自己毅力和天分所能完成,而往往必须透过研究机构各种设备与人力的支持始得进行,大学自然而然地就成为学术研究工作得以开展实现的必要场域,国家除了应消极地不干预研究者个人学术研究活动外,更应创设制度以协助保障学术自由之实现。而大学自治,正是为达成此一目标所不可或缺的制度性保障功能。

　　四、对我国大学法治建设的启示意义

　　制度保障说在德国的大学自治的法理理论中目前处于通说的地位,也得到了联邦宪法法院的认可,对大陆法系其他国家和地区的宪法理论与实践产生了巨大影响。

　　在日本,二战前,大学自治制度被视为一种惯行,在战后则被视为与学术自由的宪法规定具有密切不可分的关系,而受宪法的保障。而我国台湾地区在相关的法律文件中更是明确认定了制度保障说,如在 380 号解释理由书中明确指出,"讲学自由之规定,以保障学术自由为目的。学术自由之保障。应自大学组织及其他建制方面,加以确保,亦即为制度性之保障。为保障大学之学术自由,应承认大学自治之制度,对于研究、教学及学习等活动,担保其不受不当之干涉,使大学享有组织经营之自治权能,个人享有学术自由。"在"大法官"林永谋、杨慧英的协同意见书中也指出,"大学自治既系源自学术自由之本质,则'宪法'第十一条关于讲学自由之规定,在实际法司问题上,当系指大学讲学之自由,故就此意义言,大学自治可谓系对于学术自由之制度性保障,从而其侵害大学自治者,即为侵害'宪法'第十一条讲学之自由;且此一制度性保障并不变更大学教师基本人权保障之意义。'大学法'第一条第二项规定:'大学应受学术自由之保障,并在法律规定范围内,享有自治权。'即系上述宪法对讲学自由即学术自由以及由此衍生之大学自治所为保障之积极的法律性宣示。"当然,对制度保障说也有不同声音。在日本,制度性保障受到严厉批判之处在于,制度性保障过分强调制度的核心内涵,反而对于不是核心内涵的制度会倾向于让法律任意更改,弱化了所想要保障的制度或基本权,另外制度性保障的概念过于模糊,有人为操作的空间。在我国台湾,有学者指出"大法官"引入制度性保障并没有充分的理论基础,而是面对现实的结果,因为在台湾地区公立大学并没有独立法人地位,无法从法人基本权利保护的角度来维护大学的学术自由,只好改用制度性保障这种说理方式。制度保障说并非是对等同论的修正和发展,事实上二者之间并没有内在的联系。制度保障说是德国特定历史阶段的产物,具有一定应急的功利目的,不过,制度保障说相比于等同论正确界定了大学自治和学术自由之间

的手段和目的关系,对于学术自由的保护具有重要价值,这也是制度保障说虽遭非议但却没有被代替的主要原因。

我国虽然在宪法中明确规定了学术自由权,但在建构具体的权利保护制度方面却存在很多不足,使得学术自由权有沦为纸面权利的危险。特别是对大学学术自由的保护方面,没有建立一种制度性保障措施来实现学术自由,甚至没有提到大学自治,只在高等教育法中规定了办学自主权。自主权是新中国成立以来对高等教育事业性质认识的一种延续,是政府在有限的范围内让渡给高等院校的一部分教育行政管理权,甚至只是国家默认的一种恩赐。所以,在人们的意识中,它是下放的而非大学应有的权利。更为致命的是,这种自主权并不是出于对学术自由的保障,而是为了维护学校秩序的管理权,正是办学自主权与学术自由的这种疏离,使得自主权反而可能伤害学术自由权。比如在邹柳娟诉教育部一案中,法院认为华中科技大学未评聘邹柳娟为教授属该校行使自主权的行为,不是具体行政行为,不属于行政复议和行政诉讼的受案范围。因此,在我国大学法治的建设过程中,应当借鉴制度保障说,将办学自主权视为教师和学生学术自由的保障手段,并以此为基础来配置学校权力,并将学术自由的实现作为判断办学自主权的正当性的依据。

第三节　毕业论文

一、毕业论文的概念和特点

毕业论文是学术论文的一种形式,是高等院校毕业生在教师指导下就某一学科中的专门问题进行探讨所撰写的科研成果。毕业论文是高校教学科研的一个重要环节,也是学业成绩考核和评定的一种重要方式。毕业论文写作的目的在于总结学生在校期间的学习成果,培养学生具有综合运用所学的全部专业知识和技能,解决较为复杂问题的能力并使他们受到科学研究的基本训练。

毕业论文有以下特点:

1. 毕业论文与实践相结合

正确的认识来源于实践并指导实践,作为一种科学的认识,毕业论文必须是客观实践活动的真实反映,是直接运用本专业相关是知识和原理,科学地剖析客观事物或现象的历史、现象及前因后果,揭示其本质及发展规律,并用科学的结论和理论形态表现出来。

2. 毕业论文的写作具有一定的学习性

撰写毕业论文是学生在毕业前利用所学是知识和理论分析问题、解决问题的一次训练,它的主要目的是培养学生的科研能力和解决实际问题的能力。

3. 毕业论文具有很强的专业性

高等学历教育是专业教育,毕业论文在选题上必须和所学的专业吻合,这样才能达到撰写的目的和效果。因此在选题时,一定要结合自己专业领域内的理论热点和现实生活中的热点问题来进行专业的分析和研究。

4. 毕业论文具有习作性

毕业论文写作作为毕业时必修的一门课,是对学生多年来专业学习的总结,带有明显的教育目的性和学业规定性,为学生将来作为专业人员写学术论文做好准备,而不是要求毕业论文本身去完成某种现实任务,也不要求毕业论文达到发表水平。

二、毕业论文的作用和分类

1. 毕业论文的作用

首先,撰写毕业论文是提高教学质量、检验学生学习成果的重要措施。大学生在毕业前完成毕业论文是高校教学的重要任务之一。教学计划规定大学三年级学生要写学年论文,四五年级即将毕业的学生要写毕业论文。实践证实,撰写毕业论文是提高教学质量的重要环节,是保证出好人才的重要措施。

其次,毕业论文的写作有助于培养大学生的科研能力、创新能力和语言表达能力。作为大学生必须完成的学习任务之一,毕业论文写作促使大学生就某一专业知识进行系统学习,深入了解和研究相关知识内容。长篇幅、大选题、材料多,不仅考验学生的知识掌握程度,也考验学生驾驭材料的能力和创新能力。

2. 毕业论文的分类

按内容性质和研究方法的不同可以把毕业论文分为理论性论文、实验性论文、描述性论文和设计性论文。文科学生一般写的是理论性论文,理工科学生多选择后三种论文形式。理论性论文具体又可分成两种:一种是以纯粹的抽象理论为研究对象,研究方法是严密的理论推导和数学运算,有的也涉及实验与观测,用以验证论点的正确性;另一种是以对客观事物和现象的调查、考察所得观测资料以及有关文献资料数据为研究对象,研究方法是对有关资料进行分析、综合、概括、抽象,通过归纳、演绎、类比,提出某种新的理论和新的见解。

根据论述的内容及方式,将毕业论文分为专题型、论辩型、综述型和综合型四种类型。

三、毕业论文写作格式和注意事项

1. 毕业论文的写作格式

(1) 题名

题名又叫题目、标题,是论文的首要信息。题名的制作应以最恰当、最简明的词语反映论文中最重要的特定内容的逻辑组合。题名中选定的词语概念要与内容思想统

一,不宜用比喻、夸张等方式进行表达;应避免使用不常见的缩略词、首字母缩写字、字符、代号和公式等;题名应简洁,一般不宜超过 20 字。另外,可以用副题名补充说明其特定内容。

（2）摘要

摘要又叫提要,不是原文摘录,而是对论文内容的不加注释和评论的简短陈述。摘要应具备独立性和自含性,即不阅读论文的全文,就能获得必要的信息。摘要中一般应说明研究工作的目的、研究方法、研究结果和最终结论等,其中重点是结果和结论部分。摘要的字数不宜超过 200～300 字。摘要的写作一般采用省略人称,不用图、表、化学结构、非公知的符号和术语的方式来表达,常采用一段式结构。

（3）关键词

关键词是从论文中选取出来的用以表示全文主题内容信息题目的单词或术语。每篇论文选取 3～8 个关键词;以显著的字符另起一行,排在摘要的左下方。

（4）目录

由于毕业论文篇幅都较长,一般都会用分标题方式来组织材料,安排文章的内容结构,目录就是文章结构层次的缩影。目录按章、节、条三级标题编写,目录中的标题要与正文中标题一致。目录中应包括绪论、论文主体、结论、致谢、参考文献、附录等。目录有用文字表示的目录和用数码表示的目录两种类型。

（5）正文

毕业论文的正文包括前言、本论、结论三个部分。

前言(引言)是论文的开头部分,主要说明论文写作的目的、现实意义、对所研究问题的认识,并提出论文的中心论点等。前言要写得简明扼要,篇幅简短。本论是毕业论文的主体,包括研究内容与方法、实验材料、实验结果与分析(讨论)等。本论部分要运用各方面的研究方法和实验结果,分析问题,论证观点,尽量反映出自己的科研能力和学术水平。结论是毕业论文的收尾部分,是围绕本论所作的结束语,其基本的要点就是总结全文,加深题意。

（6）致谢

根据相关规定,致谢语句放在正文之后,主要对协助完成研究工作和提供便利条件的组织或个人和在研究工作中提出建议和提供帮助的人和相关单位表示谢意。

（7）参考文献和注释

为了能反映出真实的科学依据、体现严肃的科学态度和对表示他人的科学成果尊重,同时也为了指明引用资料出处、便于检索,毕业论文的撰写应本着严谨、求实的科学态度,凡有引用他人成果之处,均应按论文中所出现的先后次序列于参考文献中,并且只列出正文中以标注形式引用或参考的有关著作和论文,参考文献应按正文中出现的顺序列出直接引用的主要参考文献。列举参考文献(资料)要注意:① 列举的参考文献一般应为正式出版物(包括书籍、报纸、杂志等);② 按毕业论文参考或引证文章和资料的先后顺序排列;③ 要标明序号、作者(编者、译者)姓名、书名或报纸杂志中的篇名、出版单位(或报纸、杂志名)、出版时间(杂志期数、报纸版数)等。

（8）附录

对于一些不宜放入正文中、但作为毕业论文又是不可缺少的部分，或有重要参考价值的内容，可编入毕业论文附录中，例如问卷调查原件、数据、图表及其说明等。

2. 毕业论文写作的注意事项

（1）坚持理论联系实际的原则。理论来源于实践，又反作用于实践。任务就在于揭示事物运动的规律性，并用这种规律性的认识指导人们的实践，推动社会的进步和发展。因此，毕业论文在选题和观点上都必须注重联系社会主义现代化建设的实际，密切注视社会生活中出现的新情况、新问题。坚持理论研究的现实性，要做到理论联系实际，就必须迈开双脚，深入实际，进行社会调查研究。

（2）立论科学、观点创新。是指文章的基本观点和内容能够反映事物发展的客观规律。首先，文章的观点和内容来自对客观事物的周密而详尽的调查研究。其次，文章是否具有科学性通常取决于作者在观察、分析问题时能否坚持实事求是的科学态度。最后，文章是否具有科学性还取决于作者的理论基础和专业知识。

【例文】

<h3 style="text-align:center">社会学视角下的高校宿舍文化建设</h3>

目　录

摘　要：大学生宿舍文化对处于青年期的大学生群体的预期社会化起到非常重要的作用。本文以社会学的视角,以文化、高校宿舍文化为切入点,认为高校宿舍文化具内容的广泛性、产生与发展的二重性等特征,它对大学生社会化具有价值观导向功能,规范行为和塑造人格的作用,同时也有助于增强大学生的自主性和自我意识,并对大学生性别角色意识的社会化也有影响。但我们也应当注意到高校宿舍文化存在凝聚力不强、缺乏生机与活力等问题。针对这些问题笔者提出了相应的对策,以加强高校宿舍文化建设。

关键词：高校；宿舍文化；社会化；建设

Abstract：University dormitory culture of university students in youth groups of the society is expected to play a very important role. In this paper, the perspective of sociology, culture, university dormitory culture as the breakthrough point, that a university dormitory culture of the extensive content, resulting in the duality and the development of such characteristics of its students with the values of community-oriented features, and regulate the conduct and shaping of personality role, but also help to strengthen the autonomy of university students and self-awareness, awareness of gender roles and the students of the community also have an impact. But we also should be noted that the existence of college dormitory culture do not have a strong cohesion, the lack of vigor and vitality and so on, I raised these issues for appropriate countermeasures to strengthen the college hostel culture.

Key words：university；culture of the dormitory；socialization；construction

随着我国高等教育的改革和创新,学分制逐渐在大部分高校推行。在这种改革的背景下,学生宿舍将逐渐取代班级成为高校内部学生群体基本单位,宿舍日渐成为大学生社会化的重要场所。大学生处于社会化生命周期的青年期,青年期大量进行的是预期社会化,人们在此过程中学习的不是现在要扮演的角色,而是将来要扮演的角色。如果不能顺利度过这个阶段,那么将很难适应社会和被社会所接受。因此,必须高度重视宿舍文化建设对大学生社会化的作用,加强高校宿舍文化建设。

本文以社会学的视角从文化及高校宿舍文化的概念、特征、宿舍文化对大学生社会化的作用、高校宿舍文化建设中存在的问题及具体对策几个方面展开论述,并希望通过本文的阐述,对当前高校宿舍文化建设具有借鉴意义。

一、文化及高校宿舍文化的概念

（一）文化

文化是与自然现象不同的人类活动的全部成果，它包括人类所创造的一切物质与非物质的东西；从这个定义中我们可以看出，文化是人类在环境以及自身的互动过程中物质和精神力量的一种对象性展示，一方面它体现了人的本质力量及其创造的物质资料方面的成果，另一方面也体现了人的精神生产、思维方式及价值观念的生产与再生产。如果把校园看成一个独特社区的话，那么学生宿舍文化就是校园社区文化一个重要组成部分。文化又分为主文化和亚文化，其中主文化是在社会上占主导地位的，为社会上多数人接受的文化；亚文化是指仅为社会上一部分成员所接受的或为某一社会社会群体特有的文化。由于从宿舍文化表现形态和存在方式看，大学宿舍文化在空间、时间的分布是有限的，它只存在于有限的大学期间，存在于具体宿舍之中，它随着新生入学这后一个新群体——大学宿舍的产生而产生的，是大学生在一起共同生活、互动过程中共同创造出来的①。因此，大学宿舍文化就是大学宿舍成员共同的群体生活中所创造的亚文化形态，它仅为宿舍成员所特有。

（二）高校宿舍文化

上海交通大学于1986年首次提出"寝室文化"的概念。原国家教委于1997年发文对这一概念表示认可，从此寝室文化建设成为高校文化建设的重要组成部分。但后来，有学者认为用"宿舍文化"概念来代替"寝室文化"概念更为准确，主要是因为"寝室文化"概念容易使人将大学宿舍文化仅仅局限在单个寝室内的文化，忽视了整个宿舍区内的互动所形成的文化，而"宿舍文化"的概念可以弥补此不足。因此，"宿舍文化"的概念被广泛用于学术界。从"宿舍文化"这个概念的产生过程我们可以给高校宿舍文化下这样一个定义：高校宿舍文化是指以大学生为主体，在宿舍这个空间中，所有成员在学习、生活、交往等社会互动过程中，形成的物质文化和精神文化的总和，主要是指宿舍成员共同认可的价值和意识体系。

二、高校宿舍文化的特征

（一）内容的广泛性

大学生宿舍文化总体来看有两种形式构成，即表层文化和深层文化②。表层文化是指大学生宿舍里的具体生活现象，如作息时间、爱好习惯等；深层文化是指大学生宿舍生活中所反映出来的文化观念，如大学生的人生观、价值观。其中，深层文化是大学生宿舍文化的观念内容，表层文化则是深层文化的具体表现形式。表层文化是最直观的，也是我们所能掌控的，它包括四个方面：一是物质文化，即宿舍内部设施、环境卫生、室内陈设等；二是制度文化，即宿舍规章制度的制定和执行；三是生活文化，即宿舍内各成员间生活方式和各种各样的娱乐活动；四是精神文化，即宿舍文化生活中，同学们表现出来的各种思想观念、行为方式以及成员间形成共同观点、共同追求的群体形象。同时，精神文化也是宿舍文化的灵魂所在。由此可见宿舍文化内容的广泛性。

（二）产生与发展的二重性

大学生宿舍的成员组成往往不是来自同一所中学、同一个地域，这就决定了宿舍文

化的产生是产生在成员与成员、成员与新的环境互动基础之上的。当大学生刚进入大学时,他们是自己以前学习和生活的社会文化的一个载体,个体因此带有一种社会性并且因为现象学社会学家阿尔弗雷德舒茨所言的"生平情景"的存在,这种社会性也带有哺育他成长的特定群体和他从前所置身的特定社会环境印记,因而有着鲜明的个体特征。也就是说,他们是承载着以往自己的生命或个人历史进入新的学校、宿舍群体之中。因此,他们会用在过去的经验储备上建立起来的"手头知识库存"来解读和应对新的生存环境(同时也通过"学习"来获得有关新的生存环境的知识以适应这一环境)。在这一阶段宿舍成员不断地利用"手头知识库存"与成员及新环境互动,并学习新的生存环境知识以适应环境,其结果是宿舍文化的产生。宿舍文化自产生之后并不是一成不变的,它是随着环境变化,宿舍成员关系的变化而变化的。宿舍成员与成员及环境之间互动产生了宿舍文化,同时宿舍文化又作为宿舍成员及其与环境互动的中介,产生新的宿舍文化,从而实现了宿舍文化的生产与再生产,即宿舍文化产生与发展的二重性。

(三)情感的渗透性

社会学家戈夫曼把戏剧的比拟引入社会学,运用剧场的语言,如剧本、舞台、观众、表演、前台、后台等来描述自我在日常生活中的表演。戈夫曼将这样的一个区域称为"前台",即个体在特定的时间内的表演为观众展现一定的情景,须借助标准的、有规则的设置和道具的场所,并且认为前台趋向于被建构、被制度化和对不同环境进行模式铸造。基于这一原因,"当一个个体充当某一建构好了的角色时,他通常会发现某一特定的前台已经设置好了"。前台倾向于被选择,而不是有演员创造的;而后台是不让观众看到的,同时也是限制观众与局外人进入的舞台部分。后台通常与前台为邻,但彼此泾渭分明。在前台,人所表现出来的是社会化的自我;而在后台人们所表现出来的则是自我中的自发的、最本质的那部分,即情感的自我。戈夫曼又把"彼此协作以形成某一特别情景定义的表演"的群体称为"剧组"。其中,剧组成员彼此处于一种重要关系中,首先每个成员之间相互依赖,并且在长期的互动过程中他们之间存在一种互惠互赖的心理契约,通过这种契约把他们联系起来。其次,剧组成员都意识到他们在上演同一幕剧,都了解舞台演出的技巧上的秘密,即都是"知情人",他们彼此熟悉且社会距离相对较小,共同保守剧组秘密。因此,戈夫曼把剧组称为"秘密社会",并指出,在剧组里"表演者经历了行动诡秘的同谋生涯"[1]。

如果我们把大学生的课堂及其他校园活动当作前台的话,因为在这些场合中他们要扮演一定角色,很少投入情感。那么,宿舍则是大学生的"后台",宿舍群体构成"剧组",在宿舍中他们更多的表现本质的自我,他们都是"知情人",遵守心理契约,保守群体秘密,形成"秘密社会"。因此,宿舍成员之间的互动不只是停留在就事论事的表层关系上,而是富有"人情味儿",带有更多情感色彩。成员间遵守心理契约,保守群体秘密是他们情感交流的基础,从而使这个"秘密社会"具有的情感渗透性。

(四)排他性

一般而言,宿舍文化的排他性可分为宿舍内部和宿舍外部的排他性,但主要表现为宿舍之间的排他性。宿舍内部的成员之间的排他性主要是由于来自不同地域的同学他们各自的"生平情境"和"手头知识库存"不同，所以他们的价值观和行为方式在某种程度上存在差异，这些差异可能会导致有些宿舍成员彼此不和睦、互不理睬，甚至会发生一些冲突，从而使他们仅仅把宿舍当成一个睡觉的地方，对宿舍的归属感丧失。而宿舍间的排他性主要表现为价值观、情感以及宿舍内部公共产品供给上的排他性。首先，同一宿舍的成员要在一起生活三年或者四年，在这段时间内，正有如法国社会学家布迪厄所认为的，由于生存条件的一致性，致使他们的实践活动在客观上趋于一致，从而形成集团或阶级习性的客观一致性，在这里，并不需要特殊的行为协调机制或者规范或者有意识的策划或者直接相互作用，实践活动的规律性、统一性或系统性就可以构成，这是宿舍成员在现实的客观条件下所构成的习惯的一致性的基础。其次，因为宿舍文化具有情感渗透性的特点，宿舍成员之间共同遵守他们在互动中所形成的秘密社会的心理契约，进行情感交流，而这种交流情感的基础是"情感秘密"的保守，如果秘密不能保守则会危及群体生存及成员间的关系。因此，宿舍文化的情感渗透性仅在宿舍内部成员之间，同时也构成宿舍之间排他性的有一因素。最后是宿舍内部公共产品的供给上的排他性。宿舍内部的"公共产品"是不允许外宿舍成员长期"搭便车"的，但对宿舍内部成员的"搭便车"行为却视而不见。例如：如果一个甲宿舍的成员经常使用乙宿舍成员打的热水，就可能遭到乙宿舍成员的冷遇，并通过间接或直接的方式使甲宿舍成员行为减少并最终停止。但乙宿舍成员可以毫不客气地使用，即使他一次也不打热水。产生这种结果的原因是从长期来看所有"公共产品"是由宿舍成员共同提供的，而外宿舍成员则不参与这种长期提供，从而产生了宿舍之间在公共产品的供给上的排他性。

三、高校宿舍文化对大学生社会化的作用

大学生处于社会化的生命周期的青年期，青年期上承儿童期、下接成年期，是人生的一个特殊时期。埃里克森认为"自我认同"问题是青年期面临的主要问题。青年期大量进行的是预期社会化，人们在此过程中学习的不是现在要扮演的角色，而是将来要扮演的角色。青年期开始后，由于身心的重大变化，青年人开始思考"我是谁"、"我将何去何从"等重大问题。因此，宿舍作为大学生社会化的重要场所，宿舍文化在大学生社会化中起到非常重要的作用，主要表现为以下几个方面：

（一）高校宿舍文化具有价值观导向功能

任何文化都履行一定的功能，宿舍文化也不例外。大学生宿舍文化虽然是一种群体亚文化，但它却发挥着重要的价值观导向作用。宿舍文化直接影响着大学生的价值观甚至行为方式。宿舍文化在其形成和发展过程中会产生一种文化定势，这种文化定势以耳濡目染、潜移默化的方式作用于宿舍成员，形成一种文化氛围，这种文化氛围对大学生的价值观具有重要的导向作用。不同的文化氛围形成不同的价值观念，同时影响到宿舍成员的行为方式。如果一个宿舍的文化氛围是积极向上的，那么整个宿舍成员的面貌也是积极的向上的，他们会努力学习并且参加社会实践活动，不断地积极进取，宿舍文化则成为他们前进的动力。如果一个宿舍的文化氛围是消极、颓废、庸俗的，那么生活在其中的宿舍成员就会不思进取，生活颓废、消极、萎靡不振，等毕业以后就不能很好地适应社会环境，甚至会对社会造成危害。

（二）高校宿舍文化具有规范行为和塑造人格的作用

宿舍非物质文化可简单地分为制度性文化和非制度性文化。宿舍制度文化表现为学校制定的宿舍管理规章制度，它通过宿舍管理人员执行和同学们的遵守发挥效力，它具有一定的强制力，不管宿舍成员是否同意，必须无条件地为宿舍成员所遵守。制度性文化往往从总体出发，从大局考虑，为了全体宿舍成员的利益去约束部分越轨者的行为，使宿舍管理机制良性运行与协调发展，促使大学生思想和行为向着积极健康文明和规范化的方向发展，同时起到用规范的制度塑造人的作用。另外，宿舍成员所形成的初级群体在日常互动过程中会形成一套没有明文规定的期望即心理契约。这种心理契约不仅确定了成员间物质利益互动关系，同时也确定了成员在群体中的地位及互动关系。这种心理契约弥补了制度性文化覆盖空间的不足甚至有时还会取代制度性文化形成实际的互动规范。因此，它在规范宿舍成员的行为和塑造其人格方面也起到重要作用。

（三）高校宿舍文化有助于增强大学生的自主性和自我意识

大学生进入大学以后需要面对新的学习和生活环境，以前他们大多在离家比较近的中学读书，离家人比较近，生活或学习中遇到困难多是向家人求助，并且家人会提供最大限度的支持和保障。家人的帮助是不求回报的，如果说有的话，也就是希望自己的孩子能考上好大学，有一个好的前程。当进入大学以后，由于空间的距离学生和家长之间的求助与帮助不能及时获得。学生在遇到困难的时候大多是自己想办法解决或求助同学，而这些求助的同学中宿舍同学是首先要考虑的，宿舍同学的在场解决了家长缺场所带来的困难。这样就实现了由依靠血缘关系为主导的求助方式向以依靠业缘关系为主导的求助方式转变。在这种业缘关系中，帮助不再是一种简单的不求回报行为，虽然没有明确的契约提出要求回报但宿舍成员会有一种预期，即当自己遇到困难时别人也能像自己给他人提供帮助一样得到别人帮助，不管这种预期是有意识还是无意识。在此转变过程中，因为个体必须意识到自身所具备的资源、自己的求助和帮助对象及如何支配这些资源，所以宿舍成员的自我意识及自主性也得到增强。

（四）高校宿舍文化对性别角色意识的社会化也有影响

社会角色是社会群体对处于某一特定地位上的个人所规定的一套行为模式。男女两性的差异不仅表现为不同的生理特征，还表现为不同的社会特征。在不同的文化背景中，人们对不同性别的人存在不同的角色期待。个人学习自己所属文化规定的性别角色的过程就是性别角色社会化。性别角色社会化是随文化而异的。后现代主义社会学家福柯提出规训的概念，认为在一个规训的社会中，秩序不是通过法律、政府的强制体制实施，而是通过各种控制技术或者规训技巧和话语来维持的。规训包括了对活动不断加以强制和规范的时刻表，对人们的各种行为表现进行监控的监督措施，为奖励顺从、惩罚抗逆而设立各种考核制度，以及为了强化道德价值而推行的规范判断，等等。规训的最终目标和结果是规范化，通过对精神和肉体的改造来消除所有社会的和心理的非规则性，产生有用且驯服的主体。规训制造出受操纵、被训练的身体、驯顺的身体[①]。高校宿舍作为大学生社会化的重要场所，其中宿舍文化承担着一种规训的功能。由于男女两性的性别差异，社会文化对其性别角色定位和要求不同，这种社会文化渗透进宿舍文化之中从而影响到男女两性的性别角色社会化。这主要表现为男女宿舍成员在日常社会互动过程中通过话语、行为举止、学习等方式产生男女两性不同的角色定位和角色意识，从而宿舍文化起到性别社会化的作用。同时，我们也应该注意到大学生性别角色意识的社会化并不是社会文化渗透入宿舍文化之后的简单复制。高校宿舍文化是因宿舍成员不断地利用"手头知识库存"与成员及新环境互动而产生，同时宿舍文化又作为宿舍成员及其与环境互动的中介，产生新的宿舍文化。处于青年期的大学生易于接受新生事物，往往用批判的眼光来看待传统社会文化中的不合理成分，对传统社会文化中对男女性别角色的定位也是如此。他们会用一种新的眼光来重新诠释何谓男女平等及男女两性的角色定位，而这种诠释建立在对传统性别社会文化的辩证否定基础之上，即以男女两性所达到的以性别差异为基础的平等，于差异中求平等，于平等中彰显个性和独立，从而宿舍文化也在一定程度上改进传统性别角色意识定位。

四、高校宿舍文化建设中存在的问题

（一）负面的网络文化对高校宿舍文化建设造成严重消极影响

随着科技的发展，计算机日益普及，上网已经成为人们生活和学习过程中必不可少的一部分，成为一种生活方式。通过上网，大学生不仅能够获取信息、开阔视野、增长知识，而且能通过上网同远方的同学朋友甚至陌生人交流。在我们享受网络给我们的学习和生活带来的便利的同时，网络也带来了许多不健康的思想和文化。其中，网络泡沫文化的泛滥造成了大学生价值观的危机。那些通过网络连续不断地向网民传递经过特别加工的有意渲染的文化信息，尤其是经过包装和夸大的低俗情调、价值理念（如个人主义、享乐主义），对大学生的人生观、价值观产生了巨大冲击，造成了他们价值观念危机和自我迷失。有些同学则沉迷于网络游戏不能自拔，导致他们与其他同学的交流和沟通减少，不去上课，生活作息规律混乱，不仅对自己的工作学习造成不良影响，而且对其他同学也造成不良影响。

（二）高校宿舍文化凝聚力不强

一方面，近年入学的大学生基本上出生在20世纪80年代中后期，独生子女比例相当高，生活上对父母的依赖性比较强，自我保护意识比较强烈，不愿意主动与别人沟通和交流，而且缺乏团队意识和集体意识。在宿舍中，往往要求别人以其为中心，让别人的行为按照自己的意愿来进行，不能团结互助，和睦相处，相互体谅、包容。这往往会造成宿舍关系紧张，宿舍文化凝集力不强。另一方面，随着科技的进步，网络和手机等通讯工具的普及，宿舍成员之间的沟通和交流有弱化的趋势，他们可以借助手机或网络等方式以双方都缺场的形式进行沟通交流，倾诉情感，宿舍成员在沟通交流和倾诉情感方面的地位和作用随着现代通讯工具的普及有弱化的趋势。这也是宿舍成员集体意识弱化，人际关系淡漠，宿舍文化凝聚力下降的重要原因。

（三）高校宿舍文化缺乏生机与活力

首先，由于当前我国高校宿舍管理过程中行政化色彩浓厚，宿舍管理人员的业务素质及其自身文化素质的低下已不能满足当代大学生对丰富多彩的宿舍文化生活要求。在管理过程中，他们多是为完成上级交给的任务采取命令或强制的手段而不是去积极

的引导和教育,往往引起大学生的反感;他们与大学生的关系基本是对立的,大学生有什么问题不到万不得已是不会求助他们的。因此,宿舍管理机制的行政化色彩及管理人员的素质低下是宿舍文化变得缺乏生机与活力。其次,一些大学生社团的形同虚设,不能在丰富宿舍文化过程中发挥应有作用。这些社团举办的一些活动,多是为了完成任务或应付检查,活动的举办不是出于丰富大学生宿舍文化的目的,不是源于大学生自身对丰富多彩宿舍文化生活的需要。与此相反,这些活动往往不能得到学生的积极响应,往往遭到大学生心理或情绪上的抵制,同时也使得社团的公信力下降。最后,由于当代大学生面临的学习和就业压力越来越大及其自身所具有的资源的有限性,他们对宿舍文化建设的关注也较少。由以上三个方面可知,当前高校宿舍文化缺乏生机与活力。

五、加强高校宿舍文化建设的对策

(一)进一步完善高校宿舍管理体制和运行机制

良好、有序的宿舍生活和学习环境需要一套健全的、行之有效的规章制度作为保证。只有在良好的规章制度营造的健康有序的宿舍文化氛围中,宿舍成员才能安定和谐地生活和学习。规章制度是一种强制的约束力,它能使宿舍成员的行为规范化,并起到塑造人格的作用。规章制度的合理性及有效性时发挥宿舍文化的正功能起到重要的作用,但这也依赖于规章制度的执行状况。只有保证规章制度的有效执行力度,宿舍文化的正功能才能有效地发挥。同时也要加强宿舍内部的自我监督和管理力度,有些宿舍出现这样那样的问题,主要是宿舍成员自制力差,不能有效地安排自己的课余时间。这就要求学校对大学生的宿舍表现进行量化考核,并将考核结果计入综合素质测评中,与同学的奖助学金挂钩,通过这种机制提高同学们的自我监督和管理的能力,调动大学生创建文明寝室的积极性和主动性,从而完善宿舍管理体制和运作机制。

(二)建立一支高素质的高校宿舍管理队伍

当前宿舍管理过程中存在的一个严重的问题是宿舍管理人员的素质普遍不高,他们的思想政治、业务素质和管理能力不足以担当高校宿舍管理人员的职位。从受教育状况看,他们多为初高中毕业,没有高校学习经历,不能深入理解高校学生所思所想;从年龄阶段来看,从事高校宿舍一线管理的人员多为中老年人,由于年龄的差距及价值观不同,他们之间存在着代沟,往往在工作过程中不能够换位思考,导致宿舍管理质量差、效率低。因此,建立一支高素质的宿舍管理队伍是完善宿舍管理体制的当务之急。首先,应该对宿舍管理人员进行上岗培训,提高其思想政治素质、业务素质及管理能力,完善其知识结构,应具备一些心理学、教育学、管理学等方面的知识。其次,应当使宿舍管理队伍年轻化,这样有利于管理人员与大学生的沟通交流,及时了解大学生的思想状况,及时解决大学生学习和生活中的问题。最后,高校应配备相应的社会工作者进入宿舍管理队伍之中。

(三)发挥高校相关社团的作用,丰富高校宿舍文化生活

由于高校管理体制中行政化色彩依然相当浓厚,所以宿舍管理人员基本上是对上负责,除完成上级交给的任务外,对大学生宿舍生活的实际状况关心了解很少,导致宿

舍生活活动空间在很大程度上失去导向，使宿舍文化生活单调乏味甚至消极颓废。而大学生社团作为由大学生组成的学生组织，一方面它受学校相关管理部门的管理和引导，另一方面它又有一定的自治性。它能够在学生与管理部门之间起到桥梁作用，加强两者之间的沟通，使学校相关管理部门及时了解舍生宿舍的文化生活状况及需要，并通过社团来组织一些活动来满足这些文化生活需要，丰富大学生宿舍文化生活。社团可以举办形式多样、内容丰富的学生宿舍文化活动，展示当代大学生的精神风貌，增强宿舍成员的团队合作精神和其凝聚力，提高大学生的综合素质。如开展宿舍卫生评比、宿舍篮球比赛等，在增强大学生团队合作意识同时，还有利于宿舍之间的沟通和交流，减少宿舍间的排他性。

（四）发挥高校宿舍群体内核心人物的作用

宿舍成员在长期互动过程中，宿舍中往往会产生核心人物。一般而言，核心人物个人能力强、有影响力且应变能力强，他能够为宿舍的发展制定蓝图，并且指明发展方向。因此，核心人物的个人品质及其行为表现对宿舍文化的形成与发展具有导向作用。如果宿舍内核心人物能够带领宿舍成员积极学习、参加社会实践，并且能够有效地抵制不良思想和文化的侵入，那么宿舍内就能形成积极健康的文化和心理氛围。同时，宿舍内核心人物在处理宿舍与班级关系方面发挥着重要作用。宿舍内核心人物与班级干部的关系好坏往往决定着宿舍与班级关系的好与坏以及宿舍成员能否积极地参加班级活动和建设。因此，发挥宿舍内核心人物的作用对宿舍文化的建设具有重要作用。

通过以上分析，我们知道高校宿舍文化是以大学生为主体，在宿舍这个空间中，所有成员在学习、生活、交往等社会互动过程中形成的物质文化和精神文化的总和，主要是指宿舍成员共同认可的价值和意识体系。从本质上看，它是宿舍成员与成员及环境之间互动的产物，因此应持一种建构主义的观点来看待高校宿舍文化建设。又因它具内容的广泛性、产生与发展的二重性、情感的渗透性、排他性特征，对大学生社会化具有价值观导向功能，规范行为和塑造人格的作用，同时也有助于增强大学生的自主性和自我意识，并对大学生性别角色意识的社会化也有影响，所以高校宿舍文化对生活以其中的大学生又具有一定的结构制约性。同时，正是在这种建构性与制约性的张力之间，我们也应当注意到高校宿舍文化可能存在凝聚力不强、缺乏生机与活力及其受到负面网络文化的冲击的问题，并相信通过进一步完善宿舍管理体制和运行机制，建立一支高素质的宿舍管理队伍，发挥大学生相关社团和宿舍群体内核心人物的作用，丰富高校宿舍文化生活，能够起到进一步加强高校宿舍文化建设的作用。

参考文献：

[1] 王龙：《探索高校宿舍文化建设的新途径》，中国青年研究，2008年第2期。

[2] 潘艳纯、王凤：《创建宿舍特色文化的思考》，黄石理工学院学报，2008年第8期。

[3] 黄成茂、陈勇：《大学生宿舍文化建设的探讨》，福建农林大学学报（哲学社会科学版），2008年第1期。

[4] 畅军亮：《浅析大学生宿舍文化的隐形思想政治教育功效》，牡丹江教育学院学

应用文 写作教程

报,2007 年第 5 期。

[5] 梁鹏:《论高校宿舍文化建设》,咸阳师范学院学报,2008 年第 4 期。

[6] 李为举:《关于加强大学生宿舍文化建设的思考》,新校园(理论版),2008 第 4 期。

[7] 宁敏:《论大学生宿舍文化中的排他性》,中共郑州市委党校学报,2008 第 4 期。

[8] 杨苗苗、李磊、晁艳:《高校学生宿舍文化建设中存在的问题及对策》,2008 第 5 期。

[9] 袁雪辉:《大学生宿舍文化建设中存在的问题及对策》,焦作大学学报,2004 第 3 期。

[10] 艳美:《大学生宿舍文化与学风建设初探》,辽宁税务高等专科学报,2004 第 2 期。

[11] 吕红梅:《高校宿舍文化建设的原则与对策探讨》,贵州工业大学学报(社会科学版),2002 第 4 期。

[12] 李瑞学、田媛:《加强高校宿舍文化建设的思考》,中国成人教育,2007 第 1 期。

[13] 全国 13 所高等院校《社会心理学》编写组,《社会心理学》,南开大学出版社,2003 年 7 月。

[14] 候钧生主编,《西方社会学理论教程》,南开大学出版社,2006 年 8 月。

[15] 郑杭生主编,《社会学概论新修》,中国人民大学出版社,2004 年 1 月。

[16] 杨善华主编,《当代西方社会学理论》,北京大学出版社,1999 年 3 月。

[17] Alexander, Jeffrey C. (ed.), New functionalism. Beverly Hills, CA: Sage Publications, June1985.

[18] Bryant, Christopher G., Positivism in Social Theory and Research. London: Macmillan, May 1985.

[19] Skinner, Quentin (ed.), The Return of Grand Theory in the Human Sciences, Cambridge: Cambridge University Press, January 1985.

第四节　实验报告

一、实验报告的概念和特点

实验报告,就是在某项科研活动或专业学习中,实验者把实验的目的、方法、步骤、结果等,用简洁的语言写成书面报告。实验报告必须在科学实验的基础上进行。成功的或失败的实验结果的记载,有利于不断积累研究资料、总结研究成果、提高实验者的观察能力、分析问题和解决问题的能力,培养理论联系实际的学风和实事求是的科学态度。

实验报告主要有以下几个特点:

（1）确证性。它所记录的实验结果，能经得住任何人的重复和验证。

（2）程式性。即实验报告有着固定格式，各组成部分步骤清楚，要求明确。

（3）记录性。即对实验的过程和结果，必须如实记录，必要的时候辅助以图解进行阐述说明。

二、实验报告的作用和分类

1. 实验报告的作用

实验报告是提高学生各项能力的重要手段。实验报告不仅是对该次实验的书面总结，而且是培养和训练学生的逻辑归纳能力、综合分析能力和文字表达能力重要手段，是科学论文写作的基础。

实验报告有助于研究者的科学研究。实验报告能帮助实验者不断地积累研究资料、总结研究成果，并且研究者之间可以相互进行情报交流，获得更多的研究资料。

2. 实验报告的分类

（1）以实验对象为标准，分为物理实验报告、生物实验报告、化学实验报告等。

（2）以实验性质为标准，分为检验型实验报告、创新型实验报告。检验型实验是重复前人已作过的实验，在教学中就是按教学内容规定的某些实验项目重新演示，是直观教学的重要手段。这类实验报告通常有固定的项目，并按一定格式印成实验报告由实验者逐项填写。创新型实验是实验者进行一项新的研究所做的实验，它既可以是通过实验来探讨某种理论问题，也可以是在实验中摸索出新的操作方法，以便大面积推广应用。这类报告在写作上也遵循着一定的思路，但写法上要相对灵活些。

（3）以实验场所为标准，分为实验室实验报告和现场实验报告两大类。实验室实验通常是自然科学中的实验，而现场实验则一般是社会科学中的实验。

（4）以实验目的为标准，分为设计性实验报告、验证性实验报告以及综合设计性实验报告。设计性实验是指给定实验目的要求和实验条件，由学生自行设计实验方案并加以实现的实验，目的是使学生运用所学到的实验知识和技能，在实验方法的考虑、实验仪器的选择、测量条件的确定等方面受到系统的训练，培养学生的动手能力、研究能力，激发学生的创新精神。验证性实验是指对研究对象有了一定了解，并形成了一定认识或提出了某种假说，为验证这种认识或假说是否正确而进行的一种实验。对学生而言，就是用实验验证已学过的某学科原理，概念或性质。

三、实验报告的写作

实验报告的结构包括以下几个部分：实验名称，即标题，集中反映实验内容；实验报告基本情况概述，如作者及实验时间、地点等；实验目的，或称引言，简明扼要地说明研究的对象、实验的意义和作用。

1. 实验名称，即标题

要用最简练的语言反映实验的内容。如验证某定律，可写成"验证×"；如测量的实

验报告,可写成"×××的测定。"

2. 作者、单位名称、合作者

3. 实验日期和地点(年、月、日)

4. 实验目的

实验目的要明确,要抓住重点,可以从理论和实践两个方面考虑。在理论上,验证定理定律,并使实验者获得深刻和系统的理解;在实践上,掌握使用仪器或器材的技能技巧。

5. 实验内容

这是实验报告极其重要的内容。要抓住重点,可以从理论和实践两个方面考虑。这部分要写明依据何种原理、定律算法或操作方法进行实验,以及详细理论计算过程。

6. 实验环境和器材

实验用的软硬件环境(配置和器材)。实验用的仪器和材料如玻璃器皿、金属用具、溶液、颜料、粉剂、燃料等。

7. 实验步骤

实验的步骤和方法是实验报告极其重要的内容。这部分要写明依据何种原理、定律或操作方法进行实验,要写明经过哪几个步骤;还应该画出实验装置的结构示意图,再配以相应的文字说明,这样既可以节省许多文字说明,又能使实验报告简明扼要、清楚明白。

8. 实验结果

即实验现象的描述、实验数据的处理等,根据实验过程中所见到的现象和测得的数据,作出结论。原始资料应附在本次实验主要操作者的实验报告上,同组的合作者要复制原始资料。数据记录和计算指从实验中测到的数据以及计算结果。

对于实验结果的表述,一般有以下三种方法:

(1)文字叙述:根据实验目的将原始资料系统化、条理化,用准确的专业术语客观地描述实验现象和结果,要有时间顺序以及各项指标在时间上的关系。

(2)图表:用表格或坐标图的方式使实验结果突出、清晰,便于相互比较,尤其适合于分组较多,且各组观察指标一致的实验,使组间异同一目了然。每一图表应有表目和计量单位,应说明一定的中心问题。

(3)曲线图:应用记录仪器描记出的曲线图,这些指标的变化趋势形象生动、直观明了。

在实验报告中,可任选其中一种或几种方法并用,以获得最佳效果。

9. 讨论

是对实验研究结果的含义和意义进行评价。讨论的基本内容包括以下几个方面:

(1)对实验结果进行理论上的分析和论证。不仅要用摘要的形式概述研究的结果,阐明研究结果的意义,以及对本实验多次研究结果的综合分析,而且要在与前人所作研究结果的比较分析中,将自己的研究纳入某一理论框架以建立或完善理论。

(2) 对本实验研究方法的科学性和局限性的探讨。如对实验误差、出现和常识相违的数据等进行必要的反省,对研究成果的可靠程度和适用范围作进一步说明。

(3) 提出可供深入研究的问题以及本实验研究中尚未解决或需要进一步解决的问题,对未来的研究以及如何推广研究提出建议。另外,也可以写一些本次实验的心得以及提出一些问题或建议等。

10. 结论

即根据实验结果对实验所能验证的概念、原则或理论的简明总结,是从实验结果中归纳出的一般性、概括性的判断。"结论"的文字要简练、准确、严谨、客观,一般以条目的形式表达。

11. 鸣谢

在实验中受到他人的帮助,在报告中以简单语言感谢。

12. 参考资料

详细列举在实验中所用到的参考资料,即在实验报告的结尾,把撰写实验报告所引用的别人的材料、数据、论点注明出处。这既可以表明实验报告撰写者的水平、严谨的科学态度,也可以表明对别人劳动成果的尊重,并可给读者提供信息,开阔其视野。参考文献的排列:在期刊的参考项目中,包括作者的姓名、文章标题、刊名和期号。

四、撰写实验报告时应注意事项:

写实验报告是一件非常严肃,必须要注意以下几个方面:

(1) 要求观察细致,及时、准确、如实记录。实事求是地分析各种现象发生的原因。故在记录中,一定要看到什么就记录什么,不能弄虚作假。为了印证一些实验现象而修改数据、假造实验现象等做法,都是不允许的。

(2) 要求说明准确,层次清晰。

比如,在化学实验中,出现了沉淀物,但没有准确地说明是"晶体沉淀"还是"无定形沉淀"。说明步骤,有的说明没有按照操作顺序分条列出,结果出现层次不清晰、凌乱等问题。

(3) 尽量采用专用术语来说明事物。例如,"用棍子在混合物里转动"一语,应用专用术语"搅拌"较好,既可使文字简洁明白,又合乎实验的情况。

(4) 外文、符号、公式准确,使用统一规定的名词和符号。

【例文】

站点设置

指导教师:×××

同组者:×××

实验日期:2013 年 9 月 21 日

一、实验目的及要求

本实例是通过"站点定义为"对话框中的"高级"选项卡创建一个新站点。

二、仪器用具

1. 生均一台多媒体电脑,组建内部局域网,并且接入国际互联网。

2. 安装 windows xp 操作系统;建立 iis 服务器环境,支持 asp。

3. 安装网页三剑客(dreamweaver mx;flash mx;fireworks mx)等网页设计软件;

三、实验原理

通过"站点定义为"对话框中的"高级"选项卡创建一个新站点。

四、实验方法与步骤

1. 执行"站点\管理站点"命令,在弹出的"管理站点"对话框中单击"新建"按钮,在弹出的快捷菜单中选择"站点"命令。

2. 在弹出的"站点定义为"对话框中单击"高级"选项卡。

3. 在"站点名称"文本框中输入站点名称,在"默认文件夹"文本框中选择所创建的站点文件夹。在"默认图像文件夹"文本框中选择存放图像的文件夹,完成后单击"确定"按钮,返回"管理站点"对话框。

4. 在"管理站点"对话框中单击"完成"按钮,站点创建完毕。

五、实验结果(略)

六、讨论与结论

实验开始之前要先建立一个根文件夹,在实验的过程中把站点存在自己建的文件夹里,这样才能使实验条理化,不至于在实验后找不到自己的站点。在实验过程中会出现一些选项,计算机一般会有默认的选择,最好不要去更改。如果要更改,要先充分了解清楚该选项的含义,以及它会造成的效果,否则会使实验的结果失真。实验前先熟悉好操作软件是做好该实验的关键。

思考与练习

练习写一篇本专业的学术论文。

第九章　礼仪文书

第一节　礼仪文书概述

一、礼仪文书的概念和特点

礼仪文书是人们在各种社会交往中用以交流信息、沟通感情、增进友谊、融洽或改善关系时使用的文书;是国家、单位、集体或个人在喜庆、哀丧、欢迎、送别以及其他社交场合用以表示礼节,具有规范写作格式的文书。

礼仪文书有以下特点:

1. 实用性

礼仪文书是为了某种交往的需要而作的,有着明确的目的。其内容大多与某件事、某项活动或某个人的生活际遇有关,而产生交往联络的实际效果。迎送宾客、贺喜庆寿、恭请光临、致谢慰问等,都需要用礼仪文书来传情达意,以实现一定的愿望。礼仪文书正具有这种广泛的应用价值。

2. 礼仪性

礼仪文书是社交活动的产物,社交活动是一种"礼尚往来"的交流,活动者之间具有"双边"关系,这就决定了礼仪文书具有礼仪性的特点。这种礼仪性在称谓、措辞、语气等各方面都有鲜明的表现。

3. 规范性

礼仪文书大体有稳定的体式。这种体式的规范性虽不像公务文书那样严格,也不像公务文书那样通过正式发文来作出规定,但它在长期的社会交往活动中约定俗成,已成了各种礼仪文书自己的特定体式。如何称呼、如何开头、如何结尾等,都大体有定规。

4. 情感性

礼仪文书是交流感情的书面形式,具有情感性。其感情表达不同于文学作品的抒情,它是着眼于具体对象和具体情境,具体表现在词语的选用上。

二、礼仪文书的作用和种类

1. 礼仪文书的作用

礼仪文书具有以下作用

（1）传递信息

在社交活动中，通过礼仪文书把活动信息向有关人士、有关方面传递。

（2）交流感情

人际交往需要感情的联系沟通，礼仪文书就是交流感情的文字样式，交谊寄情的作用十分明显。

（3）协调关系

礼仪文书可以使人际关系、工作关系更加融洽协调，有助于消除隔膜与误解，礼仪文书的协调作用在相互尊重的基础上得以充分发挥。

（4）促进文明

礼仪文书注重礼仪是精神文明的体现。礼仪文书大量使用礼貌用语，有助于提高人们交往的文明程度，从而形成全社会以礼相交的良好社会风气。

2. 礼仪文书的种类

礼仪文书的种类很多，常用的是机关、团体、人民群众在节日和红白喜事中用的各种文书，如请柬、聘书、讣告、唁电、悼词、欢迎词、欢送词、祝词、贺信、贺电、题词、祭文、碑文、开幕词、闭幕词、对联等。

根据使用场合的不同，可以把礼仪文书分为以下三类：一是应酬类，即邀请别人参加活动或聘请别人担任职务、承担工作时所用的文书，如请柬、聘书、邀请书等；二是唁慰类，唁慰信主要是指因对方家里有人去世了，表示对死者的悼念和对生者的安慰之类的书信，如悼词、讣告、唁电等；三是贺颂类，即对人或事表示祝贺时所用的文书，如祝词、贺词、欢迎词、欢送词、答谢词等；四是会议庆典类，即开幕词、闭幕词等。

第二节　请柬　聘书

一、请柬

1. 请柬的概念

请柬的"柬"字，本为"简"，原指以竹或木材为原料制成的书写材料。在纸未发明以前，简是较为普遍的写作材料。简是将木材或竹木经过加工后制成的狭长的片，人们把文字刻在简上用来记事，把简连缀在一起而成"册"。由于书写面积有限，篆刻也有些难度，所以用简书写文字容量是较小的。到了魏晋时代，"简"专门用来指一种短小的信札，这一说法一直沿用至今。

请柬是一种常见应用文体，格式比较简单。请柬不同于一般书信。一般书信都是因为双方不便或不宜直接交谈而采用的交际方式。请柬却不同，即使被请者近在咫尺，也需送请柬。

请柬在社会交际中用途广泛，如会议、典礼、宴饮、晚会等活动，用请柬邀请宾客表示举行的隆重以及对宾客的尊重。请柬其实就是简便的邀请书,但它比邀请书更为正式和郑重。

2. 请柬的特点

(1) 文字性,即它的书面性。它与一般的通知是有区别的,通知既可以是书面式的,也可以是口头传达式的;请柬只能是正规的书面邀请,或直接当面呈递,或托人致送,或邮寄。

(2) 广泛性。请柬使用范围相当广泛,随着现代社会人们交往的日益频繁,各种活动逐渐增多,小到个人生日晚会,达到一个国家的国庆大典,许许多多的活动和事项都要通过请柬来邀请客人参加。

(3) 非保密性。它与一般书信不同,一般书信对象性强,只有收信的人才有权看书信内容,而请柬的内容一般情况下是公开的,是允许被邀请人以外的人看的;在请人托带时,信封常常是不封口的。

3. 请柬的种类

(1) 根据请柬的外表形式分,可分为以下几类:

① 折叠式请柬。折叠式请柬是将卡片折叠起来,分为内外两部分。卡片外面是请柬的名称及精美图案,里面空白,用于书写邀请事项。比较讲究的请柬,在内里常另附一张写作用纸,并用丝带同封面系在一起。折叠式请柬显得更为郑重、精美,加上考究的装帧,更易于形成礼仪气氛。

折叠式请柬根据开启的方式不同,又可以分为左开式、右开式、下开式、镂空式等。

② 卡片式请柬。卡片式请柬是用一张硬卡片,正面印上卡片名称(如生日卡片、宴会卡片)和美术图案,背面空白,用于书写邀请事项。卡片式请柬比较简朴,常用于一般的交际关系。

(2) 根据请柬的书写形式,可分为如下两种:

① 竖式请柬。由右向左纵向书写的请柬就是竖式请柬,这是传统的请柬形式,被称为中式。

② 横式请柬。横向书写的请柬就是横式请柬。随着中西文化的融合,人们横向阅读书写习惯的养成而逐渐增多的,被称为西式请柬。

在日常交际中,可以根据交际活动的性质及交际对象的特点来选用不同的款式。

(3) 根据请柬的内容分,可分为以下几类:

① 喜庆请柬。是指用于婚嫁、寿庆、满月、开张、乔迁、庆典等庆祝活动的请柬。

② 丧葬请柬。就是一种报丧请柬,它的制作以素雅为根本特征,一般为白纸黑字,即使做美术装饰,也必须采用同丧葬礼仪相协调的图案和颜色,一定要体现出庄严肃穆的气氛。

③ 日常应酬的请柬。是指用于出婚丧嫁娶、节庆礼仪之外的其他活动的请柬,例如社团聚会、学术交流、送别钱行、接风洗尘等活动,也常常需要发请柬邀请与会者到场。

4. 请柬的写作格式

通常可以购买已按照格式印制好的请柬,发文者只需根据实际情况填写即可。

请柬从形式上又分为横式写法和竖式写法两种。竖式写法从右边向左边写。

请柬有用一张纸正反两面的,也有用对折的,因此其写作也分为封面文字和正文两部分。

(1) 封面(或正面)

可以直接写"请柬"或"请帖"二字。为增强喜庆色彩,可用美术体的文字,可以有图案装饰等。

(2) 内页(或背面)

包括称呼、主体、结尾、落款四部分内容。

① 称呼。抬头写被邀请者(个人的姓名或单位)名称。要顶格写出,称呼后加上冒号。如果是发给夫妇二人,按国际惯例,可发一张请柬。

② 主体。交待活动内容,如开座谈会、联欢晚会、过生日等;交待举行活动的时间和地点,如果是请看戏或其他表演还应将入场券附上。若对宾客有其他要求也需注明,如"请着晚礼服"、"请准备节目"等。

③ 结尾。一般写上礼节性问候语或敬语,如"恭候莅临"、"敬请光临指导"等。

④ 落款。横式请柬在内页的右下角、竖式请柬在内页的左下角署上邀请者(单位或个人)的名称,再下一行写发柬日期。

5. 请柬的写作注意事项

(1) 措辞要热情,用语要谦恭。要把活动的时间、地点、内容等准确、简明地告诉被邀请者。

(2) 设计要精雅,书写要美观。在款式设计上,要注意其艺术性,要根据实际需要选购合适的类别、色彩、图案,多用质地较好的红色或其他暖色调的色纸或白纸彩印。

(3) 场合要合适,效果要恰好。在合适的场合、时间由合适的人发送。一般说来,在举行重大的活动,对方是作为宾客参加时,才需要发送请柬。为表示对对方的诚意和敬意,一般由主人或专人递送;如果是通过邮局发送的,应该确认对方是否收到。即使是已经口头约定的活动,仍应补送请柬。

请柬一般提前一周至二周发出,过早发送容易被遗忘,过晚发送可能会让被邀请者无法准备。

【例文1】

请　柬

送呈张三台启

谨定于 2007 年公历 4 月 5 日(星期一)农历三月初一日为 GG、MM 举行婚礼。恭请张三、李四夫妇(或者写张三偕夫人、张三偕家眷,李四与先生)光临××大酒店

敬邀

地点:延安中路 1000 号 3 楼××厅

时间：下午 18:00 时

签名：GG

MM

【例文 2】

请　柬

2011 年 8 月 25 日，欣逢恩师、国内知名法学学者张×教授八十五大寿，谨订于是日上午 10 时 30 分在××大学教师大会议室签名祝寿，敬请张教授亲朋好友、学生届时参加。

地点：××大学

联系电话：××××

联系人：×××

【例文 3】

请　柬

×××先生：

兹定于 2010 年 7 月 8 日上午八时在本厂办公楼一号会议室召开新产品鉴定会，敬请光临指导。

此致

敬礼！

×××厂（印章）

××××年×月×日

二、聘书

1. 聘书的概念

聘书是聘请书的简称，是用于聘请某些有专业特长或名望权威的人完成某项任务或担任某种职务时的专用书信或凭证。

使用聘书一是出于礼仪需要，表示对被聘者的尊敬与敬意；二是出于工作活动的实际需要，表示正式隆重，比口头聘请更具有确定性。

2. 聘书的特点

（1）认可性

聘任某人担任某职务或从事某项工作的聘书，是对其身份和业务水平以及工作能力的一种认可。

（2）正式性

聘书往往是以单位的名义加盖公章，按照一定的格式写成，并且常在某种公开场合由聘用单位负责人当面颁发给被聘者，既表示了对应聘者礼遇和重视 也增强了应聘者

的荣誉感、责任感。

（3）约定性

被聘者接受了聘用单位的聘书，说明被聘者和聘用单位之间就存在某种约定的关系，被聘者必须按照聘用单位的要求履行其职责。

3．聘书的种类

聘书大体有两类：一是用来聘请担任某种职务的，如任职聘书；二是用来聘请参加某项活动的，如聘请某人担任某次演讲比赛评委等。一般来说，前者聘期较长，后者则是短期或临时的。受聘者一般具有某种专长，或在某些方面有一定声望，或能胜任某种专业工作。聘约书是单位与受聘人的协议，由双方商定协议内容并由双方签署。聘约书一经签署，双方都要履行所承担的权利与义务，期满则失效。

4．聘书的作用

聘书在这些年来使用很多，招聘制作为现今用人制度的主要形式为聘请书的使用提供了广阔的市场。聘书在今天人们的生活中起到了重要的作用。

（1）加强协作的纽带。聘书把人才和用人单位很好地联系了起来。一个单位在承担了某项任务后，或在开展某项工作的时候，为了请到一些本单位缺乏的人才时，就需要用聘书。聘书不仅使个人同用人单位联系了起来，同时还加强了不同单位之间的合作，使之可以互通有无、互相支援，起着不可替代的纽带作用。

（2）加强应聘者的责任感、荣誉感和促进人才交流。

（3）表示郑重其事、信任和守约。

5．聘书的写作格式

一般包括标题、称谓、正文、结尾、落款五个部分。

（1）标题。在纸的上方正中，也可以单独占一页，印上"聘书"或"聘请书"有时在标题上方印上聘请单位的名称，在标题下方设有编号，如"聘字〔2014〕12 号"。一般用套红、烫金封面。

（2）称谓。标题下一行顶格写明被聘请人姓名，如"××先生"、"×××同志"等；也可以在正文中写明被聘请人姓名。常见的印制好的聘书则大都在第一行空两格写"兹聘请××……"。

（3）正文。实职性聘书应写明聘任的原因、请去所要干的工作、聘任的职务、聘任期限等，有时还写明聘任待遇；荣誉性聘书要写明聘任职务、何时到职、聘请人的希望等。

（4）结尾。一般写上表示敬意和祝颂的结束用语，习惯用"此聘"、"此致　敬礼"作结语。

（5）落款。落款要署上发文单位名称或单位领导的姓名、职务，并署上发文日期，同时要加盖公章。

6．聘书的写作要求

（1）聘书写作应该内容明确、主题单一。对为什么聘请、聘请谁、聘去干什么，一定要说清楚,特别是对于聘去干什么一定要有所交待。

(2) 符合格式,款式精致、美观大方。

(3) 语言精要,热情友好。必须站在"求"人家帮忙的立场,恭敬礼貌地措辞行文。

(4) 要加盖公章,因聘书是以单位的名义发出的,所以一定要加盖公章才能生效。

【例文】

岗位聘任书

聘任部门(单位)(甲方):

受聘人(乙方):

甲乙双方依据×××〔200×〕30号文件《××大学关于实施岗位聘任和岗位津贴制度的办法(试行)》、×××〔200×〕44号文件《机关及直属单位的聘任方案》及《××大学岗位津贴实施细则》,经学校公开聘任后达成一致意见,并签订聘任书。

一、聘任岗位:甲方聘任乙方在××××岗位工作,享受××××岗位津贴。

二、聘任期限:自××××年××月×日起至××××年××月××日止。

三、乙方的岗位职责:

(略)

四、乙方对岗位职责的承诺及工作计划

(略)

五、本聘任书经甲、乙双方签字盖章后正式生效。聘任书一式三份,甲、乙双方各执一份,校人事处备案一份。

甲方:(签章)   乙方:(签字)

  年 月 日   年 月 日

【例文】

项目经理聘请书

兹聘任:

×××为××××有限公司项目经理,任期三年。对上述人员的任职资格已审查,符合法律规定的条件。特此聘任。

全体董事会成员签字:×××

201×年×月×日

第三节 欢迎词 欢送词 答谢词

一、欢迎词

1. 欢迎词的概念

欢迎词是指行政机关、企事业单位、社会团体或个人在公共场合欢迎友好团体或个

应用文 写作教程

人来访时致辞的讲话稿,也包括发言者在欢迎仪式上或宴会上向来宾发表的表示欢迎的演讲稿。

2. 欢迎词的特点

（1）短小精练、亲切平易、轻松活泼

一般以简明扼要的语言表达欢迎之意。欢迎词当有一种愉快的心情,言词用语务必富有激情和表现出致词人的真诚。只有这样才可给客人一种"宾至如归"的感觉,为下一步各种活动的圆满举行打下好的基础。

（2）口语性

欢迎词本意是现场面向宾客口头表达的,所以口语化是欢迎词文字上的必然要求,在遣词用语上要运用生活化的语言,即简洁又富有生活的情趣。口语化会拉近主人同来宾的亲切关系。

3. 欢迎词的写作格式

欢迎词一般由标题、称呼、正文、结语组成。

（1）标题

欢迎词的标题一般由致词人、致词场合和文种三要素构成,如"在欢迎新生仪式上的欢迎词"或"在双边贸易促谈会上的讲话";还可以单独由文种命名,如"欢迎词",在首行正中书写标题。

（2）称呼

在开头顶格书写被欢迎者的称呼,要写明来宾的姓名称呼,如"尊敬的各位先生们、女士们"、"亲爱的大学各位同仁"等,后要冒号,个人姓名要用尊称。

（3）正文

欢迎词的正文一般由两部分构成:一是开头,写清事由,说明为何举行欢迎仪式或召开会议等;选择欢迎词语,对来宾到来表示热烈欢迎等。二是主体,是欢迎词的主要内容,从具体场合出发,写出宾客到来的意义、作用;简述双方交往的友谊与合作的成就,以表示对双方交往的意见与期望;最后,再次表示欢迎之意,以及对今后的祝愿和希望。

（4）结语

要署上致词单位名称,致词者身份、姓名,并署上成文日期。

4. 欢迎词写作的注意事项

欢迎词是出于礼仪的需要而使用的,因此要十分注意礼貌。具体而言,要注意以下几点:

（1）称呼要用尊称,感情要真挚,要能较得体地表达自己的原则立场。

（2）措辞要慎重,勿信口开河,同时要注意尊重对方的风俗习惯,应避开对方的忌讳,以免发生误会。

（3）语言要明确简练。迎接宾客,演说者在特定的情感氛围中,最忌大话、套话,通常是开明宗义、实话实说。尽管有时为渲染气氛,可以适当用一些诙谐词语,但不宜扯

得太高、太远,语言应简练朴实。

(4)篇幅短小精悍。欢迎仪式大多时间不长,程序不复杂,一般以简明扼要的语言表达欢迎之意。

二、欢送词

1. 欢送词的概念

欢送词是在送别宾客的仪式、聚会、宴会上或有关会议结束时,主人对宾客的离去表示热烈欢送时所讲话的文字底稿。

2. 欢送词的特点

(1)情感真挚亲切

迎来送往是社交活动中最富有情感特质的情况,致词者总是把内心感受真实地表达出来,形成浓烈的情感氛围,能使听众感到情切真挚。欢送词要表达亲朋远行时的感受,所以依依惜别之情要溢于言表,当然格调也不可过于低沉。尤其是公共事务的交往更应把握好分别时所用言辞的分寸。

(2)口语性

同欢迎词一样,口语性也是欢送词的一个显著特点之一。遣词造句也应注意使用生活化的语言,使送别既富有情趣,又自然得体。

3. 欢送词的写作格式

同欢迎词一样,欢送词也由标题、称呼、正文和结语构成。

(1)标题

同欢迎词的标题大体相同,或由欢送对象与文种构成,如"欢送××学习归来的讲话",或单独以文种名为标题,如"欢送词"。

(2)称呼

与欢迎词的写法相同。

(3)正文

欢送词的正文一般由开头和主体两部分构成。开头一般是写一些表示欢送的客套语句,如表示"感谢来访"、"感谢指导"之类。主体要根据具体场合,简要回顾宾客来访的情况,阐述和评价来访的意义、作用。如果是一些会议上所致的欢迎词,就应该简要回顾会议的基本情况,概述和评价会议取得的成就、意义和影响。

(4)结语

选一些简短的话语,再次对宾客的来访与指导表示感谢,同时,表达出祝愿和欢送的意思。

4. 欢送词的写作要求

(1)适应场景氛围,引导出席者情绪,以创造一种友好的气氛,密切关系,推动双边合作。

(2)感情真挚,礼貌而又有分寸,既尊重对方,又不卑不亢。

写作教程

（3）使用便于交际场合朗读、演说的语言，既上口、好读，又切合实际，有的放矢，言之有物。

（4）动笔前要了解对象的基本特征，比如取得的成就、大会的宗旨等。

三、答谢词

1. 答谢词的概念

答谢词是在专门仪式、宴会、招待会上宾客对主人的热情接待表示衷心感谢的致词。答谢词也指客人在举行必要的答谢活动中所发表的感谢主人的盛情款待的讲话。

2. 答谢词的种类

依据不同的致谢缘由和致谢内容，答谢词可划分为两个基本类型：

（1）"谢遇型"答谢词

"遇"，招待，款待。"谢遇型"答谢词，即用来答谢别人的招待的致词，它常用于宾主之间，既可用于欢迎仪式、会见仪式上与"欢迎词"相应，也可用于欢送仪式、告别仪式上与"欢送词"相应。

（2）"谢恩型"答谢词

"恩"，受到的好处，即别人的帮助。"谢恩型"答谢词，即用来答谢别人的帮助的致词。它常用于捐赠仪式或某种送别仪式上。

3. 答谢词的写作格式

答谢词一般由标题、称呼、正文、结语、落款组成。

（1）标题

在第一行居中的位置上写上"答谢词"。

（2）称呼

另起一行顶格写致辞对方的姓名、头衔，既可以是广泛对象，也可以是具体对象。称呼后加冒号以引领全文。

（3）正文

正文一般包括以下几方面内容：

开头部分一般要写出致词人以什么身份、代表何人或何单位、向谁表示感谢，用以表达致词人的感情。

主体部分，首先，应感谢主人的盛情接待，回顾此期间双方愉快的会议，成功的合作；其次，赞扬主人为发展双方的友谊或合作做出的贡献；第三，还要肯定这次来访或会议的成功及其意义、影响；第四，提出自己的希望，并在此表示感谢之意等。

（4）结语

通常用一两句表示祝愿的话。

（5）落款

如公开发表，则署上致词人的姓名及致辞日期。

4. 答谢词的写作要求

(1) 要热情而有礼貌,体现出真情实感。

(2) 要善于巧妙地表达自己的原则立场。

(3) 要尊重对方的风俗习惯、宗教信仰等,不讲对方忌讳的内容。

(4) 语言要精练、明快,语气要热情、友好,篇幅要简短适当。

【例文】

一位导游小姐的经典欢送词

各位嘉宾:

我们的旅行车已行驶在去机场的路上。透过车窗可以看见,南京的天空又下起了小雨。1000多年前唐朝诗人王维有一首著名的诗,叫《渭城曲》,他在诗中写到:

渭城朝雨浥轻尘,客舍青青柳色新。

劝君更尽一杯酒,西出阳关无故人。

今天,南京也下起了小雨,我们也在雨中与各位分别,不同的是,王维送的人要西出阳关,没有故人,而大家是要飞回台湾,去见亲人。也许雨还是当年的雨,南京人常说:下雨天留客。我们南京人的习俗,但凡下雨的时候,是不放客人走的,一者下雨路滑,客人走路不方便;再者下雨无事,正是陪客的好时候。但是,由于行程的安排,我们不得不违反南京这一民俗,在此相送。

好花不常开,好景不常在,今日离别后,何日君再来? 邓丽君小姐这首《何日君再来》是我们常常唱起的一首歌。但我相信,我们之间友情的花朵会常开,华东地区的美景永远常在,今日离别后,什么时候你会再来? 也许从此之后我们不会再相见。在大家这次华东黄金之旅的最后时刻,我想说:这一趟旅行大家都非常辛苦,但最辛苦的人却是我们的领队小姐。她一路照顾大家的饮食起居,心系大家安全,力求大家快乐,同时给我的工作以极大的支持。有位伟人这样说道:服务人类是最崇高的职业。我和领队小姐同做导游工作的不同层面,更能体会这种工作的艰辛,因此,在这里,我要表达一个华东导游,对领队真诚的谢意和崇高的敬意,请大家给我们领队小姐一点掌声。谢谢!我还不得不谢谢一个人,就是我们的×师傅,×师傅用他高度的责任心和高超的车技,给了我们一个安全的旅行,也请大家给我们亲爱的师傅一点掌声。谢谢! 一会儿下车之后各位小姐不要忘了给我们×师傅一个good-bye kiss。

在华东的这几天,我们一同走过了……(回顾行程)好了,各位贵宾,我们的旅行车马上会达到我们行程的终点——南京禄口机场,几天前我们在这里开始起程,今天大家终于回到了起点,我们×天的行程马上就要结束了。有一首诗大家不会陌生:轻轻地我走了,正如我轻轻地来,我挥一挥衣袖,不带走一片云彩。天下之大,没有不散的宴席。短暂的相逢就重结束,挥挥手就要和大家告别,值此分别时,(稍微停顿)首先小×要代表××旅行社感谢大家几天以来,对领队小姐,对师傅和对小×工作的关心、支持与配合,并对行程中不尽如人意的地方表示深深的歉意。(鞠躬)各位到了机场后,即将乘坐飞机,回到自己温暖的家,在这里小×祝大家一路平安、旅途愉快。(鞠躬)最后,祝大家

在以后日子里,生活好工作好样样都好,亲戚好朋友好人人都好。羊年洋洋得意!欢迎你再来华东!谢谢大家!

再见!(鞠躬)

【例文】

<h3 style="text-align:center">莫言诺贝尔领奖晚宴答谢词</h3>

尊敬的国王、王后和王室成员,女士们先生们:

我的讲稿忘在旅馆了,但是我记在脑子里了。我获奖以来发生了很多有趣的事情,由此也可以见证到,诺贝尔奖确实是一个影响巨大的奖项,它在全世界的地位无法动摇。我是一个来自中国山东高密东北乡的一个农民的儿子,能在这样一个殿堂中领取这样一个巨大的奖项,很像一个童话,但它毫无疑问是一个事实。

我想借这个机会,向诺奖基金会,向支持了诺贝尔奖的瑞典人民,表示崇高的敬意。要向瑞典皇家学院坚守自己信念的院士表示崇高的敬意和真挚的感谢。

我还要感谢那些把我的作品翻译成了世界很多语言的翻译家们。没有他们的创造性的劳动,文学只是各种语言的文学。正是因为有了他们的劳动,文学才可以变为世界的文学。

当然我还要感谢我的亲人,我的朋友们。他们的友谊,他们的智慧,都在我的作品里闪耀光芒。

文学和科学相比较没有的确是没有什么用处。但是文学的最大的用处,也许就是他没有用处。

谢谢大家!

第四节　祝辞、贺词

一、祝辞、贺词的概念、特点和种类

1. 祝辞、贺词的概念

祝辞,也称"祝词",是指在有关重大节日、重大典礼、重要活动以及庄重场合对人或事表示庄重祝贺的言词或文章。它主要用于机关、团体、企事业单位或个人对某个会议、某项事业、某种事物或个人的某个特定日子、事件等表示祝愿、希望。

贺词是机关、团体、单位向取得重大成就、有突出成绩或喜庆之事的有关单位或人员表示祝贺或庆贺的一种礼仪文书。贺词对人们有着很大的激励和教育作用。

祝辞和贺词在某些场合可以互用,但二者所包含的意义并不完全相同。祝辞是在事前,表示祝愿、希望;而贺词是事后,表示庆贺、道喜。

2. 祝辞、贺词的特点

（1）语言简短有力

祝辞和贺词往往是一方当着另一方的面讲的，最大的特点就是感情真挚、语言流畅，因此要求言简意赅、篇幅短小为佳。

（2）措辞喜庆热烈

祝辞和贺词是在喜庆的场合对祝贺对象的一种真诚的祝福和美好心愿的表达，因此在措辞的语句上要体现一种喜悦、热烈的美好之情。

（3）体裁的多样性

祝辞和贺词由于用意突出，主要是向对方表达祝福之情，因此不必拘泥于某种文体，可以根据祝贺对象的具体情况，采用诗、词、对联等各种合适贴切于对方特点的文章体裁。

3. 祝辞的种类

祝辞大致可分为祝事、祝人两大类，几乎可以囊括当今社会公关活动中所需的全部祝辞。祝事主要用于重要会议开幕、工程和工厂开工、商店开业以及展览会、博览会、展销会贸易活动等剪彩场所。祝人主要用于寿诞、爱情、婚姻、友谊和事业等方面，还有一个重要的用途是祝酒。

二、祝辞的结构与写法

祝辞通常包括标题、称谓、正文、结尾、署名和日期几部分。

1. 标题

在礼仪场合宣读的祝辞可以不要标题。在报刊或书籍上刊印时，往往有标题：可以用单行标题，一是只写文种，如"祝辞"、"祝寿词"等；二是由事由＋文种构成，如"在××和××婚礼上的祝辞"。有时采用双行标题，如正标题为"你们是时代的先锋"，副标题为"在共青团第八次代表大会上的祝词"。

2. 称谓

一般用泛指，如"各位女士、各位先生"、"朋友们"、"同志们"等，在前面也可以加上"亲爱的"、"尊贵的"、"尊敬的"等修饰语；还要注意具体场合，尽可能在称谓中包括全场在场的人。

3. 正文

首先是表明自己的身份及代表谁讲话，对接受祝贺的单位、人员表示祝贺；主体应根据具体情况写清祝贺什么、为什么祝贺等，一般是概括评价对方已取得的成就。有时对重要会议或重大事件，还要介绍背景及重要意义；对重要的人物，要概括其主要功绩，并给予适当的评价。

4. 结尾

一般都有固定的语言。当然也可以根据双方的特殊关系，根据不同的场合、不同的

事件,另拟更合适的祝辞。

5. 署名和日期

正式的、较为隆重的祝辞,一般在正文右下方署上名字、日期。有的还注明具体地点,也有的把日期写在标题下。

三、祝辞写作的注意事项

(1) 动笔之前,要尽可能了解祝贺对象的基本情况,这样写来的祝辞就会切人切事,言之有物。

(2) 贺信要体现的是自己真诚的祝福,是加强彼此联系、增强双方交流的重要手段。所以贺信要感情饱满充沛。冷冰冰的陈述、评价是表达不出贺者心愿的。

(3) 要注意彼此关系,切合双方身份。

【例文一】

母亲九十岁寿辰庆典祝寿词

各位尊长,各位亲友,各位来宾:

今天是我母亲的九十寿辰,这么多的亲朋好友专程赶来为我的母亲祝寿祈福,这使我和我们全家深受感动。在此,我代表我们全家对诸位的光临表示深深的感谢! 母亲九十年的人生历程,饱经风霜和坎坷。从青年到老年,在半个多世纪的岁月里,母亲为了我们几个兄弟姊妹,为了我们学习成长、成家立业,她含辛茹苦,日夜操劳,不知耗费了多少心血和汗水! 可以说,母亲为了我们这个家,为了自己的子女,奉献了一切,牺牲了一切。

在母亲身上,凝聚着许多中华民族的传统美德。她正直、善良、宽厚、诚实,富有博大和仁慈的爱心。她尊敬长辈,关怀幼小,和兄弟姑娌街坊邻里和睦相处。她深明大义,洞晓事理,乐于奉献,却不喜索取。她对我们兄弟姊妹,既慈祥,又严厉。她经常教育我们要为人正直,要有志气,要不怕吃苦,要努力向上。她的德言懿行,在广大乡邻亲朋中赢得了很高的声誉,赢得了大家发自内心的爱戴和尊敬。

母亲虽然没有文化,却关心国家大事,具有强烈的爱国意识和民族自尊心。她还爱好学习,善于接受新事物,有着积极向上的人生态度。在她的人生经历中,她总是自尊自强,努力进取,从来不甘居人后。她热爱生活,热爱美,热爱创造。她步入老年以后,不能从事繁重的体力劳动,就用不肯停歇的双手纳出了一双双精美雅致、结实耐用的花鞋垫儿,广送亲朋。我曾经以此为内容写了散文,先后在电台广播,在杂志发表,被收入书中,还拍成电视。去年《洛阳晚报》也发表了介绍母亲的照片和文章,洛阳民俗博物馆也将母亲的鞋垫收藏,并设专柜介绍展出。母亲和她的花鞋垫的故事已成为影响广泛的佳话。

母亲在九十年的岁月中给我们全家创造了巨大的物质财富,更给我们创造了丰厚珍贵的精神财富。母亲的言行为我们树立了榜样、楷模。母亲的教诲永远激励着我们认认真真地做人做事,母亲伟大圣洁的爱也将永远滋润和温暖着我们的心灵。我们为有这样一位母亲而感到荣幸和自豪。"谁言寸草心,报得三春晖",母亲的恩情我们永远报答不完,只能尽自己的力量奉献我们的孝心,让她老人家能健康快乐,安度晚年。

我们家为母亲祝贺生日已经将近三十年了,年年不辍,在座的亲友中有不少也是多次参加。今天有不少同学、同事和朋友在百忙中专程远道从洛阳、平顶山甚至郑州赶来为我的老母亲贺寿,这使我深为感动,也深感不安。这次洛阳、平顶山、汝州的一些书画家朋友们还创作了一批精美的书画作品为老母贺寿,刚才几位同学朋友也发表了热情感人的讲话。在这里我再一次对他们表示深深的感谢。其实他们也都是对父母至爱至孝的孝子。我想,我们在这里共同为我的老母亲贺寿祝福,我们张扬的是什么呢? 我们张扬的是中华民族的传统美德,是百善当先的孝道,懂得对父母感恩,做到对父母孝敬,这才是一个人一生做人的基础、干事业的基础。弘扬伟大的母爱,也是我们每一个人的责任。

在敬爱的母亲九十大寿之际,我衷心祝愿她老人家健康快乐,寿比南山! 同时也衷心祝愿在座的长辈们,衷心祝愿各位朋友们的父母尊长健康快乐长寿!

【例文二】

在金榜题名贺宴上的贺词

尊敬的各位来宾,朋友们,亲友们:

大家好!

所谓人生四大喜事:"久旱逢甘霖,他乡遇故知,洞房花烛夜,金榜题名时",其中以"金榜题名"最为家人、亲属所荣耀。首先我要代表在座的各位祝贺××考入了××大学。古人云:"十年寒窗无人问津,一朝成名天下皆知",在此,我们衷心地预祝愿××"今日金榜题名,明朝鹏程万里、前程似锦"。

俗话说十年寒窗苦,××今天所取得的成绩也倾注了很多人的辛苦和汗水,尤其是父母,一直在背后默默的支持他,关心他,鼓励他,成为他身后坚强的后盾,在这激动人心的时刻,我想××的父母也是感慨万分,下面就有请××的父亲××先生讲几句话……

经过苦读寒窗,拼搏进取,终于实现了多年梦寐以求的凤愿,即将肩负着时代的重托,带着亲人的期盼,怀着对大学的憧憬与渴望离开家乡,奔赴高等学府求学深造,希望××记住:入校如探山,欲向最上层一游须得登峰造极;求学似观海,能从至深处着想不难竟委穷源。希望能够在学习上孜孜以求,生活中艰苦奋斗,以勤促俭,以俭养德,以德励志,脚踏实地地朝着奋斗的目标前进,努力完成好自己的学业,早日做国家的栋梁之才。

最后恭祝各位来宾:事业蒸蒸日上,家庭美满幸福,身体健康,万事如意,谢谢!

第五节　开幕词、闭幕词

一、开幕词

1. 开幕词的概念

开幕词是会议讲话的一种,是党政机关、企事业单位、群众团体在召开比较郑重的会议时,由主要领导人或会议主持人在会议开幕是所讲的话,主要阐明会议的指导思想、宗旨、重要意义、任务要求、议程等事项,向与会者提出要求并对会议的成功表示祝愿。开幕词被称为会议的序曲,对开好会议具有重要的知道意义。

2. 开幕词的特点

(1) 宣告性。开幕词是会议的序曲,宣布会议正式开幕,渲染庄重气氛。

(2) 指导性。开幕词一般指出会议的指导思想、对会议提出任务,为会议定下基调。

(3) 预示性。开幕词中要简单介绍会议的主要内容、议程安排、主要精神,使与会人员了解有关事项。

3. 开幕词的种类

按照会议性质和内容不同,开幕词可分为侧重性和一般性两类。

(1) 侧重性开幕词指其重点在阐明召开会议的历史背景、指导思想、重要意义等,而忽略其他安排。一般用于召开重大会议,如中国共产党全国代表大会、全国人民代表大会等。

(2) 一般性开幕词指在开幕词中对会议的目的、任务、议程等情况做简要陈述。

4. 开幕词的写作格式

开幕词一般由标题、致词人、日期、称谓、正文五部分组成。

(1) 标题

开幕词的标题,有三种写法:

① 由大会名称加文种组成,如《××大学第十次教职工代表大会开幕词》。

② 由致词人姓名、大会名称、文种组成,如《毛泽东在中国共产党第七次全国代表大会上的开幕词》。

③ 在文种名称上有所变通,如《在〈维也纳公约〉缔约方大会第五次会议和〈蒙特利尔议定书〉缔约方大会第十一次会议部长级会议开幕式上的致辞》。

(2) 致词人

主要包括致词人的职务、姓名,在时间的正下方,通常职务可省略。

(3) 日期

这是指在会议上讲话的年月日,在标题的正下方,并用括号括上。

（4）称谓

是对与会人员的称呼，一般视会议性质、参加会议的对象而定。如果是党的会议，称谓比较简单，就是"同志们"三个字，后加冒号。如果是国际会议，要按照国际惯例来排列顺序，较常见的是"各位嘉宾，女士们、先生们"，后加冒号。

（5）正文

正文可分为开头、主体、结尾三部分。

① 开头。开头的内容包括以下几项：宣布大会开幕；代表会议主办方对参加会议人员的欢迎；对会议的规模、筹备情况、出席会议的人员做简要的介绍；对大会表示祝贺，对来宾表示欢迎。

② 主体。主体是开幕词的核心部分，主要包括以下几个方面的内容：介绍会议召开的背景、形势；对当前的形势做分析，说明会议召开的目的、意义；阐明会议的指导思想、宗旨、任务、主要内容，这一部分是重点，既要对过去成绩、经验作出总结，又要对本次会议做预测性评价；对与会者提出希望和要求。

③ 结尾。开幕词一般用祝颂语结束全文，如："最后，祝大会取得圆满成功。祝各位在北京愉快。谢谢！"

5. 开幕词的写作要求

（1）把握会议宗旨。开幕词的撰写人必须熟悉会议，并了解与会议有关的背景情况；讲礼貌而非应付。切忌言不由衷，虚情假意。

（2）语言要简明通俗。开幕词只是对会议做简要的概括，因此篇幅不宜过长，要突出实质性内容，简洁明了，起到画龙点睛的作用。

（3）条理清晰，重点突出。开幕词有引导与会人员把握会议方向性的作用，因此要主体明确、层次清楚，使听众一目了然。

二、闭幕词

1. 闭幕词的概念

闭幕词是会议讲话的一种，是党政机关、企事业单位、群众团体在召开比较重要的会议时，由主要领导人或会议主持人在会议闭幕时所做的讲话，主要是总结会议完成的任务，对会议作出评价，号召贯彻会议精神，向与会单位提出奋斗目标和希望。

2. 闭幕词的特点

（1）宣告性。闭幕词是会议的尾声，宣布会议完成使命闭幕。

（2）总结性。闭幕词一般要对整个会议进行总结，对会议精神进行高度概括，为会议性质定下结论。

（3）评估性。闭幕词中要对会议取得的成果进行评价，解决了哪些问题，完成了哪些任务，得到了哪些经验教训。

3. 闭幕词的写作格式

闭幕词一般由标题、署名、日期、称谓、正文五部分组成。

应用文 写作教程

（1）标题

闭幕词的标题,跟开幕词的写法类似,常见的写法是《大会闭幕词》或《×××在××大会上的闭幕词》。偶尔也有主副标题的写法,将主要内容或主要观点概括成一句话做标题,再用"××大会闭幕词"做副标题。

（2）署名

署名即署上致闭幕词的领导人的姓名,置于标题下一回居中位置。

（3）日期

日期即致闭幕词的时间,放在标题署名之下居中位置。

（4）称呼

与开幕词的称呼的写法一致。

（5）正文

在内容结构上,正文可以分为三部分:

① 开头。简要说明会议已完成各项任务,即将结束。如:"大会以圆满完成各项任务,将落下帷幕。"

② 主体。这一部分是闭幕词的重点,一般包括:简要地对会议作出评价,如收获、影响等;按照会议议程逐条分析,讨论了哪些问题、解决了哪些问题、还有哪些问题需要以后深入讨论等;会议的重要意义和深远性;提出希望、号召。

③ 结尾。闭幕词的结尾通常比较简单,最常见的说法是:"现在,我宣布,××××大会闭幕。"

4. 的写作要求

（1）篇幅不宜过长。闭幕词是带有总结性的讲话,所以语言要高度概括、简明精练。

（2）闭幕词对整个会议的评价要客观公正,符合实际情况。

（3）与开幕词首尾呼应,基调一致,浑然一体。

【例文】

国际奥委会主席罗格在第 29 届奥林匹克运动会开幕式上的致辞

（2008 年 8 月 8 日）

中华人民共和国主席先生,

刘淇先生,

奥组委的成员们,

亲爱的中国朋友们,

亲爱的运动员们:

长久以来,中国一直梦想着打开国门,邀请世界各地的运动员来北京参加奥运会。今晚,梦想变成了现实,祝贺北京!

你们选择"同一个世界,同一个梦想"作为本届奥运会的主题,今晚就是这个主题的体现。

我们处在同一个世界,所以我们像你们一样,为四川的地震灾难而深感悲恸。中国人民的伟大勇气和团结精神使我们备受感动。

我们拥有同一个梦想,所以希望本届奥运会带给你们快乐、希望和自豪。

各位运动员,我们的创始人皮埃尔·德·顾拜旦是因为你们而创立了现代奥林匹克运动会。奥运会属于你们。让奥运会成为运动员的盛会。

请大家牢记,奥运会不仅仅意味着比赛成绩。

奥运会还是和平的聚会。204个国家和地区奥委会相聚于此,跨越了民族、性别、宗教以及政治制度的界限。

请大家本着奥林匹克的价值和精神,即卓越、友谊和尊重,投身于比赛。

亲爱的运动员们,请记住,你们是世界青年的楷模,请拒绝兴奋剂,向作弊说不。

你们的成就和表现应该让我们感到骄傲。

当我们把奥林匹克梦想变成现实之时,我们要诚挚地感谢北京奥组委,感谢他们不辞劳苦的工作。我们还要特别感谢成千上万、无私奉献的志愿者们,没有他们,这一切都不可能实现。

北京,你是今天的主人,也是通往明天的大门。感谢你!

现在,我荣幸地邀请中华人民共和国主席先生宣布第29届现代奥林匹克运动会开幕。

国际奥委会主席罗格第29届北京奥运会闭幕词
(2008年8月24日)

女士们、先生们:

第29届北京奥运会,历时16天,通过奥运会各国与会代表的共同努力,顺利地完成既定的各项议程,即将圆满结束了。

本届奥运会,规模较大、范围较广、层次较高,在世界奥运会体育学术的交流中是空前的,也是少有的。它反映了世界有识之士的共同愿望——和平,符合世界各国人民的共同利益。

在本届奥运会上,各国奥运会的与会代表对体育的理论和学术问题,进行了广泛而有益的交流和探讨,发展和扩大了世界各国体育的友好合作关系。审议通过并确定了第30届北京奥运会的主办城市,签署了盛会协议,达成了更多体育项目的合作意向。奥委会认为,会议开得紧凑而热烈,是促进世界各民族团结的盛会,鼓劲的盛会。通过本届奥运会,必将进一步推动世界各国在体育教育方面的交流与合作,激起人们对体育一个理论学习和热潮,深入生活的热潮,繁荣体育的热潮,以饱满的激情投身到人民健康的火热的生活之中。使世界各国体育教育共同造福于人类的健康事业。

这届奥运会,得到了世界各国和各级领导部门的关心和帮助,得到了广大作家和文学工作者的合作和支持。我谨代表奥运会的领导集体,对世界各国和主办城市奥运会的热爱者的光临指导,表示亲切的感谢和敬意;向出席本届奥运会并为盛会竭尽心智的全体代表,向新闻界以及所有为盛会召开付出辛勤劳动的工作人员表示衷心感谢!

我们这次盛会，围绕着奥运精神，展现了各项科技，创造了很多新的纪录，为振兴体育、创奥运辉煌的宏伟目标而奠基。

女士们、先生们，昨天已经过去，让我们携起手来，在奥委会的领导下，高举和平理论的伟大旗帜，紧紧团结互助，坚持为人民健身服务，弘扬体育的主旋律，提倡多样化，注重思想与艺术性和平统一。努力学习，勇于开拓，勤奋创新，锐意进取，满怀信心地迎接 2012 年第 30 届奥运会新纪元的到来！

最后，祝愿世界体育教育事业共同发展，祝与会代表身体健康、万事如意！

思考与练习

1. 为大学生的开学典礼写一份欢迎词。
2. 假定你的母校中学成立二十周年，请写一份祝词。
3. 假定你所在的班级在单位实习三个月，在实习期间，得到实习单位的大力支持和帮助。为表示对实习单位的感谢，请你代表全班同学在实习单位为你们举办的欢送会上致答谢词。

第十章　传播文书

第一节　传播文书概述

一、传播文书的概念

传播文书是指为配合一定时期、一定主题的中心工作和任务,借助于一定的媒体向社会公众介绍某些人物、事件或相关知识以实现让人知晓为目的的一类文书。它反映现实生活中新发生、重要的、有意义的能引起广泛兴趣的事实。它包括消息、通讯、新闻评论等,是报纸、电视、网络等媒体中常见的体裁。

传播文书是应用文体系中的一个分支。它对社会公众的思维方式、行为习惯及生产生活等各方面都能产生重要的影响。

二、传播文书的特点

1. 时效性

时效性可以说是传播文书的本质属性。要善于写短新闻,或根据题材进行先简后详的连续报道。当然,不能只追求快而不择手段,不讲纪律、不顾质量。时效性要求传播文书的作者要有敏锐的洞察力和快速的反应能力,对政治、经济及社会生活各个方面有相当强的敏感性和嗅觉,并能及时地捕捉。

2. 真实性

真实是传播文书的生命。新闻报道的生命和魅力在于向受众反映客观外界变动的真实情况,真实是传播文书赖以发挥良性作用的基础和前提。要注意新闻的真实性和文学作品真实性的区别;注意个别真实与整体真实的关系。文学的真实是源于生活而又高于生活的艺术真实,而新闻的真实则是客观的、具体事实的真实,它要求所写的事实、人物、细节、思想活动必须完全真实,有要求数据、引文、背景资料必须完全真实可靠。

3. 公开性

一方面是指传播文书的内容是可以公开的,另一方面是指传播文书应该以公开的方式传播给公众。新闻信息的内容可以公开,是指它非关个人隐私、国家机构的机密,必须面向尽可能多的广大受众,以求实际尽可能充分的信息共享。一则新闻,传播的范

围越广,受众人数越多,它本身所发挥的作用就越大。如果新闻不是公开传播,那么,他也就不是新闻了。一则重要的消息,限定在少数人的手里,那就成了秘闻。

第二节 消 息

一、消息的概念

对新近发生或发现的有新闻价值和社会意义的事实的迅速及时、简明扼要的报道,这样一种新闻文体,即消息。因其在新闻诸文体中使用频率最高,使用数量最多,是新闻报道中最常用的文体,故人们常把消息称为新闻。狭义的新闻即指消息。

"新闻"一词有狭义和广义之分。狭义的单指消息;广义的指消息、通讯、报告文学、特写、专访、评论等。

在现代社会,国际国内大事的报道,工作情况的交流,各种政治、经济、文化信息的传播,都离不开消息。随着信息社会的到来,消息与人类社会的联系越来越紧密,对人类社会的影响也越来越广泛和深入。

二、消息的特点

1. 真实准确

消息必须完全真实,真实是新闻的生命。事实是最有说服力和感染力的,只有事实内容是客观的,报道形式客观的,新闻才具有可信性,才能充分发挥作用。真实,就是事实真实,所写的人物、时间、地点、事情发生发展的经过不能虚构。准确,就是每个事实,包括细节在内都准确无误。

当然,消息也是要表达观点和倾向的,消息写作并非没有立场、观点的纯客观的"有闻必录"。重要的是作者主要是通过对事实的选择和叙述较间接地流露出自己的观点和倾向,寓观点于事实之中。主要不是讲道理,而是讲事实,显示事实本身的逻辑。因此,作者应少发或不发直接的议论。要发议论,只能是必要之处的"点睛"之笔。

2. 导向鲜明

消息是新闻报道中的主要文体。其基本作用就是通过对"新近发生的事实"的快速及时的报道来满足受众对信息的需求,指导人们的生活。消息报道针对性强,所报道的事实都是人们普遍关注或继续解决的问题。消息的采写总是带有鲜明的社会导向性。

3. 新鲜及时

新闻是一种新鲜的信息,同时要在第一时间迅速报道事实的变化。新闻贵在新,而且有认识意义、启迪和指导意义。消息只有新,才能引起读者的注意,先睹为快。新,不仅要把新人物、新事件、新经验报道给读者,而且要选择有意义、有价值,给人以启迪,有指导性的事物。

消息要迅速及时,有时效性。迅速是消息的价值,消息报道速度迟缓便会降低消息的价值,"新闻"变成了"旧闻"。时效,就是速度要快、内容要新。对新人、新事、新情况、新问题,要敏锐地发现,尽快地了解,迅速及时地反映。广播电视凭借其优势,甚至能做到对重大新闻的实况转播。从一定意义上说,新闻的竞争就是时效性的竞争。

4. 短小精悍

消息是新闻报道中的主角,是反映新闻事实最便捷、最迅速的手段。简短是消息区别于其他文体的主要标志,用笔要简洁利落,内容集中精练。报纸上的消息,一般只有四五百字左右,有的只有一句话,即所谓的标题新闻或一句话新闻;在广播电视中,消息播放的时间一般不超过两分钟。唯其简短,它才能更加迅速及时地报道大千世界;唯其简短,消息才能面广量大,更多地传播信息;唯其简短,消息才能吸引受众,更好地发挥引导舆论的社会作用。

三、消息的种类

作为传媒中最常见的一种新闻形式,消息的类型比较多。消息的划分可以按报道的内容、领域或字数等,但我国新闻界的习惯分法,一般是按消息的写作特点和表达形式来划分。这样,消息的种类大体上有五种:动态消息、经验消息、综合消息、述评消息和深度报道。

1. 动态消息

动态消息又称动态新闻,是对客观事物新近变化的信息的报道,以即时事件和突发事件为主,是消息中最基本、最大量的报道形式。它一般以一地一事、一人一事为对象,篇幅短小,文字简洁。有短到几十字,两三句话的,称简讯或简明新闻。动态性消息一般都要求"5W1H"俱全,一般都有导语、主体、结尾,必要时还要穿插背景材料。用尽可能短的篇幅把事实交代清楚是动态消息写作的基本要求。

2. 经验消息

经验消息也称典型消息或典型报道,是对具有普遍意义的典型经验或典型人物的报道。经验消息主要反映在具体单位、部门、行业在工作、学习、生产中得到的成功经验,以及某人在某项工作中取得新成果的典型做法,用以提供样板、带动全局。强调指导性,重视典型的作用,把向榜样学习作为指导工作的方法之一,这是我国新闻事业的性质和任务所决定的。因此,经验消息就是极具中国特色的一种新闻报道形式。

3. 综合消息

综合消息是指把发生在不同地区或部门的具有类似性质的事件综合为一体的报道。综合消息就是鸟瞰式的、反应全局性的情况、成就、趋势、动向或问题,以大量的具体材料为基础,通过对材料的分析综合,反映出具有共同性的主题思想。要求占有全面、充分、典型的材料,既有面的形势、成就、趋向,又有典型事例的说明、分析,讲求点面结合以及观点和材料的统一,善于将概貌的介绍与具体事例的叙述结合起来,做到既有深度,又有广度。"点""面"结合,高度概括,善于分析,把握全局是这一消息形式的

特点。

4. 述评消息

述评消息也称新闻述评,又叫记者述评或新闻分析,是一种报道事实和评论事实兼而有之的消息种类。它能够抓住当前社会的热点、焦点,围绕新闻事实加以分析评论,评价新闻事实的性质或揭示事件的内涵和发展趋势,有助于人们对重大问题的认识,是一种边述边议、述评合一的报道。夹叙夹议,读后让人既有新知,又有新悟,是述评性消息的突出特点。述评消息是消息报道中导向性较深的一种类型。

5. 深度报道

深度报道是揭示新闻事实内部联系的一种连续性报道形式。除报道新闻事实外,它还揭示和说明新闻事实产生的原因及结果,透视"新闻背后的新闻",向读者揭示事件的来龙去脉、事件的含义及社会影响,也包括对事件的发展做出展望和预测。深度报道反映的题材重大、社会意义深远,其表现形式突破了"一事一报",多是连续报道、系列报道、组合报道等。

四、消息的结构和写法

1. 消息的结构

消息的结构通常指两个方面的意思:一是指消息的构成,即一篇消息稿内容上的结构成分,一般由标题、消息头、导语、主体、背景、结尾几部分组成;二是指消息的结构形式,即作者对已过滤的新闻材料进行总体性安排或布局的方式。

消息的结构形式主要有以下几种:

(1) 倒金字塔式结构

倒金字塔结构也叫三角结构,即主次结构,一般按照新闻事实的重要程度来确定先后顺序,首先是把最重要的事实放在消息的最前面,然后是重要的、次重要的事实材料。它的长处是符合新闻的特点,突出重要的有价值的新闻事实,能吸引读者的注意力,并且便于读者阅读、理解,便于编辑选择、删减。它的局限性是程序固定、单调,易流于生硬、呆板,如掌握不好,标题、导语极易重复。倒金字塔结构适宜写时效性强、事件单一的新闻。

(2) 金字塔结构

金字塔结构也叫编年体结构,即按照事件发展的时间顺序来组织材料,有头有尾,完整地叙述新闻事实的原委和过程。事件的开头就是新闻的开头,事件的结局放在最后。这种纵式结构可以使新闻报道朴实自然、脉络清楚,表述比较自由。金字塔结构适合于表现故事性较强的新闻事件,尤适合写现场目击记。其缺点是开头平淡,难以一下子吸引受众;消息的精华也可能淹没在长篇的叙述之中。

(3) 复合结构

复合结构也称混合式结构,是一种纵横交织的综合式结构,重大报道、全景式报道往往采用此种形式。从纵的方面显示事件的发展过程,以贯通首位的时间发展为线索;

从横的方面突出事件的几个侧面,根据新闻事实的内在逻辑联系来叙述事实。混合式结构形式兼具倒金字塔和时间顺序结构的优点,即突出了主要新闻事实,满足受众的新闻欲,又条理清晰、明白流畅,是记者乐于采用的一种结构形式。

（4）自由式结构

消息的写作有向自由、活泼的方向发展的趋势,其结构也越来越灵活多变,没有一定之规。我们把倒金字塔结构、金字塔结构、混合式结构以外的其他消息结构形式,诸如问答式、提要式、散文式等,统称为自由式结构。

如提要式结构,此结构通常把新闻中最重要的事实概括到导语中,然后将多项需并列出示的内容以提要形式,用数字程序一一分列出来。有时也可不用数字标示,而用"——"引出各个要点。

问答式结构,此结构多用于记者招待会的报道。记者应善于组织问题,报道内容应忠于原意,行文时也应注意内容的连贯和层次的明晰。

散文式结构,就是吸收散文在结构和表达等方面的特点,材料和层次安排自由、灵活,语言表达不拘一格。

2. 消息各部分的写法

一篇完整的消息通常包括标题、导语、主体、背景、结尾五个部分。写作消息要设想并回答读者问的问题,这些问题就构成了新闻五要素,即:When（何时）、Where（何地）、Who（何人）、What（何事）、Why（何故）。有的新闻学理论上补充了一个要素:HOW（如何）。在"5W1H"中,最主要的是 What（何事）、Who（何人）。写作时要认真写好这几个方面的内容。

（1）标题

标题是消息的眼睛,拟写得好,可以吸引读者;拟写得差,一篇好消息也会被埋没,可见标题有着向读者推荐的作用。消息的标题必须简明、准确地概括消息内容,帮助读者理解报道的事实。消息标题有主题（正题）、引题（眉题）、副题（次题）三种。

① 主题:概括与说明主要事实和思想内容。主题又称主标题、正题、母题,它是消息标题的核心部分,通常揭示新闻中最重要、最吸引受众的信息。

② 引题:又称肩题、眉题。一般用来交代背景、说明原因、烘托气氛、揭示意义等。引题一般多作虚题。

③ 副题:又称子题,副标题。一般用来补充、注释和说明、印证主题。提示报道的事实结果,或作内容提要。副题一般多作实题。

消息的写作非常灵活,常见的有单一性标题和复合型标题两大类。

① 单一型标题是只有主题的标题,包括一行题（即一行主题,无辅题）,如《我国黄金产量正式解密》;双行题（无辅题）如《油价攀新高,股市大跳水》。单一型标题的特点是具体明确、简洁明了。单一型标题必须是实题,以叙事为主,能够准确地概括新闻的主要事实和主题。

② 复合型标题是由多行标题组成。主要是两行题或三行题,有主题和辅题组成。如:

铁路大提速成振兴经济催化剂　（引题）

火车拽着东北飞　（主题）

2. 导语

导语是引导之语，是消息的开头，一般是消息的第一句或第一段。导语是对新闻最新鲜、最重要、最有趣的事实的概括或最精辟的言论。导语是以简练而生动的文字揭示消息的主题，并能引起读者阅读兴趣的开头部分。故而，导语有三大使命：一是介绍最重要、最精彩的事实；二是揭示消息的主题；三是引起读者的阅读兴趣。

导语写作中的思维过程，通常是以作者的自问自答开始的：

（1）什么事情是已经发生的事件中最重要的？

（2）什么人参加进去了？——谁干的或谁讲的？

（3）是用直接性导语，还是用延缓性导语？

（4）有没有什么吸引人的词汇或生动形象的短语要写进导语中？

（5）主题是什么？什么样的动词能最有效地吸引读者？

以上五个问题中，第三个问题涉及导语的类型。

导语的主要形式如下：

（1）叙述式。叙述式导语（也称直叙式导语）。它用摘录或综合的方法，以凝练的语言，扼要而直接地将消息中主要的事实叙述出来，是导语最基本、最常见的写法之一。

（2）描写式。对消息的主要事实或某一有意义的侧面作简洁朴素而又有特色的描写，以酿成气氛。它以展示事物的形象和事件的场景为主要特征。写作时常抓取某一生动形象、鲜明的色彩或有特色的细节加以描绘。但描写时应简洁而传神、力避过分雕饰。

（3）提问式。先揭露矛盾，鲜明地、尖锐地提出问题，再作简要的回答，引起读者的关注和思考，即将有关问题通过一个尖锐而鲜明的问题提出来，以引起受众的关注。有时是设问，即要求自问自答。

（4）评论式。即在报道的开头对新闻事实加以评论，以揭示事实的本质和意义。

（5）号召式。发出希望，提出号召，给读者指出方向和奋斗目标。

3. 主体

这是消息的主干部分。它紧接导语之后，对导语作具体全面的阐述，具体展开事实或进一步突出中心，从而写出导语所概括的内容，表现全篇消息的主题思想。应按"时间顺序"或"逻辑顺序"写作，但仍然要先写主要的，再写次要的。

主体的作用和功能有二：一是对导语进行解释、深化和具体化。对导语中涉及的内容，进一步提供有关细节和背景材料，使其更清楚、明确、具体。二是补充新的事实。导语中未提及而又能表现新闻主题的事实和其他要素，便由主体补充出来。

常见的主体展开形式有以下几种：

（1）按照内容的重要性递减的顺序展开，就是根据新闻事件的重要程度或与受众关系的紧密程度，按照重要的写在前面的原则安排先后顺序。

（2）按照事件发展的时间顺序展开，就是按照新闻事实发生、发展的时间顺序来安排材料，清晰地反映新闻事件的来龙去脉，使受众对事件的发展过程一目了然。

（3）按照事件内在发展的逻辑顺序展开，就是根据事物内在的联系或问题的逻辑关系来组织安排材料。这种写法有利于反映事物的内在规律，揭示出事物的本质特点与意义。

主体部分的写作要注意几点：

（1）紧扣消息主题取材。主体部分内容较多。

（2）叙事宜具体、内容应充实。

（3）叙述宜求生动，行文善兴波澜。

4. 背景

新闻背景，是指事件的历史背景、周围环境及与其他方面的联系等。背景部分是对消息所报道的事件的历史条件和环境条件的补充说明材料。写新闻有时要交代背景，目的在于帮助读者深刻理解新闻的内容和价值，起到衬托、深化主题的作用。狭义的新闻背景，仅指写作过程中涉及的与新闻人物和事件发生、发展相关的历史、原因和环境、条件等方面的材料。广义的新闻背景，除此之外，还包括对导致新闻事件发生、发展的广阔的时代背景的了解，也包含向记者提供消息、介绍情况的人的背景。

常见的背景类型有三种：对比性的，说明性的，注释性的。一般情况可根据报道事件的具体情况决定是否需要，如不需要，这部分可以省略。

背景材料运用得好，可以解释、烘托和深化主题，可以代替作者的议论而使报道显得客观，还可以补充情况、介绍知识、增添情绪。背景材料在消息中位置灵活，可独立成段，也可穿插于导语、主体或结尾之中。

5. 结尾

新闻的结尾有小结式、启发式、号召式、分析式、展望式等。这些结尾写作与一般记叙文结尾的写作并无大的不同。特别指出的是，有些消息没有必要刻意安插结尾，顺其自然即可。

五、消息的写作要求

（1）内容要新鲜，写作要快，讲究时效性。

（2）事实要准确，不能闭门造车，夸大虚空。

（3）要写得通俗、生动、形象，具有可读性。

（4）要对语言进行反复锤炼，讲究逻辑性

【例文】

全国政协召开双周协商座谈会

就更好地发挥社会组织在社会治理中的作用提出建议

新华网北京 7 月 24 日电　全国政协 24 日下午在京召开双周协商座谈会，就更好地发挥社会组织在社会治理中的作用提出意见建议。全国政协主席俞正声主持会议并

讲话。

　　全国政协委员甄砚、吉林、王名、杨健、王小兰、何伟、郭长江、迟福林、江利平、骆沙鸣、翁华建、胡有清、柯锦华、蔡国雄、梁嘉琨，以及李君如、黄浩明、马仲良等专家学者在座谈会上发言。

　　委员们认为，社会治理是在党的领导和政府主导下，政府与社会、市场等多元主体协商协作，凝聚社会共识、解决社会问题，促进社会和谐发展的动态过程。社会组织广泛代表着各阶层和团体的权益，是进行社会协商的重要载体，也是推动实现社会治理的有益力量。《中共中央关于全面深化改革若干重大问题的决定》为推进社会组织健康有序发展指明了方向。在全面深化改革、发展社会主义市场经济的过程中，发展社会组织有利于民主科学决策，提高政府效率，加强社会服务和道德建设。

　　委员们充分肯定了改革开放以来社会组织在促进经济发展、繁荣社会事业、创新社会治理、提供公共服务等方面发挥的重要作用。委员们建议，发展社会组织特别是公益性社会组织，关键是要加强立法，清晰准确地界定非营利组织的界限，明确权力和责任，确立规则。要做好政府向社会组织购买服务工作，购买服务范围要从后勤服务扩展到养老、医疗、研究等公共服务项目。完善社会组织税收制度，稳步推进志愿服务制度化，推进行业协会的改革，从体制上为行业协会发展松绑，加强社会组织人才队伍建设。座谈会上，委员们和专家学者坦诚建言，俞正声不时插话，与大家进行交流。

　　全国政协十分关注发挥社会组织在社会治理中的作用问题。会前，台盟中央和全国政协社会和法制委员会等有关部门进行了深入调研。

　　民政部部长李立国介绍了我国社会组织工作的有关情况。中央编办、中央综治办、财政部的负责同志出席会议并与委员们互动交流。

　　全国政协副主席杜青林、林文漪、张庆黎、卢展工出席座谈会。

第三节　通　讯

一、通讯的概念

　　通讯是一种比消息更详细和生动地报道客观事物和典型人物的新闻体裁，可以用描写、议论、抒情、叙述等多种手法将具有新闻价值的人物或事件及时、具体、生动地予以报道。它的作用是评介人物、事件，推广工作经验，介绍地方风貌等。

　　一篇优秀的通讯能缩写成一篇消息。消息只简单地报道发生了什么事，不多写情节，也就是说没有铺开来写。通讯比较详细，具体报道前因后果，展示情节；篇幅来说消息较短，简洁明快，通讯具体。在风格上，消息一般没有文学性，朴素实用；通讯则有比较强的文学性，生动活泼而富有文采；在时效性上，通讯不如消息迅速及时。

二、通讯的特点

通讯作为报刊、电台等媒体最主要的体裁之一,新闻性显然是基本的特征。而新闻性中,真实、时效、思想性及典型意义构成了它的不同层面。就报道对象而言,人物、事件,或是经验、成果、工作情况、社会风貌等,都必须是真实的,不允许虚构或"合理想象",而且报道对象应该具有必需的思想性和典型意义。就报道时效而言,通讯虽不及消息这般快速敏捷,有时为将人物、事件报道细致完整需时较长,但也必须及时,仍须有很强的时效概念。除去真实、时效的新闻性特征,通讯的主要特点有以下几个:

1. 生动性

通讯尤其是人物通讯具有一定的文学色彩。消息在表达上主要是平面的叙述,语言追求简洁、明快、准确。通讯则较多借用文学手段,可以描写、抒情、对话,可以用比喻、象征、拟人等修辞。因此,通讯在语言和表达方法上都具有一定的文学性,它在报道真实的人和事的过程中,善于再现情景,平添许多生动和形象,给人以立体感、现场感。

此外,通讯虽然一般以第三人称叙述为主,但在"见闻"、"采访记"一类的通讯中,也采用第一人称。不过其中的"我"主要起见证人或采访线索的作用。在效果上第一人称的使用也增加了一些亲切感。

2. 全面、深入

通讯须相对全面、深入地报道人物或事物的过程。消息侧重写事,叙述简明扼要,一般不展开情节。通讯可写人物也可写事件,其材料比消息丰富、全面,深入叙述事件的来龙去脉,其容量比消息厚实、充足。它要求详尽、具体地报告事件的经过、演绎人物的命运,充分展开情节,甚至描写细节和场面。这些既是生动性的表现,同时也是内容完整性、具体化的要求。

3. 评论性

通讯须运用夹叙夹议的方法对人或事作出直接的评论。消息是以事实说话,除述评消息一般不允许作者直接发表议论。通讯则要求在报道人物或事件的同时,表露记者的感情与倾向。然而通讯的评论不同于议论性文体的论证,它须时时紧扣人物或事件,依傍事实作适时的、恰到好处的评价点拨。因此,这是一种通过描写、叙述、抒情等表达手段进行的议论,它的特点是以情感人、理在情中。

4. 结构体式灵活多样、不拘一格

从报道的结构体式上看,消息一般有比较稳定或约定俗成的结构形式——标题、电头、导语、主体、结尾、新闻背景等,多为"倒金字塔"结构。当然也不是千篇一律,它也在不断创新,而通讯则没有这些限制与规定,它的结构体式灵活多样,不拘一格,这也是通讯有别于消息的一个特点和一大优势。在这一点上,通讯完全可以与散文相媲美,大凡散文可以采用的结构体式,通讯几乎均可信手拈来,为我所用。

三、通讯的种类

从报道的内容来划分,最常见的有以下四类。

1. 人物通讯

人物通讯是以人物的思想、言行、事迹和命运作为报道内容的通讯。一般来说,报道的对象必须具有典型性。报道的目的是反映他们的先进事迹,展示人物的崇高品质,为社会树立榜样,如《县委书记的好榜样——焦裕禄》。孔繁森、李素丽、张云泉等人物的报道都是属于这一类。

2. 事件通讯

事件通讯是以具典型意义的事件为报道对象的通讯。事件通讯时效性较强,它围绕中心事件选材,虽不着力刻画人物,但往往通过典型事件表现一群人或一个集体,集中反映现实生活中有典型意义的事件,通过写典型事件,来刻画一代新人的"群像",表扬先进,歌颂社会新风。所以它通过较为详尽地展示事件的完整过程,挖掘其意义,揭示其本质,进而反映社会风尚,弘扬时代精神。

3. 工作通讯

工作通讯是在新闻报道中要经常面临的,它对提升一个地方的工作水平、总结经验、指导工作、宣传政策很有帮助,能够较全面、较直观地反映本地方、本单位的工作。

4. 概貌通讯

它主要反映现实生活中的新风貌、新气象、新变化,这种通讯由于经常用于介绍游览名山大川、名胜古迹,因此经常被称为旅游通讯。

四、通讯的写作

1. 选好典型,确立主题

典型是通讯的筋骨,主题是通讯的灵魂。选好典型、确立主题对通讯来说十分重要。要选择那些具有代表性、具有普遍意义、具有宣传价值和教育意义的人和事,选择那些在一定时期内人们所关注的问题。要确立体现时代精神、表现时代风尚的主题,确立反映人物和事物、本质和规律的主题。

2. 安排好结构

纵式结构,是按时间顺序、事物发展的顺序或作者对报道事物认识发展的顺序来安排结构。在这种结构里,时间发展的顺序、情节展开的顺序、作者认识事物的顺序成为行文的线索。在采用这种结构时,要详略得当,布局巧妙,富有变化,避免平铺直叙。横式结构,是指用空间变换或按照事物性质来安排材料的。这种结构概括面广,要注意不同空间的变换,恰当地安排通讯所涉及的各方面的问题。采用空间变换的方法组织结构时,要用地点的变化组织段落;按事物性质安排结构时,要围绕主题,并列写出不同的几个侧面;纵横结合式结构,是以时间顺序为经,以空间变化为纬,把两者结合起来运用。采用这种形式,要以时空的变化组织结构。

3. 关于写人

事因人生,人以事观。人与事虽不可分,但在人物通讯与事件通讯中的确有以人为主和以事为主之别,为叙述方便故而分之。写人在文学创作中已积累丰富经验,在"非虚构"的原则下,我们不妨可借用其多种手段,并注意以下三个方面:第一,形与神兼备。即不仅要写出人物的行为和事迹,更要展示其精神世界。第二,言与行统一。人物语言、行为表达、传递出人物的思想,而不同的语气、句式、词汇及动作表情、神态等是极富个性色彩的内心表露形式。写好了人物的言与行,无疑是写活了人。第三,画龙必须点睛。如果说言行、事例、情节勾勒出人物的整体形象称为"龙",那么揭示人物行为意义,指出人物个性特点的评点便是"睛"。"画龙"用的是纪实的叙述、描写,"点睛"则是超脱的议论或抒情。

4. 关于叙事

通讯离不开写事,事件通讯更须完整地叙述事件的起因、人员、场面、结果等,以交待事件的复杂性和社会影响度。叙事要注意两点:第一,理清主线、丰满细节。一个新闻事件的发生、发展过程中,有因有果,有人有事,头绪多而关系复杂,作者须理清主线,按事件原貌将其完整地、动态地、立体地呈现给读者。而为实现这一目标,就须选择典型的细节。一篇优秀的事件通讯,必然有几个生动感人的细节来充分展示主线,使作品丰满而具现场感。第二,时间为经、时间为纬。通讯须有一定的时间要领,因为事件、故事总在于一定的时间和空间中。编织好时空画面既是一个结构也是一个表达方法问题。篇幅不长而情节不太复杂的事件通讯可多运用插叙、补叙、分叙等手段,充分展开矛盾和利用背景材料,使文章有变化起伏;容量大而情节复杂的事件通讯则常常运用时空交叉方式,以时间推进、空间变换等手段来切割事件,构成若干侧面,经过作者精心的组合剪辑将事件完整而利落地报告于世。

【例文·事件通讯】

调研足迹
军委高层密集赴新疆调研
(记者岳菲菲)

据新华社报道,中共中央政治局委员、中央军委副主席许其亮近日到驻新疆、西藏部队调研,代表习主席和军委其他领导,向在雪域高原戍守祖国神圣领土的全体将士致以问候和敬意。

与此同时,中央军委委员、国务委员兼国防部长常万全近日在宁夏展开国防动员工作调研。至此,从去年年末常万全到内蒙古调研开始,半年多的时间里,中央军委高层已遍访五个自治区。值得注意的是,在一年时间里,军委主席习近平和副主席范长龙、许其亮以及军委委员兼国防部长常万全都已经先后到过新疆进行调研,其中,许其亮已经是继去年 10 月以来第二次入疆。除新疆外,军委高层不止一次进行调研的地区还有广西、内蒙古、二炮和沈阳战区等,遍访边陲省份和四大兵种。如果在地图上对军委高

层调研足迹做标注,那么人们很容易发现,一年来军委调研足迹有一个很明显的特征,即囊括了边陲省份,覆盖了中国的陆上边防。

一年来,习近平到过内蒙古和新疆,常万全分别先后到过黑龙江、吉林、辽宁、新疆、内蒙古、广西、云南和宁夏。日前,随着许其亮对西藏的调研,调研足迹刚好覆盖了全部边陲省份。此外,习近平4月到空军机关调研,范长龙则调研过海军部队和二炮,许其亮也调研过二炮和总装等单位。军委高层的调研已经覆盖了四大军种。

一般而言,军委高层到各省和自治区调研会由所涉大军区和省军区领导陪同,此外,相关省和自治区的地方领导也可能陪同。例如,许其亮在新疆调研,副总参谋长孙建国、兰州军区政治委员苗华、成都军区政治委员朱福熙等陪同调研。去年12月,常万全广西调研时,广州军区司令员徐粉林、政治委员魏亮以及广西壮族自治区有关领导和军委办公厅领导等参加调研。

调研有例行也有特别安排。通过梳理还可以发现,军委高层的调研有些是例行的,还有些则在时机上颇有讲究。首先,春节前,高层领导会选择一处进行慰问、调研,这属于例行安排。2014年的新春,国家主席习近平到内蒙古进行调研,谈及民族团结与保家卫国。其他军委高层分别前往兰州战区、总装和驻京部队进行调研和慰问。还有一些调研是"择机而动"。例如,常万全5月在云南进行边防调研并做动员。当时,中越之间围绕中企在西沙的正常作业的矛盾较为突出。在国务委员杨洁篪同越南副总理通电话要求越方停止干扰中国企业在西沙群岛海域的正常作业时,常万全赶赴云南做国防动员。

调研内容、调研与动员,分工各有不同。军委高层中每个人分工各不相同,外出调研较多的除了习近平外,还有担任副主席的范长龙和许其亮,以及军委委员并兼任国防部长的常万全。其中,调研频率最高的是许其亮与常万全,根据北青报记者的梳理,一年里,他们几乎以平均一月一地的频率外出调研。调研内容既有相同之处,又明显各有侧重。

综合新华社和《解放军报》报道来看,调研期间,军委高层领导一般会深入一线连队、民兵哨所、边防派出所和边境口岸,查看相关工作开展情况,看望执勤官兵和民兵,了解官兵训练生活情况并开座谈会。有时,当地还会安排参观、瞻仰纪念碑、缅怀先烈等内容。

例如,今年4月,习近平到空军机关就空军建设和军事斗争准备进行调研时,他参观了空军机关指挥楼,了解部队战备值班情况,看望了指挥所值班人员观摩空情处置课目指挥演练。当时,习近平专门通过视频听取空军航空兵某师有关马航客机搜寻工作情况汇报。

对于兼任国防部长的常万全而言,除了调研边防工作外,常万全都要进行国防动员工作,介绍我国边防形势,明确边防和国防工作要求,强调"一盘棋"思想和"党政军警民齐抓共管的整体合力"。

多提民族团结与边防安全。

调研是军委高层可以直接与官兵进行沟通的机会。在这些机会上,军委高层领导一般会说些什么呢？据北青报记者对历次调研内容的梳理,出现率较高的词语包括"群众路线"、"反腐倡廉"、"现代战争"、"民族团结"以及"边防安全"。

在"民族团结"方面,4月末,习近平在新疆调研时强调,新形势下,新疆工作的着眼点和着力点要放在社会稳定和长治久安上。日前,许其亮在新疆时说,要紧紧依靠和团结各族群众,发挥少数民族官兵和民兵预备役作用。此外,他表示,要揭露宗教极端思想和分裂势力的本质与危害,引导群众特别是信教人员和青少年增强认同感。

常万全在宁夏时也表示,要模范执行党的民族宗教政策,促进军政军民团结、民族团结、社会稳定。常万全在调研时一般会对当地区位的特殊性做一分析,而后,"边防安全"是他每到一处都必谈的话题。例如,在广西调研时,他指出,新的时代条件下,边海防已由过去维护边海防军事安全为主,拓展为维护边境和海上包括政治、经济、军事、公共安全于一体的综合安全。他强调要努力构筑厚重的边防地带。

(原标题:军委高层半年遍访5自治区)

【例文·人物通讯】

春风化雨正当时
——记公司党群工作部部长张绪华

"党群部门所创造出的价值,或许没有体力劳动者所创造出的成果那么直观,那么显而易见。但我们甘愿默默地做一名吹响进军号角的人。"一直以来,党群工作部在宣传方向上,镜头一致对外,而今天,我们将镜头瞄准了党群工作部部长——张绪华。

(一)张绪华搁下手头正在起草的材料,回顾公司十年庆典活动过程。"党群部参与公司庆典'五个一'工程中的四项,时间最紧,任务最重,质量要求也最高。对庆典晚会的节目,公司领导有明确的要求,必须原创。当然,这得全面反映公司十年来所取得的主要成就。"素材哪里来? 节目怎样编? 效果如何保证? 一连串的思考接踵而来。

其实,张绪华心里头早就有了打算。他与党群部的同事们一起,对公司十年来的宣传工作进行了一一梳理,一连串的素材活脱脱地闪现出来。这不正是我们苦心寻找的吗? 部门例会上,张绪华向大家说出了自己的想法,创作协调组也于当日组成并投入紧张的筹备工作。挖掘素材的,组织创作的,选拔演职员的,各项工作有条不紊地展开。为了保证效果,张绪华与创作组成员交心谈心,办公室、餐厅、舞蹈训练场成了他们私下交流与构思的场所。为了让情景剧《牵挂》突显矿山特征,弘扬时代主旋律,张绪华与创作人员在构思上发生了严重分歧,创作人员坚持以现场氛围烘托剧情,而他坚持细节凸显精神这一点必须着重表现出来。他说:"没有细节的表现,人物的刻画那就是失败了。"多次的交流和磨合,最终为广大员工献上了一出精彩的情景剧,不少员工流下了感动的泪水。

公司宣传片的制作是张绪华操心最多的一个项目,仅电视剧脚本的创作一项就五易其稿。在同行看来,电视脚本已经相当成熟了,他却总是说,再放放,沉淀一下再看。不熟悉的人可能认为他是在延误时间,可熟悉他的人却明白,他对待任何事情都在追求完美。他说:"很多时候,我们一下子看不出问题的端倪,需要头脑冷静下来,多个角度

应用文写作教程

分析,再消化,再融合,就会找到疏漏的地方。"第二天,张绪华再次翻阅剧本,对公司控股通用公司 85% 的股权这一说法,提出了质疑。大家分头查资料,咨询专家。不出所料,张绪华查出通用公司控股权数有了新变动,没有及时更正过来。就这样,电视片脚本的创作过程历经两个多月才得以胜利完成。

宣传片的拍摄是"五个一工程"中最困难的一项工作。公司整体面貌遭到技改扩建工程的影响,杂乱无章的施工点,损毁的车间场景,制作电视片的工作人员目睹一线现状,眉头不禁皱了起来,他们慌了神,不知如何下手。此时,张绪华及时与制作方进行了沟通,拟定了采取先井下、后室内、再到公司全景的拍摄方案,得到摄制组领导的采纳。在张绪华的直接参与下,摄制方在公司庆典仪式的前五天,送来了样片。剧组编导萧欣华表示,高效率是建立在有计划的拍摄之上的。

不善谋一役者,不足以谋全局。张绪华认为,党群工作看似纷繁复杂,但是只要理清头绪,抓住了重点,问题也就迎刃而解。多年来,党群部能够挑起重担,繁而不乱、杂且有章,成就制胜的绝招,也不外乎这几点。

(二)不论寒来暑往,基层党组织的党员干部总爱在闲暇的时间来与张绪华聊天,拉拉家长里短,说说工作中的烦心事。"他们为什么要来党群部坐一坐、聊一聊,其中缘由,我很清楚。他们是有责任心的,希望通过沟通与交流,能对自己分管的工作有所促进。"他说,思想政治工作是以人为对象,是解决人的思想问题的工作。说白了,企业的思政工作就如三鑫这辆战车身上的一只轮子,轮子能不能跑,跑不跑得动,事关重大。生动的比喻被张绪华道来,妙趣横生。

去年冬,张绪华下车间检查基层班组建设工作。某班长当面抛出疑问,"思想政治工作落实到班组不好开展,没有什么可做,宣传党和国家的方针政策,拿报纸来念,没几个人爱听。"某班长谈起抓思想政治工作如同班组建设中的软肋,该如何做、做什么、有哪些好的方式方法值得借鉴参考?提问者一筹莫展,面有难色。

"这思想政治工作,不是你没做,是你做了,你还没有意识到,比如说,你们的班务公开,你们的好人好事表扬记录,这些都是你们开展的思想政治工作,你们已经做得非常好了,只是在思想上还没有认识到而已。"张绪华肯定的回答,令在场的十几号一线员工及检查组成员面面相觑,原来这项工作不是高不企及的,而是实实在在、分分秒秒发生在身边的事情。

通过把握员工细微动作、表情、眼神和姿态等潜意识行为的观察,准确把握员工真实的内心感受,切实了解员工的真正需求,采取有针对性的情感管理措施,"内化于心,强化于质,柔化于情"应该成为管理者提高执行力的有效途径。张绪华在他撰写的《浅议执行力》中如此认为。无疑,这也是张绪华给每一位基层管理者如何做好班组建设给出的最有依据的答案。

思想政治工作不是一项高深莫测的事,班组思想政治工作更多的是关注于人和事。张绪华回忆,去年,采矿车间李学文身患癌症的消息传来,公司、车间、个人纷纷伸出援助之手,你十元,我百元,争先恐后。像这类事情,在公司已经不需要组织员工都能自发自愿地募集爱心,表达关爱之情。"说明了什么?很显然,这是人的思想境界在提升。

这也是思想政治工作发挥了无穷的魅力使然。"张绪华领首,在沉思,他仿佛沉浸在从事十几年的思政工作的成就感当中。

(三)今年的技改扩建工程,党群部门明确了宣传重点,准确把握了宣传力度,撰写新闻稿件近20篇,黄金报、黄石日报均以整版作了全面报道,影响力空前盛大,宣传效应成倍增长,而这一切成绩的取得,与张绪华在工作上严格要求是分不开的。

"党群工作就是这样,一忙起来,赶材料,忙排版,策划,落实,再到具体实施,每个成员得像个自我充电的陀螺,高效运转起来,才能使党群这个团队发挥出应有的作用。"也只有在公司改革发展的转型期、重大事件的处理上,党群部门的作用才会如此全面地发挥出来。张绪华这样认为。"哪怕我说错了,我可以道歉,但我不能助长你不顾他人感受的处事行为的养成。"公司庆典仪式前的某天,宣传干事小黄向张绪华汇报工作情况,张绪华否定了小黄的工作构想,指出他思考问题片面。面红耳赤的小黄,据"理"力争,一再反驳。张绪华抬手,摇摇,说好了,容我再想想,我们待会再沟通再商量。大家静下心,前思后想,觉得引发"顶嘴"事件的本身没有多大出入,最大问题在于同事之间能否开诚布公地交换意见,培养每个工作个体主动思考问题、解决问题,促进思想观念的更新,进而营造高效率运作的党群氛围。"领导也是个人,是个有时候也会错的人。当我的指示也有错误的时候,你该怎样提出来,我也就会知道,下一步我们该如何修正它。"张绪华坦言,不是每一件事,他都有十足的把握做得好,在这个时候,他是十分愿意与同事们坐在一起聊一聊,听听不同的想法的。"小黄来党群部工作五年,个人业务能力增强,这与他个人的努力是分不开的。当然了,他顶撞我,不避讳,个性率直,有话敢说。这一点,是年轻人的特征。我喜欢。"张绪华谈起他的得力爱将,眉峰藏笑,有掩饰不住的赞赏。

张绪华讲起,他主持党群部门工作以来的十多年里,进出党群部的人不乏少数,"铁打的营盘流水的兵",有人来了,只要是我在,我就希望他们在我这里能学到点什么。张绪华笑称他培养人的方法很粗暴,但很有成效。

低调,却成就他超凡的人格魅力;干练,却又融情于事理——这就是张绪华。

第四节　新闻评论

一、新闻评论的概念

新闻评论是就现实生活中新近发生的、具有普遍意义的新闻事件和迫切需要解决的问题发议论、讲道理,有着鲜明的针对性和指导性的一种政论文体。新闻和评论一实一虚,如同鸟之双翼,构成报纸的两大文体。以与新闻结缘为前提,举凡各类具有新闻价值的论说文,不拘长短,不论署名与否,均可称为新闻评论。新闻评论选取的往往是社会生活中一些带有全局性、代表性、倾向性的事件、问题和现象,及时准确地加以剖析、阐释、引导,既讲明道理,又发表议论,解释疑惑。

新闻述评最基本的特点就是"述"与"评"的相映生辉。如果说新闻特写满足的是读者对新闻事实进一步"看到"的阅读愿望,那么新闻述评满足的就是读者对新闻事实进一步"想到"的阅读愿望。人们喜欢新闻述评,因为新闻述评是继一般新闻的信息告知之后及时的信息答疑与准确的信息释悬。如果说有价值的新闻消息能够让读者"眼前一亮",那么,有见地的新闻述评,就是让读者"心头一亮"。

二、新闻评论的特点

(1) 与其他言论一样,由论点、论据、论证三个要素组成,具有政策性、针对性、准确性。

(2) 在有限的篇幅中,主要靠独特的见解吸引读者而取胜。

(3) 立意新颖,论述精当,文采斐然。

(4) 主要面向广大群众说话。

三、新闻评论的分类

目前,我国对新闻评论的分类,有以下几种情况:

(1) 按评论对象的内容分类,有政治评论、军事评论、经济评论、社会评论、文教评论、国际评论。

(2) 按评论的性质功用分类,有解说型评论、鼓舞型评论、批评型评论、论战型评论等。

(3) 按评论写作论述的角度分类,有立论性评论、驳论性评论、阐述性评论、解释性评论、提示性评论。

(4) 按评论的形式分类,有社论、编辑部文章、评论、本报评论员文章、短评、编后、编者按、思想评论、专栏评论、新闻述评、论文、漫谈、专论、杂感等。

(5) 按述评的作者身份分类,有记者述评、编辑部文章、编者按、本报评论员文章等。

四、新闻评论的写作要求

(1) 要中心突出,切忌不得要领。

(2) 要波澜起伏,切忌平铺直叙。

(3) 要剪裁得当,切忌贪多求全。

(4) 要相互照应,切忌顾此失彼。

【例文】

环球时报:汲取甲午战争教训不是件容易的事

2014 年 07 月 25 日　环球时报

今天是甲午战争爆发120周年。那场战争被普遍看成是中国近代历史的一个拐点,清朝海军强大的幻象、洋务运动带给国家的希望,或者说整个所谓的"自强"运动,到甲午战争这里画上了句号。中国不仅输给了西洋,连瞧不起的东洋小国日本也打不过,悠久历史所支持的中国人心理优势的惯性也戛然而止。

甲午战争的完败和割地赔款强烈刺激了中国社会,人们开始领悟中国的落后是全面的,变法的呼声从此变得响亮起来。即使戊戌变法后来失败了,慈禧太后也开始奉行"新政",但各种补救措施都已无法挽回清朝政权的崩溃。

甲午战争还是东亚地缘政治格局彻底改写的分水岭,日本从此在东亚"一强"为大。甲午战争后的东亚力量对比形势持续了很久,直到最近一些年才再次变化。可以说,在一百多年的混乱之后,这一对比现在终于向它的传统格局逐渐回归。

客观而言,汲取甲午战争的教训和经验,不是件容易的事,中日做得都不太好。中国此后经历了半个多世纪的战争和社会动荡,国家发展才慢慢上路。日本因甲午战争的胜利极度膨胀,对外扩张一发而不可收,它终于在二次大战后期遭到世界大国的联合打击,回归了一个岛国的原形。

中国这一百多年的风雨,应当说都与甲午战争有关,但我们的全部见识都用来消化那个历史拐点,仍谈不上宽裕。如何看中国今天的历史及现实地缘政治方位,什么是甲午战争对我们今天"最有意义的教训",中国社会内部有诸多争论,共识基本谈不上。

中国有可能遭遇新的"甲午战争"吗?这个问题被不少人提出。历史当然不可能有简单地复制,但中国社会仍然面对诸多不确定性。至于它们的性质都是什么,中国人的战略自信又基于什么,舆论同样莫衷一是。

拿甲午战争或者一战(今年是100周年)前的历史环境套今天中国的境遇,总体来说是幼稚的。人类的政治和社会结构发生了如此深刻的变化,事物的运行逻辑亦有所不同。甲午战争告诉了我们突变的可能性,但我们无法破解、总结国家风险的真实密码。

今天的特点是,中国在崛起,但扰乱中国崛起的内外因素很多。甲午一战的败绩就摧毁了清朝,但之后世界上有过很多国家走出局部战争受挫阴影的例子。如今中国的强劲发展增加了国家的力量,但也释放了大量问题。这些正负元素相互抵消后,国家究竟得到的是什么,是增加了全社会的承受力,还是变得更脆弱了,这样的思考很费神。

日本列岛仍在中国大陆的东北方向,但日本已经不在决定中国前途和命运的战略位置上。美国在当年日本的位置上吗?这样问问题同样很有趣。

120年前的中国显然缺少很多东西,但我们似乎最缺的是在遭遇重大挫折之后有条不紊推行改革的能力。国家在那之后以极端痛苦的方式摸索了几十年,每一次的选择都是通过流血对抗实现的,而且险些在日本的侵略之下亡国。消化这些沉痛教训,思考很重要,但光靠思考又是远远不够的。

甲午战争为之后的中国展开了一张巨大的考卷,直到今天我们都在继续回答。中国必须推进、完成已持续三十多年的改革,大大提高克服我国社会各种痼疾的效率。我们需要战胜腐败,建立社会公平与效率的稳定关系,让历代革命者都倍加推崇的民主在这个国家真正落地生根,等等。而所有这一切都不能再以社会动荡的代价来换取。中国只有做到这些,我们才能说,甲午战争以及中国近代的历次教训得到了充分汲取。

写作教程

第五节　演讲稿

一、演讲稿的概念

演讲,也称讲演、演说,是指在特定的时空环境中,以有声语言和相应的体态语言为手段,公开向听众传递信息、表述见解、阐明事理、抒发感情,以其达到感召听众的目的的一种信息交流活动。演讲是一种具有现实性和艺术性的社会实践活动。构成这种活动,必须具备三个要素:演讲、听众、特定的时空环境。除即兴演讲外,演讲都需要事先准备演讲稿。其主要作用如下:

1. 保证演讲内容的完善

演讲稿是演讲内容正确、全面、深刻和具有逻辑性的基本保证。口语和书面语不同,演讲者没有过多的时间来考虑思想内容、逻辑关系、表达方式等。为了保证演讲的质量,通过撰写演讲稿,可以进一步修改、完善演讲内容,使内容更充实、有条理、有逻辑性,从而更具有吸引力和说服力。

2. 保证演讲者临场发挥自如

预先写好演讲稿,可以使演讲者对演讲胸有成竹,消除紧张和恐惧心理,同时还可以帮助演讲者掌握好时间,临场删减,破坏了演讲的连贯表达。

3. 规范语言,增强表现力

演讲是通过有声语言表达的,要求演讲者吐字清楚、准确,因此又具有语言规范化的特点。预先写好演讲稿,经过语言、修辞方面的推敲,不仅能避免演讲中出现用词不当、发音错误的现象,同时也使演讲语言更加规范化,使语言表现力大大加强。

二、演讲稿的特点

1. 现实性

演讲属于现实活动的范畴,是在社会需求下产生的。一篇成功的演讲稿,要写出听众最关心、最感兴趣的内容,反映社会现实中急需解决的问题,因而它具有时代意义。

2. 声传性

演讲稿要能将无声文字通过演讲者声情并茂的讲演变为有声语言。要好说、好听、好懂、好记,写得朗朗上口,讲得悦耳动听,通俗易懂,明白如话,幽默风趣。

3. 艺术性

演讲稿的艺术性主要表现在语言的修辞和演讲技巧上。演讲有一定的表演性质,演讲的语言要绘声绘色地表现思想感情和客观事物,这是演讲语言艺术化的标志。要使演讲语言生动形象,撰写演讲稿时就要运用各种富有表现力和感染力的修辞手段,使

语言艺术化。

4. 临场性

演讲稿还要求考虑演讲的环境,了解听众的情况,遇见可能出现的种种反应。这就要求撰写时要考虑内容的针对性,还有应变性。事实上,演讲稿开头和结尾的撰写、主体事例的选择,都取决于演讲的内容、环境和听众的情况。

三、演讲稿的种类

(1) 从演讲场合划分,可分为会场演讲稿、广播演讲稿、电视演讲稿、课堂演讲稿、法庭辩论稿等。

(2) 从演讲内容和性质划分,可分为政治演讲稿、经济演讲稿、生活演讲稿、法律演讲稿、宗教演讲稿、学术演讲稿、社会活动演讲稿等。

(3) 从表达方式上划分,可分为记叙性演讲稿、议论性演讲稿、抒情性演讲稿等。

(4) 从演讲的形式分,有命题演讲、半命题演讲、即兴演讲等。

四、演讲稿的格式

演讲稿的结构由标题、称呼和正文三部分构成。

1. 标题

常见的演讲稿标题有五种,分别如下:

(1) 提要型标题。指的是概括演讲的核心内容,集中表达演讲者的思想,如《论气节》(朱自清)。

(2) 象征型标题。运用比喻或象征等修辞手法,把抽象的哲理或某种特殊意义具体化、形象化,揭示演讲的意义,如《让梦想飞翔》。

(3) 警醒型标题。运用名言警句,提醒、鼓励听众,激发听众的情感,如《不自由,毋宁死》。

(4) 设问型标题。通过设问,提示演讲所涉及的内容,如《当代大学生应该具有什么素质?》

(5) 抒情型标题。即抒发感情,引发共鸣,如《祖国啊,伟大的母亲》。

2. 称呼

提行顶格加冒号,根据受听对象和讲演内容需要决定称呼。常用"同志们:""朋友们:"等,恰当的称谓能够渲染气氛,拉近演讲者与听众的距离。

3. 正文

正文由开头语、主体和结语三部分构成。

(1) 开头语。开头语的任务是吸引听众、引出下文,具体有七种形式:

① 开门见山式。直接揭示演讲主题,使听众尽早进入演讲话题。

② 具体事例式。演讲者在进入之前讲一段故事,引出主题。

③ 抒情式。采用比喻、排比等修辞手法,或诗化语言,多用于演讲比赛,要求有

真情。

④ 设问式。以设问或祈使方式开头，提出一个发人深省的话题，或人们普遍关心、急需解决而一时难以回答的问题，从而引起听众的注意。

⑤ 幽默式。以风趣、诙谐的语言或事例作为开场白，松弛人们紧张的情绪，使听众在轻松愉悦中接受演讲者。

⑥ 引用式。引用深邃新颖的格言，或名言警句，为演讲主题的开展做铺垫或烘托。

⑦ 情景引发式。把当时的情景、历史上发生的事件、他人的演讲内容引述到自己的演讲内容当中。

（2）主体。主体即中心内容。一般有三种类型：

① 记叙性演讲稿。以对人物事件的叙述和生活画面描述行文。

② 议论性演讲稿。以典型事例和理论为论据，用逻辑方式行文，用观点说服听众。

③ 抒情性演讲稿。用热烈的抒情性语言表明观点，以情感人，说服听众，寓情于事、寓情于理、寓情于物。

（3）结语。结语是演讲能否走向成功的关键，常用总结全文，加深印象；提出希望，给人鼓舞；表示决心，誓言结束；照应题目，完整文意等方法，在激动人心的结语中结束全文。

五、演讲稿的写作要求

（1）演讲稿的选题要具有时代精神，集中单一，主体鲜明、新颖，体现正确的科学观和价值观；既符合听众的要求，又要切合演讲者自己的身份、能力，切忌好高骛远，选择自己无法驾驭的话题。

（2）事例的选择要新鲜、典型、具体感人，最好选择自己亲身经历的事件，才能引发听众的同感，但不能为了一味取悦听众而采用庸俗的事例。

（3）演讲稿的语言力求口语化，做到明白畅销、通俗生动。尽量用短句，少用复杂的长句和倒装句，不用或少用书面语。要充分运用多种修辞手法，使演讲富有才情。

（4）演讲稿具有可变性。事前准备好的演讲稿并不是一成不变的，要根据演讲现场的情况做适当的增删，或是顺序调整。因此，要多准备材料，以免现场手忙脚乱。

【例文】

乔治·华盛顿第一次就职演讲
（1789 年 4 月 30 日）

参议院和众议院的同胞们：

在人生沉浮中，没有一件事能比本月 14 日收到根据你们的命令送达的通知更使我焦虑不安，一方面，国家召唤我出任此职，对于她的召唤，我永远只能肃然敬从；而隐退是我以挚爱心憎、满腔希望和坚定的决心选择的暮年归宿，由于爱好和习惯，且时光流逝，健康渐衰，时感体力不济，愈觉隐退之必要和可贵。另一方面，国家召唤我担负的责任如此重大和艰巨，足以使国内最有才智和经验的人度德量力，而我天资愚钝，又无民政管理的实践，理应倍觉自己能力之不足，因而必然感到难以肩此重任。怀着这种矛盾心情,我唯一敢断言的是,通过正确估计可能产生影响的各种情况来克尽职守,乃是我忠贞不渝的努力目标。我唯一敢祈望的是,如果我在执行这项任务时因陶醉于往事,或因由衷感激公民们对我的高度信赖,因而受到过多影响,以致在处理从未经历过的大事时,忽视了自己的无能和消极,我的错误将会由于使我误入歧途的各种动机而减轻,而大家在评判错误的后果时,也会适当包涵产生这些动机的偏见。

既然这就是我在遵奉公众召唤就任现职时的感想,那么,在此宣誓就职之际,如不热忱地祈求全能的上帝就极其失当,因为上帝统治着宇宙,主宰着各国政府,它的神助能弥补人类的任何不足,愿上帝赐福,保佑一个为美国人民的自由和幸福而组成的政府,保佑它为这些基本目的而作出奉献,保佑政府的各项行政措施在我负责之下都能成功地发挥作用。我相信,在向公众利益和私人利益的伟大缔造者献上这份崇敬时,这些话也同样表达了各位和广大公民的心意。没有人能比美国人更坚定不移地承认和崇拜掌管人间事务的上帝。他们在迈向独立国家的进程中,似乎每走一步都有某种天佑的迹象;他们在刚刚完成的联邦政府体制的重大改革中,如果不是因虔诚的感恩而得到某种回报,如果不是谦卑地期待着过去有所预示的赐福的到来,那么,通过众多截然不同的集团的平静思考和自愿赞同来完成改革,这种方式是不能与大多数政府的组建方式同日而语的。

在目前转折关头,我产生这些想法确实是深有所感而不能自已,我相信大家会和我怀有同感,即除了仰仗上帝的力量,一个新生的自由政府别无他法能一开始就事事顺利。根据设立行政部门的条款,总统有责任"将他认为必要而妥善的措施提请国会审议"。但在目前与各位见面的这个场合,恕我不进一步讨论这个问题,而只提一下伟大的宪法,它使各位今天聚集一堂,它规定了各位的权限,指出了各位应该注意的目标。在这样的场合,更恰当、也更能反映我内心激情的做法是不提出具体措施,而是称颂将要规划和采纳这些措施的当选者的才能、正直和爱国心。

我从这些高贵品格中看到了最可靠的保证:其一,任何地方偏见或地方感情,任何意见分歧或党派敌视,都不能使我们偏离全局观点和公平观点,即必须维护这个由不同地区和利益所组成的大联合;因此,其二,我国的政策将会以纯洁而坚定的个人道德原则为基础,而自由政府将会以那赢得民心和全世界尊敬的一切特点而显示其优越性。我对国家的一片热爱之心激励着我满怀喜悦地展望这幅远景,因为根据自然界的构成和发展趋势,在美德与幸福之间,责任与利益之间,恪守诚实宽厚的政策与获得社会繁荣幸福的硕果之间,有着密不可分的统一;因为我们应该同样相信,上帝亲自规定了永恒的秩序和权利法则,它绝不可能对无视这些法则的国家慈祥地加以赞许;因为人们理所当然地、满怀深情地、也许是最后一次把维护神圣的自由之火和共和制政府的命运,系于美国人所遵命进行的实验上。

我已将有感于这一聚会场合的想法奉告各位,现在我就要向大家告辞;但在此以前,我要再一次以谦卑的心情祈求仁慈的上帝给予帮助。因为承蒙上帝的恩赐,美国人有了深思熟虑的机会,以及为确保联邦的安全和促进幸福,用前所未有的一致意见来决定政府体制的意向;因而,同样明显的是,上帝将保佑我们扩大眼界,心平气和地进行协

商,并采取明智的措施,而这些都是本届政府取得成功所必不可少的依靠。

【例文】

丘吉尔二战演讲稿

(1941年6月22日)

今晚,我要借此机会向大家发表演说,因为我们已经来到了战争的关键时刻。

今天凌晨4时,希特勒已进攻并入侵俄国。既没有宣战,也没有最后通牒,但德国炸弹却突然在俄国城市上空像雨点般地落下,德国军队大举侵犯俄国边界。一小时后,德国大使拜见俄国外交部长,称两国已处于战争状态。但正是这位大使,昨夜却喋喋不休地向俄国人保证,德国是朋友,而且几乎是盟友。

希特勒是个十恶不赦、杀人如麻、欲望难填的魔鬼,而纳粹制度除了贪得无厌和种族统治外,别无主旨和原则。它横暴凶悍,野蛮侵略,为人类一切形式的卑劣行径所不及。它的残酷行为和凶暴侵略所造成的恶果超过了各式各样的人类罪行。在过去二十五年中,没有一个人像我这样始终一贯地反对共产主义。我并不想收回我说过的话。但是,这一切,在正在我们眼前展现的情景对照之下,都已黯然失色了。过去的一切,连同它的罪恶,它的愚蠢和悲剧,都一闪而逝了。我看见俄国士兵站在祖国的大门口,守卫着他们的祖先自远古以来劳作的土地。我看见他们守卫着自己的家园,他们的母亲和妻子在祈祷——呵,是的,有时人人都要祈祷,祝愿亲人平安,祝愿他们的赡养者、战斗者和保护者回归。

我看到俄国上万的村庄,那里穿衣吃饭都依靠土地,生活虽然十分艰辛,那儿依然有着人类的基本乐趣,少女在欢笑,儿童在玩耍。我看见纳粹的战争机器向他们碾压过去,穷凶极恶地展开了屠杀。我看见全副戎装,佩剑、马刀和鞋钉叮当作响的普鲁士军官,以及刚刚威吓、压制过十多个国家的、奸诈无比的特工高手。我还看见大批愚笨迟钝、受过训练、唯命是从、凶残暴忍的德国士兵,像一大群爬行的蝗虫正在蹒跚行进。我看见德国轰炸机和战斗机在天空盘旋,它们依然因英国人的多次鞭挞而心有余悸,却在为找到一个自以为唾手可得的猎物而得意忘形。在这番嚣张气焰的背后,在这场突然袭击的背后,我看到了那一小撮策划、组织并向人类发动这场恐怖战争的恶棍。

于是,我的思绪回到了若干年前。那时,俄国的军队是我们抗击同一不共戴天的敌人的盟军,他们坚韧不拔、英勇善战,帮助我们赢得了胜利,但是后来,他们却完全同这一切隔绝开了——虽然这并非我们的过错。

我亲身经历了所有这一切,如果我直抒胸臆,感怀旧事,你们是会原谅我的。但我必须宣布国王陛下政府的决定,我确信伟大的自治领地在适当时候会一致同意这项决定。然而我们必须,必须立即宣布这项决定,一天也不能耽搁。我必须发表这项声明,我相信,你们绝不会怀疑我们将要采取的政策。

我们只有一个目标,一个唯一的、不可变更的目标。我们决心要消灭希特勒,肃清纳粹制度的一切痕迹。什么也不能使我们改变这个决心。什么也不能!我们决不谈判;我们决不同希特勒或他的任何党羽进行谈判。我们将在陆地上同他作战;我们将在海洋上同他作战；我们将在天空中同他作战，直至借上帝之力，在地球上肃清他的阴影，并把地球上的人民从他的枷锁下解放出来。

任何一个同纳粹主义作斗争的人或国家，都将得到我们的援助。任何一个与希特勒同流合污的人或国家，都是我们的敌人。这一点不仅适用于国家，而且适用于所有那些卑劣的、吉斯林之流的代表人物，他们充当了纳粹制度的工具和代理人，反对自己的同胞，反对自己的故土。这些吉斯林们，就像纳粹头目自身一样，如果没有被自己的同胞干掉（干掉就会省下很多麻烦），就将在胜利的翌日被我们送交同盟国法庭审判。这就是我们的政策，这就是我们的声明。

因此，我们将尽力给俄国和俄国人民提供一切援助。我们将呼吁世界各地的朋友和盟友采取同样的方针，并且同我们一样，忠诚不渝地推行到底。

我们已经向苏俄政府提供了力所能及的，可能对他们有用的技术援助和经济援助。我们将日以继夜地、越来越大规模地轰炸德国，月复一月地向它大量投掷炸弹，使它每一个月都尝到并吞下比它倾洒给人类的更加深重的苦难。

值得指出的是，仅仅在昨天，皇家空军曾深入法国腹地，以极小损失击落了28架侵犯、玷污并扬言要控制法兰西领空的德国战斗机。

然而，这仅仅是一个开端。我国空军的扩充将加速进行。在今后6个月，我们从美国那儿得到的援助，包括各种战争物资，尤其是重型轰炸机，将开始展示出重要意义。这不是阶级战争。这是一场整个大英帝国和英联邦，不分种族，不分信仰，不分党派，全都投入进去的战争。

希特勒侵略俄国仅仅是蓄谋侵略不列颠诸岛的前奏。毫无疑问，他指望在冬季到来之前结束这一切，并在美国海军和空军进行干涉之前击溃英国。他指望更大规模地重演故技，各个击破。他一直是凭借这种伎俩得逞的。那时，他就可以为最后行动清除障碍了，也就是说，他就要迫使西半球屈服于他的意志和他的制度了，而如果做不到这一点，他的一切征服都将落空。

因此，俄国的危险就是我国的危险，就是美国的危险；俄国人民为保卫家园而战的事业就是世界各地自由人民和自由民族的事业。

让我们从如此残酷的经验中吸取教训吧！在这生命尚存，力量还在之际，让我们加倍努力，团结一心打击敌人吧！

思考与练习

1. 选择当下热点问题（新闻），写一篇新闻评论。
2. 以生活的意义为主题，写一篇演讲稿。

参考文献

[1] 金常德.《常用应用文写作规范与技巧》.广西人民出版社,2009.

[2] 祝雪虎.《经济文书写作技巧、模板与范例》.广东经济出版社,2008.

[3] 胡伟,周红梅.《实用应用文写作》.人民出版社,2010.

[4] 郭莉,周伟红.《经济应用文写作》.清华大学出版社,2008.

[5] 康怡祥.《现代应用文写作大全(第2版)》.金城出版社,2009.

[6] 李清民,刘雁冰.《应用文写作教程》.山东人民出版社,2007.

[7] 王立民.《财经应用写作》.经济科学出版社,2007.

[8] 刘建强,朱琳.《新编大学应用写作教程(第2版)》.首都经济贸易大学出版社,2008.

[9] 王金山,王青山.《财经应用写作》.高等教育出版社,2013.

[10] 张保忠,岳海翔.《最新公文写作规范、技巧、与范例》.中国言实出版社,2012.

[11] 高玲.《应用文写作》.化学工业出版社,2013.

[12] 邵龙青.《财经应用文写作(第3版)》.东北财经大学出版社,2013.